青少年体质健康与促进研究

司庆洛　著

吉林人民出版社

图书在版编目（CIP）数据

青少年体质健康与促进研究 / 司庆洛著. -- 长春：
吉林人民出版社，2023.4

ISBN 978-7-206-19981-3

Ⅰ．①青… Ⅱ．①司… Ⅲ．①青少年－体质－健康教
育－研究－中国 Ⅳ．①G479

中国国家版本馆 CIP 数据核字（2023）第 093299 号

青少年体质健康与促进研究

QINGSHAONIAN TIZHI JIANKANG YU CUJIN YANJIU

著　　者：司庆洛

责任编辑：金　鑫

出版发行：吉林人民出版社（长春市人民大街 7548 号　邮政编码：130022）

印　　刷：吉林省海德堡印务有限公司

开　　本：787mm×1092mm　　　　1/16

印　　张：12　　　　　　字　　数：238 千字

标准书号：ISBN 978-7-206-19981-3

版　　次：2024 年 1 月第 1 版　　　印　　次：2024 年 1 月第 1 次印刷

定　　价：58.00 元

前　言

在党的十八以来，"健康中国"上升为国家战略，进一步确立了人民健康在党和政府工作中的重要地位，这对于我国国民体质和健康水平的提升有着现实的指导意义。健康中国战略的主题是促进全民健康，所有建设工作的开展都是围绕着人民健康这一中心进行的。全民健康是健康中国战略建设与实施的根本目的。因此，要通过各种途径和举措，来进一步强化个人健康责任，提高全民健康素养，通过积极的引导，使人们形成健康生活方式，有效控制影响健康的生活行为因素，形成热爱健康、追求健康、促进健康的良好氛围。

青少年作为社会主义建设的重要后备军，是人才培养的中坚力量，也是未来我国社会主义建设的主力。因此，青少年体质健康一直以来都是我国重点关注的工作内容，这关系到国家的可持续发展。

本书主要介绍了体质健康概述、青少年体质健康管理、青少年体质健康干预策略、青少年体能训练的主要内容、青少年制订科学有效的锻炼计划、青少年身心素质训练与体质健康促进、青少年体育锻炼与体质健康促进、青少年体质健康促进的保障等内容。从内容中可以看出，本书紧密贴合"健康中国"战略，对青少年体质健康与促进进行了全方位且深入的探索和研究，立意新颖，内容丰富，结构完整，这就使其实效性得到保证，指导和参考价值较高，本书全面地体现了青少年个性化体质健康促进计划。

本书在撰写过程中，参考和借鉴了相关专家学者的研究成果和观点，在此表示最诚挚的感谢。书中不足之处，敬请指正！

前　言

目　录

第一章 体质健康概述

第一节 体质的基本概念和范畴

体质是人的生命活动和工作能力的物质基础。正确地认识和理解体质的概念,是掌握体质基本理论、实践内容科学化研究的基础和前提,也是指导人们了解体质、增强体质的基本途径。一般而言,一个体质较好的人可以被认为身体是健康的,而身体健康的人的体质往往也比较好。体质是指人体自身的质量,是人体在形态、生理、生化和行为上相对稳定的特征,它可以反映人体的生命活动、运动能力等方面的水平。目前体质研究主要在体质人类学、医学和体育学三个领域中进行,三个领域对体质的定义略有不同。

一、体质人类学对体质的定义

该学科对体质没有给出明确的定义,但从其所涉及的研究内容上来看,体质人类学中的体质概念,包括形态结构特征、机能、代谢特征,并涉及心理行为特征等方面的内容。

二、现代医学对体质的定义

现代医学不同的学科对体质的定义也不尽相同。

(一)体质骨病学

体质是指人体的质量,或一个人的素质,它对每个个体来说是相对稳定的特征。

(二)妇产科学

体质是机体所具有的各种特征和总和,不仅和形态学的特征有关,还与生理学的特征有关,所以体质是机体在形态、生理及精神上的特性和本质。

(三)精神病学

体质是指在遗传素质的基础上,个体在发育过程中,内外环境相互作用而形成的整个机体状态和躯体形态特征。

三、中医学对体质的定义

体质是中医学中的一个重要的概念,目前最具有代表性的有两个:

第一，体质是人群及人群中的个体在遗传的基础上，在环境的影响下，在其生长、发育和衰老的过程中形成的机能、结构与代谢上相对稳定的特殊状态。这种状态往往决定着对某些致病因素的易感性及其所产的病变类型的倾向。

第二，体质是人体生命过程中，在先天遗传和后天获得的基础上表现出的形态结构、生理机能和心理状态方面的综合的、相对稳定的特质。

四、体育界对体质的定义

体质是体育界研究健康的独特视角。从国际体质评价指标体系的演变来看，各个从事体质测试的国际组织和国家，在解释体质的概念和选择测试指标方面都想尽力取得一致。当前我国对体质的定义在体育、教育和卫生系统方面，已基本形成共识。体质，是人体的质量，它是在遗传性和获得性基础上表现出来的人体形态结构、生理功能和心理因素的综合的、相对稳定的特征。

五、体质所包含的范畴

第一，身体的发育水平。包括体格、体形、体姿、营养状况和身体成分等方面。

第二，身体的功能水平。包括机体的新陈代谢状况和各器官、系统的效能等。

第三，身体的素质及运动能力水平。包括速度、力量、耐力、灵敏、协调等能力。

第四，心理的发育水平。包括智力、情感、行为、感知觉、个性、性格、意志等方面。

第五，适应能力。包括对自然环境、社会环境、各种生活紧张事件的适应能力，对疾病和其他有碍健康的不良应激源的抵抗能力等。

六、关于理想体质

（一）理想体质的概念

理想体质是指人体具有的良好质量，它是在遗传潜力充分发挥的基础上，经过后天努力，达到人体形态结构、生理功能、心理智力以及对内外环境适应能力全面发展、相对良好的状态。

（二）理想体质的主要标志

第一，身体健康，主要脏器无疾病。

第二，形态发育良好，体格健壮，体型匀称，体姿正确。

第三，心血管、呼吸与运动系统具有良好的功能。

第四，有较强的运动与劳动等身体活动能力。

第五，心理发育健全，情绪乐观，意志坚强，有较强的抗干扰、抗不良刺激的能力。

第六，对自然和社会环境有较强的适应能力。

从体质的概念不难看出,遗传因素是体质好坏的基础,而后天的环境作用则对身体的发育与发展产生重要的影响;体质状况更多强调的是人的解剖结构上的完整和生理功能强弱以及通过人的社会行为所表现出来的能力与水平。在现实生活中,人们谈到体质的强弱,主要是指机体的生命质量,表现在身体发育程度、机体生理机能水平、运动素质与能力以及抵抗一般疾病的能力。

第二节　体质与健康的关系

一、健康的定义

世界卫生组织提出的健康定义对健康作了全面深刻的阐述,产生了世界性的影响,得到了广泛的认可,是积极的健康观念,它主要有以下三个特点:

第一,改变了定义的指向。消极的健康定义是指向疾病的,而该定义则指向健康本身。

第二,拓宽了健康的内容,是指涉及人类生活活动的生物、心理、社会三个基本领域,把人当作整体的人看待,健康的内涵和外延都扩大了。

第三,不仅考虑到人的个体,同时也考虑到人的家庭和群体。

二、健康的标准

(一)世界卫生组织所给出的健康的 10 条标准

(1)有充沛的精力,能从容不迫地担负日常生活和繁重工作,而且不感到过分紧张与疲劳。

(2)处事乐观,态度积极,乐于承担责任,事无大小,不挑剔。

(3)善于休息,睡眠好。

(4)应变能力强,能适应外界环境的各种变化。

(5)能够抵抗一般性感冒和传染病。

(6)体重适当,身体匀称,站立时头、肩、臂位置协调。

(7)眼睛明亮,反应敏捷,眼睑不易发炎。

(8)牙齿清洁,无龋齿,无疼痛;牙龈颜色正常,无出血现象。

(9)头发有光泽,无头屑。

(10)肌肉丰满,皮肤有弹性。

(二)简洁易懂的健康"五快"标准

有人认为上述 10 条标准太复杂,很难记住,因此还可以用以下"五快"标准来衡量自己的健康状况。

1."吃得快"

"吃得快"并不是让你吃饭的时候狼吞虎咽,而是指"可以吃得快"或者"能够吃得快",换言之,就是拥有良好的食欲,这说明整个人新陈代谢比较旺盛,有活力。

2."便得快"

"便得快"是非常重要的健康指标,其原因就是现代人越来越多的排便问题。请检查一下自己是否养成了定时排便的习惯,频率是否一天一次或者三天两次?如果没有就要注意了,因为排便不顺,宿便堆积的话,危害是非常严重的。

3."说得快"

说话速度快、口齿伶俐,能够反映出一个人的思维是比较敏捷的,同时也反映出说话人的头脑比较清醒,精神状态好。

4."走得快"

如果一个人能够达到这样的境界:行动敏捷,动作干净利落,行走快速如风,那就说明这个人运动系统的功能是比较好的,无论是骨骼、肌肉还是神经系统的控制都处于一个良好的状态。

5."睡得快"

现代人在睡眠方面的问题也不容忽视。由于工作压力大、环境光污染和噪声污染等多种因素,越来越多的人进入了"白天想睡,晚上睡不着"的状态。而对于大学生而言,睡眠质量的影响因素主要受自制能力不足的影响,进入了"晚上通宵玩游戏,白天逃课睡觉"的状态,影响健康和学业。

三、体质与健康的关系

体质和健康虽然属于两个不同的概念,但它们之间既有区别又有联系,它们反映身体状况两个不同的水准。所以,在评价一个人的体质时首先应考虑其健康状况,然后再从体质各方面进行综合评价,身体健康是体质好最起码的条件,但同时健康人其体质状况也千差万别。

第一,体质是健康的物质基础,健康是体质的外在表现,二者紧密联系、不可分割。

第二,体质与健康是一种"特质"与状态之间的关系。任何物质都有质量,人体的质量就是体质,而健康则是这种质量的外在表现形式,是一种状态。作为"特质"的体质是相对稳定不易改变的;而作为"状态"的健康相对不稳定,易改变。

第三,根据平衡健康观对健康的定义:健康是一种动态平衡。那么,维持这种动态平衡的能力就是"体质"。因此,体质是人体维持良好健康状态的能力,二者相辅相成。

第三节　影响体质健康的主要因素

人体的形态结构、生理功能、身体素质、运动能力、心理发展以及对内外环境的适应能力是构成体质健康相互依存、相互影响、相互制约、不可分割的五个因素。身体形态结构是体质健康的外在表现,生理功能、身体素质、运动能力、心理发展是体质健康的物质基础,而对外界环境的适应则是这五个方面的综合反映。体质研究的最终目的是:增强体质。因此,除了弄清楚体质的基本概念和范畴外,还应对影响体质强弱的各种因素有所了解。因为只有认真分析研究这些因素与体质的关系,才能更好地进行体质研究,以及探讨如何有效地解决增强体质的问题。

一、遗传与体质

遗传是人体发育发展的先天条件,对体质的强弱有着重要影响。现代生物学研究证明:存在于细胞核染色体中的 DNA(脱氧核糖核酸)是遗传的物质基础。亲代把自己的特征传给子代的过程就是子代从亲代得到一定结构的 DNA,从而也就得到了和亲代相同的遗传性状。人体存在着种族和血缘的特点,人体的形态结构、相貌肤色等均受遗传因素的影响。根据国内外有关体质研究资料表明:形态受遗传因素影响的占 75%,人体的有氧代谢能力和最大摄氧能力有 75%～95% 受遗传因素的影响,身体素质和运动能力与遗传也有着密切的关系。但遗传对体质的影响只提供了可能性,而体质强弱的实现性则有赖于后天的环境和条件。遗传学的观点认为:人体所有的外在表现都是遗传因素和环境因素相互作用的结果。人类只有少数性状一经形成就不再受环境的影响,可以说大多数性状以遗传因素为主。为了估计遗传与环境对某一性状表现所起作用的相对比重,我们常用的方法是计算这一性状的遗传度(是指某一特定性状在总的变异中占有多大比例归于遗传因素,多大比例归于环境因素,一般用百分比来表示)。

(一)形态指标特征的遗传度

人体形态在遗传上称体表性状,它受多种遗传因素的控制,其形成也同样受多种因素的影响,其中遗传因素仍是主要的。但遗传对形成体型各特征的影响大小又各不相同,男女之间也有明显区别。

从形态指标的遗传度可以看出,男性在体型特征上受遗传因素影响较大的是坐高、头宽、头围、胸廓形态、去脂体重;女性在体型特征上受遗传因素影响较大的是身高、坐高、臂长、腿长、盆宽、心脏形态、胸廓形态、膈肌形态。

(二)生理指标的遗传度

运动能力水平的高低,常常受到生理机能水平的直接影响。而生理机能水平的高低不仅受到生长发育过程中环境与训练等多种因素的影响,还受到遗传因素的控制。

中枢神经系统的功能(神经过程的强度、灵活性、均衡性)是先天遗传的,后天很难改变。最大摄氧量直接关系到有氧耐力水平的高低,它的遗传度在 69%～93.6%,平均 81.6%,后天影响只有 18.4%。最大心率遗传度高达 85.9%,后天改变只有 14.1%。这说明生理指标遗传度高,后天改造上均有困难。

(三)生化指标的遗传度

人体的生化过程与代谢特征,直接影响到人体生理机能和运动素质的好坏。生理学研究表明:人体生理代谢能力的高低与代谢特征的形成主要是由遗传决定。

第一,ATP(三磷酸腺苷)、CP(磷酸肌酸)的含量均受遗传控制,特别是 CP,其含量的多少直接关系到无氧条件下磷酸原系统的供能。

第二,线粒体是人体细胞内的重要细胞器,人体有氧代谢生成 ATP 的过程是在线粒体中进行的。它的数量多少和质量的好坏直接关系到人体有氧代谢水平,并于人体在运动过程中的有氧耐力水平呈正相关。

第三,肌红蛋白存在于肌红细胞内,它与氧有较高的亲和力,是肌肉内氧的储存库。在肌肉工作时是最快的供氧来源,它的含量多少与细胞的有氧代谢能力密切相关,并直接影响到人体的有氧耐力。它的遗传度高达 60%～85%。

第四,血红蛋白的主要功能是运输氧和二氧化碳,其含量的高低直接影响到人体物质代谢与能量代谢。因此,血红蛋白和肌红蛋白一样与人体耐力水平有着一定的关系。它的遗传度高达 81%～99%。

第五,血乳酸最大浓度和乳酸脱氢酶的活性,直接与人体无氧代谢过程糖酵解能力有关。在不同强度和不同距离影响下的血乳酸浓度的变化可以反映出人体无氧代谢与有氧代谢能力的水平。血乳酸最大浓度和乳酸脱氢酶的活性均明显受先天遗传的影响,其遗传度分别为:60%～81% 和 65%～87%。

(四)运动素质的遗传度

运动素质是指与运动效应直接相关的身体素质。运动素质的各种性状是受多基因遗传控制的。在其形成和发展过程中不仅受到环境的影响,还与体育锻炼等因素有着直接的关系。

第一,反应速度是人体从受到刺激到产生动作反应的时间(如声、光反应时),反映了神经冲动在神经系统中的传递速度。该素质先天的遗传度在 75% 以上。

第二,动作速度是快速完成单个或成套技术动作时的能力。由于受动作技巧复杂性和熟练性的影响,可以说是先天的基础与后天训练的结合,它的遗传度为 50%。

第三,动作频率是指单位时间内重复完成动作的次数。研究表明,测定儿童 60 米步频和 10 秒原地高抬腿次数时均与成年人无显著性差异。这说明动作频率在后天是很难改变的,它受先天因素影响。

第四,反应潜伏时是人体受到某种刺激后神经过程产生反应的潜伏时间。该素质是先天遗传的,后天基本不能改变。

第五,绝对力量是指在相对较慢的状态下,人体所能克服最大阻力的能力。一般来说,由于体重的增长,特别是瘦体重的增长,力量能相应增加。人体的骨骼的粗细、骨架的大小、消化吸收能力等条件较好的,后天才会有较大的变化。

第六,相对力量即单位体重所能负荷的重量。它反映人体绝对力量与体重之间的关系。该素质受先天遗传的影响明显大于绝对力量。

第七,耐力素质是指有机体克服工作过程中所产生疲劳的能力。它包括两个方面:有氧耐力和无氧耐力。有氧耐力是长时间进行有氧工作的耐受力,无氧耐力是身体在较长时间处于缺氧情况下对肌肉收缩供能的耐受能力。影响耐力素质的遗传度均较高,其中无氧耐力的遗传度高于有氧耐力的遗传度。

第八,柔韧素质是指人体各关节活动范围的大小及肌肉、肌腱、韧带等软组织的伸展能力。其遗传度为 70% 以上,后天的发展受到了限制。

(五)智力与个性特征的遗传度

智力是指认知和行为所达到的水平,是人的各种基本能力的综合。个性特征是指一个人的整体精神面貌。智力与个性特征均受遗传因素的影响,一旦形成就相对稳定并难以改变。

二、营养与体质

在营养与体质的辩证关系的研究中,学者们普遍认为,营养状况、后天因素和环境、社会条件、体育运动等对人们体质的差异有重要的影响,而营养的摄取是否合理是产生体质差异的关键因素。生命的存在,有机体的成长发育,各种生理活动及体力活动的进行,都有赖于体内的物质代谢过程。足够的营养是保证人们身体正常成长发育的重要因素,人的体质、体格发育水平,除了遗传因素外,与其营养状况有很大关系,我国目前少年儿童的体质和体格的发育水平明显高于 20 世纪 50 年代以前少年儿童的水平,这无疑与现今营养条件的改善是分不开的。合理的营养能增进健康和延长寿命,一旦营养失调,就会给身体带来不利影响,甚至引发某些疾病,因此,研究合理营养对少年儿童成长发育、人体生理机能调节、疾病预防、体育运动能力等方面的影响有很重要的意义。

(一)合理营养与生长发育

合理的营养是人体健康的基础,充足的营养能促进人体的生长发育,增强体质,一个国家或地区人民的体格发育水平和该国人民营养状况有密切关系,而后者又与该国的经济发展和人民生活水平高低有关,生活水平下降时,营养状况以及生长发育也均随之下降。例如,第二次世界大战期间,世界各国少年儿童的身体发育都因营养环境恶化而有不同程度的下降;我国在 20 世纪 50 年代末的困难时期,儿童身体发育也普遍受到很大影响,人口自然增长率也较低。营养对人的大脑发育特别重要,它能直接影响儿童少年的智力发育。实验证明:人类脑神经细胞的数量在 2 岁以后已基本完成,不再增加,但是脑细胞大小的增长并没有停止。由此可见,出生后婴儿的营养极为重要,如果蛋白质、维生素、微量元素供应不足,大脑的发育不仅在数量和大小上受到影响,也影响神经递质的形成,产生神经传导的障碍。这种营养性脑发育不良能产生脑组织的永久性损害,严重影响儿童的智力发育,不仅表现为智力低下,身材也比较矮小。微量元素对儿童发育的影响也日益受到人们的重视,其中影响较大的有十多种,钙、铁、铜、锌作为人体所必需的微量元素,对人体的作用尤为重要,体内许多酶及维生素均有铁、铜、锌、钙的参与,并提高酶及维生素的活性,同时,铁、铜、锌、钙还可构成许多激素,并影响核酸代谢,协同宏观元素等发挥作用。

(二)合理营养与人体生理机能的调节

糖、脂肪、蛋白质三大产热营养素之间有着密切的相互关系,最明显的是糖和脂肪对蛋白质的节约作用,物质代谢和内环境的稳定是相辅相成的,都是通过神经和体液的调节共同完成的,蛋白质的数量和质量都直接影响酶和激素的合成和活性,维生素和无机盐也能对物质代谢产生很大影响。如果热量供给不能达到机体的最低需要量,身体各系统器官的功能都会因营养不足而下降,严重时,发生疾病和死亡。

(三)合理营养与疾病预防

营养与健康的关系十分密切,合理营养不仅能够增进健康,还可作为预防疾病的重要手段。营养失调不仅使人体力衰弱,而且可引发疾病,营养不足可引起营养缺乏病,如维生素A 缺乏可引发干眼病,缺钙引起佝偻病等;营养过剩或失去平衡,如热量及脂肪过多,可引发肥胖症、高血压、冠心病和糖尿病等。此外,营养与癌症的关系日益被人们重视,流行病学调查表明,居民的饮食习惯和膳食结构与癌种类的不同有很大关系,以动物性食物为主的欧洲国家多与前列腺癌、结肠癌、子宫癌等有关,而以植物性食物为主的亚、非、拉地区则以消化道癌症有关。关于营养对癌症的影响,有人认为营养缺乏可产生癌症,长期缺铁的贫血患者食管癌发病率较高,过度营养也可产生癌症,如膳食中脂肪量多少与肠癌和乳腺癌发生率呈正相关,营养还对机体的应激状态和伤病后的康复有重要影响,良好的营养能提高机体的应激能力,促进康复。

(四)合理营养与运动能力

运动能增强人体各组织器官的机能,提高健康水平,合理的营养摄取对运动员具有重要的意义,不仅关系着运动员的身体健康,而且对运动成绩的提高至关重要。随着社会和经济的发展,体育界更加注意对运动员生活质量的严格要求,有些运动项目要求运动员赛前增加体重,而另一些项目则要求运动员在赛前严格控制体重,甚至"减肥",但不论是增加或减少体重,都必须让运动员摄取足够、合理的营养,只有在合理利用营养上满足了这些要求,才能保证运动员身体健康和运动成绩的提高。随着社会的进步和人民生活水平的提高,人们对如何通过合理的营养来拥有一个体力充沛、体质健康的身体越来越关注。营养科学也得到迅速发展,并分化为多个学科,如临床营养学、公共营养学、儿童营养学、营养流行病学等,人们也普遍认识到营养与健康、营养与疾病、营养与遗传、营养与民族素质的关系,所以在营养上也各有其特殊的要求。

营养的合理与否,对人的体质健康、发育水平、运动能力提高的影响越来越明显。合理的营养和运动使人健康长寿,已经成为尽人皆知的"真理"。要获得通过运动促进健康和成长发育的效果,必须有合理的营养作保证,营养是构成机体组织的物质基础,体育运动则可增强身体的机能,两者科学配合,才能更有效地提高健康水平。

三、环境与体质

我国地域辽阔,不同地域的自然环境和社会环境均存在着很大的差异。人口学和医学的研究成果已显示:自然、经济等因素对人的健康水平、生存质量产生着一定的影响。因为,自然环境和社会环境都是人类赖以生存的基本条件,如地理环境、社会制度、经济和卫生保健制度等,对人体的生长发育和健康水平都有直接影响。以淮河、秦岭为界的南、北人群体质调研结果表明,南、北方在形态、机能、素质等多数指标上均存在差异。因此,体质的强弱与环境有着密不可分的关系。

(一)自然环境与体质

自然环境不断变化的过程,就是机体的各种生理机能、形态特点不断改善适应的过程。由于各地所处地理位置的差异,所以不同的地理环境对人类体质的影响也不尽相同。体质水平与经度、纬度、海拔高度、气温(1月平均气温;7月平均气温;1月平均气温与7月平均气温之差)、降雨量、日照时间等自然环境有较高的相关性,具体表现为:

第一,国民体质水平随着经度的增高呈增高趋势,随着海拔的增高呈现降低趋势,即我国人口的体质水平有从西至东整体量增高的趋势。

第二,国民体质水平随着7月份平均气温的增高而呈增高趋势,即我国人口体质水平有随年最高温度增高而增高的趋势。

(二)体质与社会环境

社会经济的发展水平和物质文明、社会制度是决定人群生长发育水平与体质强弱的主要因素。在社会环境这个总体中,包括物质生活水平、营养状况、文化教育和医疗卫生条件等。而物质生活水平、营养状况、文化教育和医疗卫生条件均依赖于社会经济水平的发展,因此,社会经济环境对体质水平有较大的影响。

1. 社会经济因素与人类的寿命关系

人类寿命是衡量人类体质水平的一个重要的综合指标,因此可以引用人类寿命的一些资料来探讨人类的体质与社会经济发展的关系。

从生铁和青铜器时期(距今 6000～3000 年)到古罗马时代(约在公元前 5～前 4 世纪到公元 3 世纪)长达几千年中人类的物质文明还处于很低的水平,因此平均寿命从 18 岁到 29 岁只提高了 11 岁。但从 18 世纪到 20 世纪 50 年代这 100 多年中,由于人类物质文明的飞跃发展,人类的平均寿命从 36 岁到 68.5 岁整整提高了 32.5 岁。由此可见社会物质文明对人类的寿命和体质强弱起到了重要的制约作用。

2. 生活方式对体质的影响

自从人类社会形成以来,人们的生活环境发生了巨大的变化。从原始古朴的生活状态进入了以工业化为主体的世界,从而带来了生活方式的改变。生活方式是个人或群体在生存实践活动过程中,所采取的生活模式或式样。生活方式与人们的健康息息相关,生活方式的变化,包括生活内容、生活领域、生活节奏的改变,都会引起个人乃至社会的健康问题,这种由人们自身不当的生活方式引起的通常被称为"生活方式病"。据经济发达国家的主要问题——慢性病的社会医学、流行病学研究资料证明,在慢性疾病的诱因中,个人的生活方式因素则占到了 60%。"生活方式病"被专家预言为 21 世纪危害人类健康的第一杀手。不良的生活方式对人的健康的破坏就在这点点滴滴,久而久之,滴水穿石,酿成危害。生活方式和行为是影响体质健康的最直接的因素之一,而生活方式和行为是随着社会因素改变而改变的。在一定程度上可以说社会因素是影响人群体质健康的最根本的最具有决定性的因素之一。

四、锻炼与体质

身体锻炼(亦称"体育锻炼",简称"锻炼")是指运用各种身体练习,结合自然环境和卫生因素,以健身、防病、娱乐为目的的身体活动。其作用在于:促进人体正常的生长发育;提高人体机能和身体基本活动能力;达到推迟衰老、延年益寿的效果;调剂情绪、振奋精神和进行积极的休息;提高人体适应外界环境的能力;防止疾病和恢复功能等。据研究报道:健身跑时的供氧比静坐时多 8～12 倍;锻炼者的有氧代谢能力比没有锻炼者高 37%,最大摄氧量可以提高 33%,体育锻炼能增强人体系统的功能,一般人的肌肉重量只占体重的 40% 左右,而经常系统锻炼的人,肌肉重量可达体重的 45%～50%。为此,在儿童青少年时期应培养坚持终身体育锻炼的好习惯,因为体育锻炼对全面增强体质,对促进生长发育可起到积极的促进作用。

(一)体育锻炼对循环系统的影响

循环系统是人体非常重要的组织机构,它是由心脏和血管组成的。它的作用是使血液把氧气和营养物质运送给各组织、细胞,同时,把组织、细胞在新陈代谢中产生的二氧化碳和废物运送到肺肾等处排出体外。体育锻炼对循环系统发展的影响是非常显著的,它对增强心血管的机能,提高血液循环质量起着积极作用。

1.改善心脏结构与提高心脏机能

少年的心脏肌纤维短而细,重量和容量比成人小,因而收缩力弱。随着年龄的增长,心肌纤维增粗,心脏的容量、重量、收缩力和血液输送量都增加。一般成人的心脏重量为300克左右,心脏容量为760～780毫升,每搏输出量(心脏每搏动一次射出的血液量)为60～75毫升。经常进行体育锻炼,心脏血液供应良好,组织代谢加强,可以使心壁增厚,血管的弹性增大,心肌力量增强,心脏的重量、体积增加,心脏的容量逐渐加大。经常进行体育锻炼的人的心脏的重量可达到400～500克,心脏容量可达到1 015～1 027毫升,每搏输出量可达到100毫升左右。由于心脏容积大,贮血多,收缩力强,每搏输出量就大,要达到安静时每次输出量应有的水平,只需要较少的心搏次数就可完成,这就出现心搏徐缓现象,使心脏每次收缩后有个较长时间的舒张期,可得到充分休息和恢复。如一般人安静状态下,心搏频率为70～80次/分钟,经常进行体育锻炼的人为50～60次/分钟。心搏频率减少,心脏舒张时间加长,心血贮量增多,心脏收缩力强,每搏输出量大,而且能满足全身代谢的需要。

2.提高供血数量和质量

长期进行体育锻炼,可使血液的数量增加并能提高质量。血液的总量可达到约占体重的10%。体育锻炼可改善血液的重新分配的机能。所谓血液的重新分配,就是当体育锻炼时,在神经系统的调节下,反射性引起储存在肝和脾内的血释放出来,同时,内脏血管收缩,肌肉内血管舒张,使大量血液参加循环血,以保证肌肉运动时的血液供给。血液中的红细胞数可增加到400万～550万/毫升(男子450万～550万/毫升,女子380万～460万/毫升),甚至可达约700万/毫升。血红蛋白的含量也增加,每百毫升血液中可达17～18克或更多,从而大大提高了血液运输氧气和二氧化碳的能力。血液中缓冲物质的碱储备含量增加,可更多地中和运动中产生的乳酸,有利于在氧气不足的情况下较长时间的工作,提高运动的耐久力和缺氧的耐受力。

3.改善和提高血管的结构和机能

经常进行体育锻炼对改善和提高血管的结构与机能有很大影响。血管是血液流通的道路,经常锻炼身体,使血管壁的弹性增加,血流的外周阻力减小。因此,安静时血压比一般人低。一般成人安静时的血压为:100～120/60～80毫米汞柱之间。

(二)体育锻炼对呼吸系统的影响

人体的一切活动,都需要消耗一定的能量,能量源于人体内的能源物质。把这些物质变成能量,需要一个氧化过程。人体在新陈代谢过程中,不断地从空气中摄取氧气并排除二氧化碳。人体内完成呼吸的器官组成了呼吸系统,包括有鼻、喉、气管、支气管和肺。

1. 促进和改善呼吸系统的结构

经常锻炼,促进呼吸机能增强,呼吸肌得到锻炼,呼吸肌的力量增强,胸廓运动的幅度也随之增大,表现在胸围和呼吸差的增大,胸围和呼吸差能反映胸廓发育的状况和呼吸器官的机能。

2. 有效地提高呼吸机能

呼吸机能的变化,表现在肺活量的增大和呼吸深度的增加,肺活量的大小代表着呼吸器官的工作能力。一般中学生的肺活量是:男生 2500~4000 毫升,女生 2000~3000 毫升。经常进行体育锻炼的人,肺的弹性好,呼吸肌的力量增强,肺活量比一般学生大 1000 毫升左右。呼吸深度加大,标志着呼吸机能的提高就能保证肺有足够的通气量。一般人的呼吸浅而急促,安静时每分钟大约呼吸 12~18 次。经常参加体育锻炼的人,呼吸深而缓慢,每分钟约 8~12 次。这就使呼吸肌有较多的休息时间。

(三)体育锻炼对神经系统的影响

人体各器官系统的活动,是在神经系统调节下进行的。体育锻炼对身体的良好作用,也是通过神经系统的影响而实现的。

1. 使神经系统的反应更灵敏、更准确

体育锻炼使神经系统的调节机能得到锻炼和提高。经常进行体育锻炼的人,大脑皮质神经细胞的兴奋性、灵活性和耐久力都会得到提高,灵活性提高了,反应也就更快了,从人体活动上看,表现出机灵、敏捷,它自然反映着大脑本体的敏锐、灵活,使学习和工作都处于最佳状态,并能坚持较长时间。

2. 使神经系统的调节作用得到进一步加强

经常进行体育锻炼的人,在自然环境中接受寒冷和炎热的刺激,从而提高对环境变化的适应能力和对疾病的抵抗能力。体育锻炼对于改善神经系统的调节机能,对于同学们学习能力的提高,以及工作效率的提高,都起着积极作用。

(四)体育锻炼对运动系统的影响

运动系统包括三部分:骨、骨连结和骨骼肌。

1. 提高肌肉的工作能力

经常进行体育锻炼,人体新陈代谢旺盛,肌肉中的毛细血管开放数量增多,血流量增大,使肌体内血液供应良好,蛋白质等营养物质的吸收与贮存能力增强,肌纤维增粗,肌肉体积增大。因而,肌肉也就变得更加粗壮、结实、发达而有力。另外,由于肌肉结构的变化,酶的活性增强,以及神经调节的改进,导致机能的提高,表现为肌肉收缩力量大、速度快、弹性好、耐力强。

2. 促进骨的生长和骨密度的增加

体育锻炼可促进骨质增强,提高骨的性能,经常进行体育锻炼,可使新陈代谢得到改善,骨的结构和性能发生变化。表现在骨密质增厚,使骨变粗,骨小梁的排列根据拉力和压力不同更加整齐而有规律,骨表面肌肉附着的突起增大等。体育锻炼,不仅可使骨的直径增大,而且可使青少年骨直径生长速度加快,对身高的生长有积极促进作用。经常进行体育锻炼的学生比不经常参加锻炼的学生的身高要高一些,这在许多科学实践中得到证实。

3. 可以增强关节的牢固性,减少损伤

经常进行体育锻炼,可增强关节周围的肌肉和韧带的力量和柔韧性,从而加固关节。由于有目的地进行各关节活动,使柔韧性提高,韧带、肌肉的伸展性得到改善,从而扩大了关节运动的幅度。通过体育锻炼增强了关节的牢固性,提高了关节的柔韧性,减少了各种外伤和关节方面的疾病。

第二章　青少年体质健康管理

第一节　健康管理概念

一、健康管理的内涵

20 世纪 60 年代,由于经济急速发展,工作节奏加快、生活方式不良、心理压力加剧、环境污染加重等现象,严重困扰着欧美国家,这不仅使生产率大大下降,也导致高血压、糖尿病、肿瘤等疾病的发病率迅速提高。为此,美国政府加大了对医学临床科研技术的投入,治疗疾病的新药物、新手段、新仪器不断被研制出来,虽然在一定程度上延长了人们的寿命,但国民的健康状况没有明显改善,并导致了更高的医药费用、更多的临床科研投入。因此,美国保险业提出了健康管理的概念,医疗保险机构与医疗服务机构合作,医生采用健康评价的手段来指导病人自我保健,医疗费用大幅降低,为保险公司控制了风险,也为健康管理事业的发展奠定了基础。

随着实际业务内容的不断充实和发展,健康管理逐步发展成为一套专门的系统方案和营运业务,并开始出现区别于医院等传统医疗机构的专业健康管理公司,作为第三方服务机构与医疗保险机构,直接面向个体需求,提供系统专业的健康管理服务。20 世纪 90 年代,现代企业意识到员工的健康直接关系到企业的效益与发展,从而使健康管理第一次成为真正的医疗保健消费战略,企业开始为员工的健康进行投资战略计划。与此同时,英国、德国、芬兰、日本等国家逐步建立了不同形式的健康管理组织。

目前,关于健康管理的定义还没有统一的定论,但具有代表性并被广大学者广泛应用的定义主要有以下几种。

第一,韩启德将健康管理定义为"对个人及人群大众的各种健康危险因素进行全面的监测、分析、评价、预测以及进行干预和预防的全部过程"。

第二,"健康管理是一种对个人以及众多人群的健康危险因素以及与健康的相关因素进行全面管理的全过程。"

第三,"作为一种健康的服务,健康管理是根据个人的不同的健康状况来进行评价和为个人提供有针对性的健康指导,从而促使他们采取行动来改善健康和保持健康。"

第四,"健康管理是指对个体和群体的健康状况进行全面而系统的监测、分析、评估、提供健康咨询和指导及对健康危险因素进行干预和预防的全过程。"

综上所述,健康管理是一种对个人及人群的健康危险因素进行全面管理的过程。它是基于个人健康档案基础上的个性化健康事务管理服务,是建立在现代生物医学和信息化管理技术的模式上,从生物、心理、社会的角度对每个人进行全面的健康保健服务,协助人们有效维护自身的健康。健康管理的宗旨是调动个体、群体以及社会的积极性,利用有限的资源来达到最大的健康效果,目的是帮助个人及群体掌握健康管理的方法并进行自我健康管理,做法是为个体和群体提供有针对性的健康信息,并采取行动来改善健康。

根据上述定义,以科学为基础的健康管理服务应有以下几个特点。

第一,标准化是健康管理的基础。健康管理服务的主要产品都涉及健康信息,没有健康信息的标准化,就不能保证信息的科学、准确和可靠。

第二,量化是健康管理的试金石。健康管理服务离不开科学的量化指标,只有科学地量化,才能满足"可重复性"的要求,才能经得起实践和科学的检验。

第三,系统化是健康管理的关键。要保证所提供的健康信息及时、科学、可靠,就要有一个安全、稳定、高效的健康信息支持系统。

二、健康管理的外延

(一)健康管理的基本服务步骤

1.了解服务对象的健康
具体地说,就是收集服务对象的个人健康信息,包括个人一般情况(性别、年龄等)、体格检查(身高、体重、血压等)、生活方式(膳食、吸烟、饮酒等)、实验室检查(血脂、血糖等)、健康状况和家族病史。

2.健康及疾病危险评估
即根据收集的健康信息,对个人的健康情况及未来患病或死亡的危险性进行量化评估,主要是帮助个体认识健康危险,帮助人们纠正不良行为和习惯,制订健康干预措施并对其效果进行评估。

3.健康干预
即根据个体的健康危险因素,由健康管理师进行指导、设定目标并动态追踪效果,如健康体重管理、糖尿病管理等,通过健康管理日记、健康维护课程及跟踪随访等措施,来达到改善健康的效果。

需要强调的是,健康管理是一个不断循环的过程,即检查监测—健康评估—健康干预—再监测—再评估—再干预……健康管理每循环一次,就解决一些健康问题,健康管理不断地循环,就促使服务对象向健康的方向发展。

（二）健康管理的常用服务流程

一般来说,健康管理的常用服务流程由以下几部分组成。

1. 健康体检

以人群的健康需求为基础,按照早发现、早干预的原则来选定体格检查的项目。检查的结果对后期的健康干预活动具有明确的指导意义。

2. 健康评估

通过分析个人家族史、健康史、生活方式和从精神压力等问卷获取的资料,为服务对象提供一系列的评估报告。

3. 健康咨询

内容包括:解释个人健康信息、健康评估结果及其对健康的影响、提供健康指导、制订个人健康管理计划、制订随访跟踪计划等。

4. 后续服务

后续服务的内容取决于被服务者的情况及资源的多少,可根据个人及人群的需求提供不同的服务,定期寄送健康管理通讯和健康提示,通过互联网查询个人健康信息和接受健康指导,以及提供个性化的健康改善计划。

5. 专项服务

这些服务的设计通常会按病人及健康人来划分。对已患有慢性病的个体,可选择针对特定疾病或疾病危险因素的服务,如心血管疾病及相关危险因素管理等。对没有慢性病的个体,可选择的服务也很多,如个人健康教育、生活方式改善咨询等。

第二节　青少年体质健康管理研究

一、青少年体质健康管理的概念

体质即人体的质量。它是人体在先天遗传性和后天获得性的基础上所表现出来的形态结构、生理功能、心理发展、身体素质、运动能力等方面综合的相对稳定的特征。体质是生命活动和工作能力的物质基础,它在形成、发展和消亡的过程中,有明显的个体差异和阶段性,表现出从一般功能状态到最佳功能状态,从健康状态到功能障碍,甚至严重疾病状态等各种不同的体质水平。人的体质是从多方面来反映的,所以体质研究的内容主要包括体格、体能、生理机能、适应能力和心理状态等。

世界卫生组织(World Health Organization,WHO)在其宪章序言中指出:"健康不仅仅是没有疾病和不虚弱,而且是保持生理、心理和社会适应的完美状态。"至此,世界对健康的概念有了一个比较完整的标准。其含义表明,健康是由多种要素构成的有机整体,单纯的任何一个方面的健康都不是真正意义上的健康。这种"三维健康观"体现了以生理机能为特征的身体健康、以精神情感为特征的心理健康和以社会生活为特征的适应健康,三个方面相互联系、相互依存,共同构建了健康内容的基本元素。WHO公布的四位一体的健康定义:"心理健康、身体健康、道德健康和社会适应良好。"即一个人只有在心理、躯体、道德和社会适应四个方面都健康,才算完全健康。体质和健康是两个不同的概念,它们之间既有区别,又有联系。所以,评价一个人的体质时,首先要考虑其健康状况,然后再从形态、功能、身体素质、运动能力、心理状态等方面进行综合评价。

基于上述健康管理和体质、健康概念的分析,认为青少年体质健康应包括青少年生理健康、心理健康以及良好的社会适应三个方面,青少年体质健康管理则是学校在对青少年进行体质健康教育的基础上,对青少年的体质和体能进行全面监测、分析、评估、指导、干预的全过程,从而实现青少年体质健康水平和自我健康管理能力的提高。上述定义主要基于以下几个方面的因素:

第一,青少年体质健康管理的目的,不只是为了改善青少年的健康状况,更重要的是让他们掌握自我健康管理的能力,从而使其能对自己的健康进行合理的评价,能制订改善自身体质健康状况的运动处方,达到管理自我健康的目的。

第二,青少年体质健康管理的外在因素。由于青少年的生理和心理能力发展不够完善,对体质健康管理没有一个清晰而完整的认识,因此,开展青少年体质健康管理,需要社会、学校、家长的共同努力才能够顺利进行。

第三,青少年体质健康管理的宗旨,是调动青少年、家长以及整个社会的积极性,有效地利用有限的资源来达到最大的健康效果,并保持健康管理的持续性和有效性。

二、青少年体质健康管理的内容

体质健康管理工作应与青少年生长发育特点相结合,由于年龄、学习压力等原因,青少年没有较高的体质健康管理意识,可能形成一些不良的生活习惯,这些不良的生活方式如果没有得到正确的指导,将直接影响他们未来的生活。因此,以学校为基础的体质健康管理,应考虑青少年在不同生长发育期所面临的各种问题,应包括以下几点内容:

第一,收集体质健康相关信息,即收集在校青少年体质健康、生活方式等方面的信息,并建立青少年体质健康档案,包括个人基本信息、体质健康测试、心理健康测试、身体健康体检等,为健康评价和干预提供基础数据。其中,个人基本信息可通过查找青少年档案获得或让青少年直接填写;健康体检表可通过校医院或青少年体检所在医院获得;体质健康测试成绩直接通过《国家青少年体质健康标准》测试获得,体育教学部门有备案;心理健康资料可从心理健康教育中心获取,或通过心理健康测试获取。

第二,体质健康管理教育活动。学校教育要树立健康第一的指导思想,切实加强青少年体质健康管理工作,可定期开展体质健康管理讲座、出版体质健康管理丛书,也可提供基本保健、营养指南、心理咨询、学习生活方式指导等多种服务,从而提高青少年体质健康管理意识,培养青少年终身体育的意识和能力。

第三,定期进行体质健康测试。教育部、国家体育总局规定的标准是从身体形态、身体机能、身体素质等方面综合评定青少年体质健康状况的评价体系。各级各类学校应严格按照其中的测试项目、评价指标、权重系数、设备要求等,对在校青少年的体质健康进行定期监测,并建立青少年体质健康档案,详细记录青少年体质健康测试情况。

第四,体质健康危险因素评价,即健康管理专家或体育教师,对青少年的体质健康状况进行全面分析和评价,指出其中的危险因素,以达到健康预警的作用,同时兼顾青少年的兴趣和体质健康状况,并为其制订个性化的运动处方,结合体育选项课程中的技能学习,合理安排运动负荷、时间和频率等,为后期的干预管理提供依据。

第五,体质健康干预管理,是指培养青少年科学认知体质健康、体育与健康、运动处方等理论知识,帮助他们掌握制订锻炼计划和运动处方的方法,并建立相应的奖惩机制,鼓励青少年认真执行运动处方。同时,要定期评估运动处方的实施效果,检查锻炼计划的实施状况和危险因素的变化情况,并根据最新的体质健康状况调整运动处方,从而提高青少年的体质健康水平。

三、青少年体质健康管理理论研究

健康管理是指运用监测、评价、分析、提供健康咨询及指导等对个体或群体的健康进行管理的信息系统。国家在学校中实施体质健康标准,通过开展对青少年制度性的体质健康测试、评价与反馈,建立个体健康档案,以个体的体质健康为特定的分析对象进行具体分析指导。这种健康管理体现了以个体体质健康分析为基础的管理,有利于促进学生对个体健康信息的重视,能有效地促进个体通过健康行为改善体质健康状况。

健康管理体系的应用,可使青少年的健康信息综合化,健康评估全面化,健康教育互动化,为统计分析健康信息、收集整理评估结果、实施健康管理提供有利工具。这样不仅使得青少年健康意识、健康状况和参与积极性都有所提升,起到预防疾病的目的,也使得相关机构的工作效率明显提高,有效地整合了健康信息资源,为学校和学生的健康发展提供了有力支撑。

学生的体质健康信息作为一种健康资源,通过合理的管理与分析,提供各种健康咨询与服务,应用于健康教育与健康促进,这是最常见的应用体质健康管理促进健康行为的模式。有研究者将其功能总结为几个方面因素:制定青少年体质健康促进公共政策、创造青少年体质健康促进支持环境、强化校外社区与校内各院系体质健康促进行动、发展个人运动锻炼技能和调整公共体育课程服务。

目前,为了更好、更方便地使用体质健康管理资源,不少研究除了开发多功能的体质健康管理系统外,还将体质健康管理系统网络化,将原始资料进行量化处理,使数据的输入、处理、存储等更方便、准确。学校通过建立个体的体质健康数据库,可使学生通过网络服务平台进行个人查询,还可以通过某阶段练习后的体质健康比较,确认下一步的锻炼计划。同时,网络提供的体质健康资源,可以使学生获得关于自我锻炼相关知识的学习与使用。但是,这种利用体质健康资源,建立管理系统,激发学生关注自我健康并进行健康自我管理的平台,关键在于青少年是否接受这种管理模式,而要提高这种管理模式的效率,依然需要通过青少年自我健康意识的提升来实现。

关于体质健康状况与自我健康管理,调查研究认为,无论从现行体育教育或终身体育教育的角度,个体对自我体质健康的良好认知是个体实施良好的自我健康管理、参与身体锻炼的重要动力资源。每个个体对自身身体健康具有的评价被认为是对身体的自我认知,而体质健康测试是来源于科学标准的评判。如果身体状况在客观上并不好,而自我主观对健康状况认知为良好,这就是所谓的个体对自我健康存在"主客观的不一致"。而这种差异可能导致个体不够积极主动地采取健康行为改善身体健康。如果说对身体状况的认知由于"主客观的不一致"形成较低的行为改变意愿,那么,正确的身体自我认知和自我评价对个体的健康行为或健康管理具有促进作用。通过进一步的调查发现:体质健康为优秀的青少年不仅对身体自我认知具有客观性,而且在运动参与方面也优于其余两个组,反映了体质健康优秀组的学生在健康的自我认知和健康行为的管理上具有很好的一致性,表现为运动参与得分多的学生体质健康等级高,或体质健康等级高的学生运动参与多这样一种双向相关。

尽管影响青少年体质健康的因素多种多样,但是,是否投入时间进行锻炼,是否对体育锻炼感到有兴趣等态度因素,即"时间"和"态度"对体质健康具有重要影响作用。每个个体具有不同的时间监控观念和能力,在不同任务的具体活动中,包括如何计划、如何定位、时间调节、结果评估等,均体现了个体对高效完成活动的重要性。通过对青少年时间管理倾向与体质健康递增的关系进行研究,调查表明青少年的时间效能感与行为意向、行为控制和行为习惯之间均达到显著的正相关,此结果表明,具有较高的时间监控观和时间效能感的学生,锻炼态度和体育参与程度也具备较高的水平;时间效能感与身体机能、身体素质之间达到显著正相关。

对设计自我保健处方和健康教育处方进行研究,发现"处方接受度"受青少年健康自我维护、自我增进责任感、健康需求层次和迫切性、健康行为的自控意志、保健知识水平等影响。为了更有效地实施保健处方对行为的促进,该研究提出了"双方决断"的概念,即自我保健者与处方制定的专业教师共同进行实施的决断,这种体现了双方结合的努力,对于发挥自我保健具有双边的积极性。双方决断的概念实质上包含了青少年个体主动参与健康管理对行动效率的积极作用。

关于体质健康与健康管理的研究,将个体的认知健康状况与健康管理的相关性进行了调查,从个体的"体质健康"评价与健康管理的角度探讨了体质健康因素对个体健康管理的影响作用。个体的行为总是基于对需求、目标、效应等而产生,因此,体质健康评价的自我评价或客观评价,均可能形成个体对健康管理的动力来源。

对时间管理与体质健康递增效度的研究,可以认为是从时间管理这一行为机制上解释行为目标、时间管理对体质健康的影响。当个体将体质健康纳入时间分配的体系中,是通过对时间的控制产生行为的习惯而影响体质健康。也可以这样认为,当体质健康成为目标设置等相关内容时,个体在时间管理上可以给予相应的分配管理。但是,体质健康本身是如何影响个体的时间分配或行为习惯的,研究并没有进一步的解释。

第三节　青少年体质健康管理机制

一、青少年体质健康管理机制的构成

青少年体质健康工作是新时期提出"中国梦"的人才保障,青少年体质健康的好坏直接影响着国家未来中坚力量的工作健康状态。下面分别从宏观机制、中观机制、微观机制三个角度来分析青少年体质健康管理机制的构成。三种机制如机械内部的三种不同大小型号的齿轮紧密联系在一起,相互作用、相互影响,这种轮盘式的管理机制牵一发而动全身,其中每一个环节都是不可或缺的重要组成部分。

（一）宏观机制

宏观机制是指从国家政府层面出发,对各个层级、对象进行协调管控,通过多种形式有效地将各组织、各部分之间串联起来,通过建立标准、制定措施、综合评价等手段,发挥其在整个管理机制中的主要引导作用。

在宏观管理机制方面,我国的青少年体质健康管理机制较为传统,呈纵向式管理机制,即实行"国家—地方—学校"的三级管理机制,教育部设全国学生体质健康监测中心、省级教育行政部门设检测站、市级教育行政部门设检测点。教育部通过并出台了相关实施办法,其中明确指出方案实施是在教育部、国家体育总局的领导下,由各级教育行政部门管理,体育行政部门指导,学校组织实施。

在宏观监测机制方面,按教育部通知要求,全国各级各类学校每年要将本校各年级测试数据,通过中国学生体质健康网,报送至教育部"国家学生体质健康标准数据管理系统"。同时,教育部每年还会对各省市、自治区、直辖市的基本情况进行检查,并对教育部直属院校的本科新生的测试数据结果,按生源所在地进行统计,并以省、自治区、直辖市为单位进行公布。

（二）中观机制

中观机制涵盖于宏观机制内，较宏观机制详细具体，多指在国家政府领导下的下属行政单位，对自身属性管辖范围内进行管理监督，对管辖范围外的同级部门、单位进行沟通互联，主要起承上启下的协调作用。

在中观管理机制方面，在我国三级管理机制的纵向管理下，市级教育行政部门成立了专门的机构与领导小组，设专人负责，实行岗位责任制。同时，教育部门和体育行政部门分工合作，教育部门负责师资的培训、组织的测试、数据统计等工作，在经费和器材方面给予保障；体育部门负责指导、辅导、协调、监督和统计资料等工作。

在中观监测机制方面，教育部明确了各地教育行政部门在体质健康实施过程中的权利和职责，要求各地教育、体育行政部门对本地各级各类学校的工作进行监管。明确规定了要将其纳入各级政府教育督导内容和评估指标体系，并作为对各级各类学校进行评优、表彰的依据，对弄虚作假、徇私舞弊者，给予通报批评，情节严重者，给予行政处分。

（三）微观机制

微观机制与宏观机制是辩证统一的，微观机制的好坏直接影响并制约宏观机制运行，宏观机制的建构又引导着微观机制运行的方向，微观机制与微观机制之间因构成要素的不同又具有个体性差异，微观机制是宏观机制最基本的组成部分，具有关键性的基本作用。

在微观管理机制方面，各学校因学校地域、财政等方面因素，或多或少都存在一定的差异，不过大多都是在学校分管校长的领导下，由学校体育部门（教研室）牵头，教务部门、校医院、院系协助下，对体质测试工作进行协调分工，来完成体测任务。学校领导主要负责体质测试工作的领导与协调；学校体育部门（教研室）负责体质测试前期场地的规划与选取、器材的操作与维护、人员的培训与管理、测试过程中的管理与指导、测试后期数据的整理分析与上报；教务部门与院系辅导员主要负责对测试学生的通知与组织、提供测试学生名单与学号等；校医院（医务室）派出校医在体质测试现场配合测试人员应对测试学生的突发状况，保证体质测试安全而有序地进行。

在微观监测机制方面，各地学校多以完成体质测试任务，上报体质测试数据，完成教育部任务为主，部分学校还会成立专门的测试机构来指派专人负责，少部分学校会在测试数据整理完毕后，向学生提供体质测试反馈，让其了解自身体质状况如何，为其制订符合其体质状况的运动处方，以对其体质进行健康干预。

二、新型青少年体质健康管理机制探索

如果"创新是一个民族进步灵魂"的体现，那么对青少年体质健康管理机制的创新，就是赋予民族进步灵魂以强健体魄的基本先决条件，灵魂和体魄的双重健康更是民族进步的根本保障。由此可见，对青少年体质健康管理机制的创新具有非常高的重要性和必要性。对青少年体质健康管理机制的探讨,是按照现代创新理论的提出者约瑟夫·熊彼特提出的理念,再按照组合原理、换元原理对现行青少年体质健康管理机制进行改革创新,在政府机制调控青少年体质健康局面不佳的情况下,对比分析并引入市场机制,推行专业化、社会化、服务化、终身化等新型青少年体质健康管理机制,属于组织创新范畴。

(一)新型青少年体质健康管理机制

1. 政府机制是否失灵

长久以来,青少年体质健康都处于政府机制下的统一管理,而就政府机制本身而言,容易导致在干预青少年体质过程中出现缺乏效率、效益等问题。到目前为止,青少年体质健康管理工作也一直由学校自身在做,处于一种自我垄断状态,缺乏竞争机制的局面使得部分学校只是单纯地完成政府所布置的测试任务,较少地将精力投入到对青少年体质健康的干预中去。再者,相比青少年体质测试工作而言,对青少年体质健康的干预工作,要投入的时间、精力远比按照测试标准安排时间测试、统计整理数据进行上报工作多得多。因此,我国部分学校"重测试、重数据、轻指导、轻干预"的偏形式化现象也就自然而然得到解释。

2. 市场机制是否可行

市场机制所具有的竞争性迫使企业管理从业者不得不及时更新技术、信息,以保证自己公司的产品、服务持续占有市场份额,相较政府机制而言拥有更强的自觉性和自主性,更加注重自身工作效率和效益,是政府机制的有力调节杠杆。同时,我国政府也在近期的会议上提倡要扩大开放服务业,释放改革红利,凡是社会能办好的,尽可能交给社会力量承办。因此,在青少年体质健康管理市场方面,还有很大的市场空间,从卖仪器产品逐渐向卖测试服务还需要一个开发、转变的过程。

(二)新型青少年体质健康管理机制的提出

1. 新型青少年体质健康管理机制的内容

在传统的青少年体质健康管理政府机制的基础上引入市场机制,采用市场机制杠杆对政府机制失灵进行调控的办法,由第三方健康管理社会组织或企事业单位对学校青少年进行专业化、针对性、全程式的健康管理服务,试图起到增强青少年体质,促进青少年健康发展的作用。政府作为服务的购买方、标准的制定方,仍是管理的主体,购买方式以公开竞标为主,健康管理市场机构是服务的实施方,学校青少年群体是服务的受益方,三者可根据服务情况来建立以结果为导向的短期或长期合作关系。

2. 新型青少年体质健康管理机制的依据

要增加公共产品和服务供给,加大政府对教育、卫生等的投入,鼓励社会参与,提高供给效率,提供基本公共服务,尽量采用购买服务的方式,第三方可提供的事务性管理服务交给市场或社会去办。新型青少年体质健康管理机制就正好适用于政府报告提出的办法,采用政府购买公共服务的方式,由第三方健康管理社会组织、市场机构介入青少年体质健康管理,为青少年提供专业化、针对性、全程式的健康管理服务。

第四节 青少年体质健康管理系统

一、青少年体质健康管理系统研究

(一)青少年心理健康问题

由于青少年心理健康问题已经成为具有一定影响力的社会问题,因此青少年的健康心理成为学者们关注的焦点问题,学者们纷纷从不同的角度和视角探讨青少年心理健康问题。有关青少年心理健康问题的研究为青少年心理健康管理系统的开发提供了理论依据,同时也为青少年体质健康管理系统功能模块的构建提供了参考依据。

(二)青少年体质健康干预研究

目前对青少年体质健康进行干预的主要方式有:运动干预、健康教育干预等。

1.运动干预

体育运动对于人们心理健康的影响是被大量的实践和研究所证实的,体育运动是一种积极的主动活动过程,可以有效塑造人的行为方式,因此也能促进个体的心理健康。体育运动作为一种心理干预因素有其独有的优势:它以一项日常内容介入学生生活中,通过身心的参与来发挥效能,不仅没有任何的副作用,而且还是构成健康生活方式的必需内容。体育运动疗法较之于个别咨询疗法也容易受到青少年的欢迎。

体育不仅是增进健康、愉悦身心的载体,而且还是拓展人际交往、增进情感交流、提高社会适应能力、创造新生活的积极方式。体育的多种功能逐渐被人们所认识和推崇,成为调节精神生活、陶冶性情、改善心态的有效手段,同时也是拓宽生活时空,扩大信息来源与人际交往的重要渠道。

个体项目和集体项目对于青少年心理健康发挥的作用不一,个体项目中的太极拳可对焦虑症等心理障碍有调节作用;健美操运动不仅能调节紧张的学习生活,还可以改善不良情绪,从而产生积极的心理效应;跆拳道运动可以提高个人自信心、安全感等。集体项目对提高人的交往与沟通能力、改善人际关系、改变敌对情绪、减少偏执等有很好的促进作用。

由以上研究可以得出,体育活动能够增进青少年的身心健康,而且不同类别的体育活动对青少年身心健康的影响不同。如个体项目主要影响青少年的自信、自立等心理素质,而集体项目更多地对青少年的人际交往、集体主义精神等方面产生较大的影响。因此,基于不同类别的体育活动对青少年体质健康的影响,我们可以采用运动干预来实现对青少年体质健康的个性化干预。

2.健康教育干预

体育教育对青少年认知发展、情感发展、意志品质发展和学生人格产生影响。研究结果表明,在青少年体育教学中增加表象练习、情绪感染、意志力锻炼、培养自信心、快乐教学、激发好奇心、社会交往锻炼和心理诱导等内容,使青少年在研究自控力、社会适应能力、自信和精神振奋、合作、身心调节和自我评价六个方面均较对照组有更显著的提高。学校体育对青少年心理健康教育的积极作用主要体现在:为心理健康发展提供坚实的物质基础;提高认知能力(注意力、记忆力、想象力、思维力、应变力等);改善情感状态(降低紧张和不安,使忧愁、焦虑、压抑、沮丧等不良情绪得以宣泄,使人轻松愉快,心情舒畅);培养良好的心理素质;提高社会适应能力等。体育能促进个体适应能力的发展;体育运动可以提高人的耐受力;体育运动可提高人的自控能力;体育运动可以促进个体的社会交往。

心理健康的标准特征是:形成良好的运动态度、善于处理人际关系、处理好生活与运动的关系、能协调与控制情绪,心境良好。在对青少年健康心理养成的途径和方法的研究中重点讨论青少年培养良好的人格品质、加强自我心理调节、积极发展社会交往等方面的问题。非智力因素在一个人的成才和创新活动方面有着非常重要的作用。青少年进行非智力因素方面的训练,可以培养他们健康的情绪情感、主动的进取意识、坚定的自信心、坚韧不拔和持之以恒的毅力、和谐的人际关系、较强的自我调控能力和承受挫折的能力等。通过研究心理健康教育显性课程对青少年健康认知与行为的影响,其结果表明,通过心理健康教育显性课程,青少年对影响健康的相关因素的重要性评价都有不同程度的提高,特别是认为体育对健康的重要性评价显著提高,或者对相关因素的认识更为理性,对健康的认识更为合理,健康行为也有增加趋势,具体表现在体育锻炼、饮食营养、乐观人生态度、交友、提高对健康的认识等方面的行为明显增多。

审美教育能构建个体科学的价值观;能塑造个体良好的个性特征;能发展个体的创造力;能促进青少年心理结构和谐的发展。

(三)青少年体质健康管理系统研究趋势

目前青少年体质健康管理主要向积极的健康测试、第三方管理、自我管理等方向发展。

1.积极的健康测试

现在,心理健康测试的主流都是假定测试对象与心理健康疾病相关,而研究积极心理健康测试的比较少。说起积极的健康测试,首先要从积极心理学开始说起。积极心理学(positive psychology)是致力于研究普通人的活力与美德的科学,其矛头直指过去传统的"消极心理学"。积极心理学主张研究人类积极的品质,充分挖掘人固有的潜在的具有建设性的力量,促进个人和社会的发展,使人类走向幸福。它是利用心理学目前已比较完善和有效的实验方法与测量手段,研究人类的力量和美德等积极方面的一个心理学思潮。积极的健康测试不再是对消极因素的测试,而是对有积极因素的测试,比如:爱心、幸福感、满足感、快乐感、成就感等。它主要关注的是个体健康积极的一面(包括生理、心理、社会适应三个方面),而不是消极的一面。若能将积极的健康测试应用在青少年身上,则对于青少年个体的健康信息将会更加详细和全面,这样一方面可以通过干预和指导抑制那些消极因素,同时也可以增强积极因素,这将为青少年的健康管理模式增加一个灵活有效的思路。

2.第三方管理研究

第三方管理主要是专门的健康管理机构(公司或者企业)提供的对个人或者群体的健康管理服务。其思路是由专门的健康管理机构进行管理,主要负责利用学校、社会、家庭等各个方面的软硬件资源来进行科学有效的健康管理。这样不但能更加合理高效地利用资源,还会收到更好的效果。健康管理师在第三方管理中扮演着重要的角色,他是从事个体或群体健康的监测、分析、评估以及健康咨询、指导和健康危险因素干预等工作的专业人员。

主要负责:采集和管理个人或群体的健康信息;评估个人或群体的健康和疾病危险性;进行个人或群体健康咨询与指导;制订个人或群体的健康促进计划;对个人或群体进行健康维护;对个人或群体进行健康教育和推广;进行健康管理技术的研究与开发;进行健康管理技术应用的成效评估。在国外,大部分的居民能够在健康管理公司或企业接受完善的服务。而健康管理在中国是一个朝阳产业,中国大陆地区仅有少数专业的健康管理机构,大部分为医院及体检中心的附属部门。我国公民享受科学、专业的健康管理服务的人数只占总人数的极少部分。对于青少年而言,能够享受健康管理服务的比例也相当之低。针对青少年的健康管理主要还是采用以学校为主、社会和家庭为辅的管理模式,并且其实施力度不够,管理方式和手段简单单一,起不到好的效果。若将第三方管理成功应用到青少年上面,将会为国家培养出更加优秀的人才。

3.自我管理研究

自我管理是一个比第三方管理更理想、更积极主动但却更难应用于实际的健康管理模式。目前自我管理的现状为:缺少一个为大家所广泛接受的、完善的自我管理内容结构模式;自我管理影响因素的研究多以定性分析为主,缺乏实证研究;自我管理与后果变量的作用机制研究基本处于起步阶段;在研究对象选择方面缺乏针对性和具体性。从某种意义上说,自我管理包括了第三方管理的所有方面,它们的区别在于:自我管理模式中的管理者是自己,而第三方管理模式中的管理者是健康管理专家(健康管理师)。自我管理需要有一个完整的健康管理系统,能够提供除了包括检测、分析、评估、指导和干预外,还有学习和咨询全方位的服务。青少年自我健康管理系统功能关键的一点就是要有人性化和完整的咨询和学习功能,能够让青少年快速有效地掌握健康管理的有关知识,对自己的健康进行科学的管理。若借助于现代通信工具(手机、电脑等),还可以对自己的健康进行全天候实时管理。

二、青少年体质健康管理系统设计原则

(一)全面性原则

系统应全面地记录信息。除了学生和专家的基本信息外,还应包括体质健康信息、健康

干预、干预反馈、健康指南等。此外,因体质健康管理是干预—反馈—再干预—再反馈的过程,所以还应注意收集学生和专家的反馈信息,这样就为实现科学化、个性化的健康管理奠定了基础,为相关数据分析提供了依据。

(二)可行性原则

采用当今较为流行的系统开发工具与技术,以浏览器、服务器(B/S)为结构体质的健康管理系统,具有很强的实用性。目前,随着电脑的普及和互联网技术的高速发展,每个学校都拥有自己的计算机房和校园网,学生可以随时登陆体质健康管理系统。该系统设计理念人性化、操作界面美观化、操作方法简便化,便于学生和专家使用。

(三)科学性原则

各个模块内的数据应该完整和准确。信息输入需要设置大量的控制措施加以防范,防止输入时遗漏或重复。

(四)扩展性原则

体质健康管理系统除了基本信息、健康信息、健康干预、干预反馈、健康指南等模块外,还应该根据需求开发扩展性模块。系统应设计数据查询、修改、下载、备份等,防止数据流失或被损坏。

(五)保密性原则

体质健康管理系统中的信息属于个人隐私。在系统设计过程中,应建立用户账户与密码的一一对应,学生和专家可通过账号和初始密码登录其个人信息模块,并可以修改初始密码。除健康管理人员外,用户间互不影响、数据互不流通,保证了用户的隐私性和信息的安全性。

三、青少年个性化体质健康管理系统的技术支持

(一)Java 语言

Java 是目前最常用的网络开发语言之一。Java 是 Sun 微系统公司在 1995 年推出的,推出之后 Java 就因其安全性、连通性、可移植性与网络移动性而逐渐成为互联网应用的一种行业标准,给互联网的交互式应用带来了新面貌。目前,最常用的两种互联网浏览器软件中都包括一个 Java 虚拟机。几乎所有的操作系统中都增添了 Java 编译程序。Java 的开发环境有不同的版本,如 sun 公司的 Java Developers Kit,简称 JDK。后来微软公司推出了支持 Java 规范的 Microsoft Visual J"++"Java 开发环境,简称 VJ"++"。Java 是一种跨平台开发语言,能开发出跨平台的应用对象和应用程序。Java 语言具有以下特点:简单、面向对象、分布式、解释执行、安全、跨平台、高性能、多线程等特点。

（二）JSP

JSP 是 Java Server Pages 的简称，JSP 是由原 Sun Microsystems 公司倡导、许多公司参与一起建立的一种动态网页技术标准。JSP 技术有点类似 ASP 技术，它是在传统的网页 *.htm 和 *.htmL 文件中插入 Java 程序段和 JSP 标记，从而形成 JSP 文件。用 JSP 开发的 Web 应用程序是跨平台的，可以在多种操作系统上运行。

（三）Eclipse 开发平台

Eclipse 是一个开放源代码的、基于 Java 的可扩展开发平台。就其本身而言，它只是一个框架和一组服务，用于通过插件组件构建开发环境。幸运的是，Eclipse 附带了一个标准的插件集，包括 Java 开发工具（Java Development Tools，JDT）。

（四）Tomcat 服务器

Tomcat 服务器是一个可提供免费的开放源代码的 Web 应用服务器。Tomcat 原是 Apache 软件基金会在 Jakarta 项目中的一个核心项目，由 Apache、Sun 和其他一些公司及个人共同开发完成。由于 Tomcat 技术先进、性能稳定、免费，受到了 Java 爱好者的喜爱和软件开发商的认可，成为比较流行的 Web 应用服务器。Tomcat 是一个小型的轻量级应用服务器，在中小型系统和访问用户不是很多的场合下被普遍使用。

（五）B/S 模式

浏览器/服务器 B/S（Browser/Server）模式又称 B/S 结构。与 C/S 结构不同，其客户端不需要安装专门的软件，只需要浏览器即可，浏览器通过网络服务器与数据库进行交互，可以方便地在不同平台下工作；服务器端可采用高性能计算机，并安装大型数据库。B/S 结构简化了客户端的工作，它是随着互联网技术兴起而产生的，是对 C/S 技术的改进，但该结构下服务器端的工作较重，对服务器的性能要求更高。

四、青少年个性化体质健康管理系统的可行性分析

（一）需求可行性

青少年体质健康管理软件化是研究的必经之路。开发青少年个性化体质健康管理系统可以提高管理人员对学生体质健康信息的处理能力，此外，由于学生的体质健康管理具有持续性，需要有一种专业高效的管理系统结合青少年体质健康管理模式，来长期收集、评估他们的体质健康信息，起到预防为主、持续干预的管理目的。

（二）技术可行性

采用当今较为流行的系统开发工具与技术，以浏览器/服务器（B/S）为结构，开发了基于 Web 技术的开放性应用程序，实现了青少年个性化体质健康管理模型。在系统设计与开发过程中应用了 Eclipse 集成开发环境、Java 语言和 Access2003 数据库。每个学校都拥有自

己的计算机房和校园网,这些都为系统的开发提供了技术支撑。

(三)操作可行性

学生可以随时登陆体质健康管理系统,通过校园网,对自己的体质健康信息进行查看,并可通过健康干预得到即时的健康评估结果。学生们还可针对某些问题在健康反馈中进行提问,专家回答,具有很强的操作性。

五、青少年个性化体质健康管理系统的功能模块

本系统的设计采用多模块结构,按照软件工程中高内聚的原则,每个模块设计开发并独立进行测试。本系统设计包括五大功能模块,即用户信息模块、健康信息模块、健康干预模块、干预反馈模块和健康指南模块。

(一)用户登录界面

在用户登录界面中,用户分为管理员、专家和学生三种,通过输入不同用户类型的账号和密码来实现。以管理员身份登录后,除能实现学生和专家所有功能外,还能进行对用户账号的管理、系统的设置以及健康管理等具体操作。以学生身份或者专家身份登录后,可以查阅、修改基本信息,实现对应权限内的各种功能。

(二)用户信息模块

学生登陆青少年个性化体质健康管理系统后,可以在本模块中修改基本资料以及登录密码,基本信息包括学生编号、姓名、学校、专业、学号、性别、民族、身高、体重、出生年月、籍贯、联系电话、地址、电子邮件等。这些项目均为统计查询提供了条件,每款项目都有系统默认的填写要求,不符合要求的资料会自动提示,并不会保存,直至按要求填写完全部必填项目后才能修改保存用户的基本信息。

(三)健康信息模块

以青少年个性化体质健康管理模型为基础,体质健康信息模块主要记录每个学生的身高体重、脉搏、力量、耐力、柔韧、肺活量指标和自我、人际、处事指标的测试数据。

(四)健康干预模块

学生登录到青少年个性化体质健康管理系统后,可以在本模块中查看专家对学生的健康干预信息,包括对健康数据的评价,以及提供的个性化运动处方、个性化心理咨询服务和个性化营养保健服务等。

(五)干预反馈模块

学生登陆青少年个性化体质健康管理系统后,首先查看健康干预信息,然后根据专家的意见进行科学的体育锻炼与心理服务,遇到什么问题,可以在干预反馈模块中留言,专家会及时答疑,为学生提供个性化的互助服务。

（六）健康指南模块

此模块中包含了很多健康方面的理论知识，如一些健康小贴士、各科疾病、药典、营养膳食、运动健康、心理健康指南，内容丰富，可以及时更新，不仅可以激发青少年健康管理的兴趣，还可以及时地了解健康信息。

六、青少年个性化体质健康管理系统的开发

（一）青少年个性化体质健康管理系统的开发基础

本系统的开发人员熟练掌握各种计算机技术，系统设计合理、思路明确，开发的软件工具（如 Eclipse、Access 等）、硬件平台（如个人电脑、服务器）以及网络接入等均已具备，这为随后系统的开发奠定了良好的基础。

（二）青少年个性化体质健康管理系统的开发环境

1. 系统开发平台

本系统以 Eclipse 为开发平台，Eclipse 是一个开放源代码的、基于 Java 的可扩展开发平台。就其本身而言，它只是一个框架和一组服务，用于通过插件组件构建开发环境。

2. 系统开发语言

本系统的开发选用了 Java 语言。Java 具有平台无关性、安全性、面向对象、分布式、健壮性等优点。

3. 系统数据库选择

选用 Access2003 为软件开发的数据库，是因为 Access2003 是目前市场上用户用得最多的数据库管理软件之一，同时也是优秀的 Windows 数据库系统软件。

（三）青少年个性化体质健康管理系统的体系架构

系统采用 B/S 结构（浏览器及服务器结构）的体系框架，采用 MVC 模式进行设计开发。B/S 体系架构的优点在于其具有良好的灵活性，可以在任何地方进行操作而不用安装任何专门的软件，只要有一台能上网的电脑就可实现相关操作，客户端零维护，系统的扩展性也相当良好，维护升级简便，成本也较低。

（四）青少年个性化体质健康管理系统实现的技术路线

管理员将青少年基本信息和体质健康数据输入保存到数据库中，专家通过计算机借助互联网登录到健康管理系统，对学生健康信息进行分析处理，并同健康干预结果一起保存到数据库中。系统通过对数据库的操作，实现健康管理系统的诸多功能，包括对各项信息的管理、维护、更新，再将处理过的信息反馈至健康管理系统中，学生们可随时随地登陆健康管理系统中进行查询，实现了体质健康管理的个性化、网络化和互动化。

第三章　青少年体质健康干预策略

第一节　学生自身方面

一、增强青少年健康观念和锻炼意识

通过访谈发现部分青少年对自己的健康状况的感知与评价并不客观,对参加体育锻炼的次数、时间、强度要达到什么程度才能起到增强体质增进健康的作用并不十分了解。因此要高度重视青少年健康观念及体育锻炼意识的培养,通过体育课、讲座、网络、校园广播等各种途径加强健康知识的宣传教育和体育锻炼的技术指导,帮助青少年树立正确的健康观念,培养良好的锻炼习惯和文明、健康的生活方式。通过广泛宣传及正确引导,让青少年把"健康第一"的思想贯彻到学习和生活中,营造"我运动,我健康"的良好氛围,使青少年形成自觉进行体育锻炼的习惯和意识。

二、改变青少年不良的饮食习惯

青少年应合理安排膳食结构:每日三餐应按照"早吃好,午吃饱,晚吃少"的原则进食。早餐是一天中的第一餐,对摄取营养十分关键,营养丰富的早餐应该有充足的碳水化合物、蛋白质食物和维生素,因而应进食馒头、面包、粥等食物,蔬菜水果以及奶制品或者豆制品。午餐要荤素搭配好,为了营养均衡应多吃新鲜蔬菜,少吃油腻食物。豆制品是优质植物蛋白质的来源,是中餐的首选。在选择荤菜时,也要尽量点较清淡的,如宫爆鸡丁就不像其他肉类含较多脂肪,同时还富含钙、镁、铁等元素。白米饭,可以满足大脑和肌肉正常工作所需的糖分。饭后甜点、水果是最适合的选择。晚餐可根据自己的喜好,以富含维生素 C 和膳食纤维的食物为主,而蛋白质、脂肪类应少吃。晚餐最好选择面条、米粥、鲜玉米、豆类、素馅包子、小菜、水果拼盘。

学校应加强后勤管理,实现食物选择的多元化。学校餐厅是青少年营养获取的主要来源,要提高青少年的营养水平,膳食结构调整的主要方面在于学校食堂能够按照营养学的要求进行食物的合理提供。学校食堂能在一定周期内提供各种不同的食物供学生选择,这样才能够切实改变学生的膳食结构,这需要学校后勤加强管理,制定切实可行的规则,对食堂的食物供应进行规定和约束。

三、培养青少年良好的生活习惯

青少年不良的生活习惯是影响体质健康的一个重要因素。学校和学生都应充分认识到不良的生活习惯对体质健康的危害,一方面,要加强教育宣传和引导,让学生能够自觉养成良好的生活习惯;另一方面,要加强管理,相关部门应加大对宿舍和作息时间的管理力度,帮助学生科学、合理安排生活学习作息时间。这也是提高青少年体质健康水平的又一重要途径。

青少年对营养知识的整体掌握情况不理想,因此,面向青少年进行系统的营养知识的宣传教育,调整青少年的膳食结构,建立平衡膳食、科学减肥的理念,并付诸青少年的营养实践,才有可能根本性地改善青少年的营养健康状况。针对上述状况,从学校和学生个人两方面着手是营养教育工作者的工作方针。在课堂营养知识教育从无到有的同时,结合综合性的宣教,使青少年能够重视自身的营养意识,以便合理地制订营养健康教育的措施和计划,使青少年合理饮食,加强体育锻炼,克服自身的懒惰思想,增强青少年的意志品质,重视自身的身体健康。

第二节　学校方面

一、优化体育课堂教学

(一)尊重学生主体地位

1.发挥教师对学生兴趣的引导作用

(1)准备活动对学生体育兴趣的引导

教学案例:准备活动——蛇形跑。

在以往的准备活动中教师往往有让学生绕操场跑几圈的惯例。久而久之学生厌烦跑步,甚至没有跑一圈已经气喘吁吁,总是叫苦连天、怨声载道。对于当今创新型社会发展要求,学生应当不断接受新鲜的内容来培养自己的兴趣和爱好。对于准备活动应改掉跑几圈的惯例,采用蛇形跑,即无规则的随意跑。让班长学生干部领跑,充分利用场地的宽度,发挥其灵活性、能动性,想怎么跑就怎么跑,最后还可以放一些音乐进行刺激,使学生更加兴奋。这样的热身跑相当于平时的慢跑三圈,跑完后学生并没有表现出很累,反而表现出意犹未尽。总之,教师应当充分发挥其主导作用编排一些内容形式多样的准备活动,同时也可以把准备活动组织成体育游戏的形式,积极培养学生的兴趣。

(2)教学方法对学生体育兴趣的引导

教学案例:篮球启发式教学。

团队游戏:占领阵地。每四人一组,要求四人同时站在一份报纸上,报纸将会被一次一次对折,站立的难度也会越来越高,这要求学生之间共同商讨,协作完成,让学生体会到团队意识和创新精神的重要性。

团队游戏:橄榄球。每四人一组,以沙包代替橄榄球,要求四个人之间通过相互传递冲破敌人封锁,将沙包放到指定位置。一方进攻另一方防守,若失败交换。让学生体会到进攻和防守的技能及每个人之间相互配合的重要性。

技能挑战:沙包投准。每四人一组,一组派一人持筐放于头顶,另一组人员持沙包在规定的距离范围内分别将其投入筐中。投完后交换,投进个数最多者获胜。

通过以上三个游戏启发学生对篮球的理解。首先,通过团队游戏让学生明白篮球不是一个人的游戏,篮球是团队游戏,需要彼此之间的默契配合,去冲破敌人的防守。其次,让学生明白篮球不是鲁莽的体力游戏,需要团队之间发挥想象力和创新能力。最后,投沙包的游戏引入了篮球的起源,让学生明白原来篮球是这样兴起的。

该课堂以报纸和沙包为器材分别创编了"占领阵地""橄榄球""沙包投准"等游戏,充分活跃了学生思维和创新精神,无形之中让学生理解了篮球,并对篮球产生兴趣,从而也活跃了体育课堂气氛。学生的活动能力和对体育课堂的认识也发生一定改观。

(3)表扬和激励对学生参与积极性的引导

在体育教学中适当地表扬和激励可以促使学生获得激情和获得成功的乐趣。在体育教学中对水平较差的学生给予积极的鼓励和表扬,要及时发现他们的进步并给予肯定。对于水平较高的学生也要经常表扬,鼓励他们为学生做示范,鼓励他们主动去帮助那些水平较差的学生,给他们制定更高的目标和要求。体育教师的职责不在于教给学生几个简单的动作,更重要的是心理上的交流,帮助学生克服自卑心理,使其融入到班集体的大家庭当中,学会与同学沟通、交流与合作,体验体育带来的成功和乐趣,感受集体带来的温暖。只要掌握了学生爱被表扬的心理,及时地给予鼓励,就能调动学生的积极性。只要体育教师去努力关爱这些特殊群体,通过表扬、鼓励等多种方式去做疏导此类学生的思想工作,那么这个目标是一定能够实现的。体育教师同样担负着新课标所赋予的教学任务。因此,在教学中要树立以学生为主的理念,真正做到以学生发展为本,"一切为了学生,为了学生的一切,为了一切学生"的教育理念。

2.尊重学生兴趣爱好的主体地位

当今社会提倡素质教育,全面发展,而某些学校的教师仍在按部就班地执行教学计划,只注重知识的传授和技能的掌握,忽视了学生的兴趣和爱好。据调查,某些学校体育教师在准备活动的组织和编排上往往流于俗套,一种形式,一个位置,一套徒手操总是固定的几节,经常存在千篇一律,内容单调,过于重复呆板的现象。有的体育课除了跑步就是让学生自由活动,或者身体素质训练。周而复始,学生自然而然也会产生厌烦心理,甚至有学生喜欢运动而不喜欢体育课的现象。教师教学内容的呆板枯燥让学生对体育课的认识变成玩耍课,直接被忽视。由此而产生的"多米诺"效应就可想而知了。新课标下的体育教学要求学生需掌握的运动技能也基本达不到目标了。

体育课堂教学内容的丰富对提高学生的学习兴趣以及对运动技能的掌握是十分必要的。体育课堂上可适当开展各种球类、武术健美操等，让学生对体育运动有广泛的了解，对体育零基础的学生以介绍的形式让学生了解各种体育运动的魅力，培养其运动兴趣的广泛性。对于有一定运动基础的学生在自由活动时间可以鼓励其参加自己喜欢的运动并适当给予指导。学校可以根据学生的需求开设内容丰富的体育选修课。根据学生的需求建立菜单式的青少年体育选修课，把可选修的体育项目在网上以菜单的形式公布，广大青少年可以根据自身的兴趣、条件自主地选择体育课、授课教师甚至授课时间，从而提高学生的积极性，满足其运动需求。

(二)创新体育教育理念

"健康体魄是青少年为祖国和人民服务的基本前提，是中华民族旺盛生命力的体现。学校教育要树立健康第一的指导思想……"这既说明了学校体育的重要性，也为学校体育工作指明了方向。高等学校各级领导必须充分认识当前青少年部分身体素质水平逐年下降的严重性和危害性，树立正确的学校体育教育理念，把学校体育教育作为实施素质教育，培养德、智、体、美等全面发展人才不可缺少的内容，切实加强学校体育工作。健全学校体育运动委员会组织机构，并开展经常性工作，学校体育运动委员会要针对青少年的体育活动、体质健康状况(包括身体素质水平的现状)定期召开联席会议，研究制定对策，建立、健全学校体育管理制度，建立责任制，落实责任人，把学生的体质健康等内容归入主管校长、学生工作、体育部负责人的考核指标中去；成立有校长、学生工作、体育部、教师、学生组成的体育工作督导小组，负责对全校体育工作进行检查和指导，使学校体育工作成为学校重要的工作内容之一，真正体现"健康第一"的教育思想，以保证青少年身体素质水平下滑现象得到遏制。

(三)明确体育课程目标

体育课程是青少年以身体练习为主要手段，通过合理的体育教育和科学的体育锻炼过程，达到增强体质，增进健康和提高体育素养为主要目的的公共必修课程。为实现运动参与、运动技能、身体健康、心理健康、社会适应五个领域的具体目标，学校体育教师必须深刻领会体育课程目标的内涵，并把课程目标作为实施体育课程的出发点和归宿；要纠正体育教育理念和目标上的偏差，突出增强体质、增进健康、提高身体素质水平的目标；要正确认识和对待学生的体育兴趣，处理好"快乐体育"与刻苦顽强锻炼的关系，面向全体学生统一目标要求与"学生个体差异"的关系，确保体育课程目标的实现。

(四)精选体育课程内容

针对目前青少年学生娇惯的现状，要加强对学生吃苦精神的培养，学校在选择课程内容时，必须遵循青少年生理、心理发展变化规律和知识、技能的认知形成规律，把那些能有效增强青少年体质,提高青少年身体素质水平的运动项目和体育手段选为体育课程的内容,并根据实际情况加以改良。如在体育课程中安排攀岩、野外生存、定向越野、障碍跑等内容,增加学生体育锻炼时的生理负荷。有目的、有计划地安排学生进行艰苦的体育锻炼,努力消除独生子女易有的娇气,让学生充分体验到体育锻炼的艰辛和克服困难后的成功喜悦,培养学生顽强的意志力和各种环境下的生存能力,有效提高青少年的身体素质。

(五)实施与心理健康效益互动的教学策略

1.学校体育与心理健康效益互动教学

(1)学校体育与心理健康教育要讲究有机互动

有机互动是指在体育教学或体育活动中进行心理健康教育时,要讲究时机和内容,即体育教师要根据体育学科教学的具体内容和其所蕴含的可利用资源寻找心理健康教育的合理结合点,进行心理健康教育。一般来说,每一堂体育教学课所融入的心理健康教育内容应该是该堂课的教学素材中所蕴涵的,而不是脱离教材强加上去的,任何牵强的、贴标签式的心理健康教育都是不科学的,也是不合理的,任何纯粹为心理健康教学而进行的体育教学都是不可取的。虽然体育学科课程中蕴含有丰富的心理健康教育资源,但并非任何内容、任何时候都可以渗透心理健康教育,也不是每次体育课都必须渗透心理健康教育。体育学科教学活动中的内部渗透贵在自然、贴切,它与整个体育学科教学的特点和具体过程是紧扣的,是有机融合的。因此,促进学校体育与青少年心理健康教育的首要策略就是顺其自然,尽量避免牵强互动。

(2)学校体育与心理健康教育要做到适度互动

所谓"适度互动",就是体育教学活动与青少年心理健康教育的互动应"适时有度"。所谓"适时",就是在一次体育教学课或体育活动中,集中进行心理健康教育的时间不宜太长。因为体育学科教学中开展心理健康教育的目标是"次级目标",体育课程本身的内在规定性目标才是"主目标",因而不宜喧宾夺主。所谓"有度",一是要注意互动高度,即互动目标不宜过高也不宜过低;二是要注意互动的梯度,即在了解青少年个性心理及个性差异的基础上,尽量考虑各层次青少年的可接受性及互动的循序渐进;三是要注意互动的效度,即教师要经常搜集青少年的有关动态信息,适时调整互动的策略,把握互动的最佳时机。

(3)学校体育与心理健康教育要做到灵活互动

体育教育与心理健康教育互动没有固定的方法。从教学设计取向看,体育学科与心理健康教育互动可以把学生作为中心,重视学生的人格塑造,促进学生的心理发展;也可以把运动项目特点作为中心,结合青少年的身心特点,进行品德与意志力的教育;还可以把问题作为中心,理论联系实际,帮助青少年解决心理问题;更可以把活动作为中心,加强心理训练,塑造良好的心理品质。从互动的形式看,有分散式与集中式、集体式与个别式、讨论式与讲授式等。从具体的互动方法来看,有移情体验法、角色扮演法、认知矫正法、游戏法等。在不同价值取向的指导下,各种不同互动形式和互动方法的灵活运用便构成了不同的互动策略。

2.充分开发青少年体育学习潜能

(1)心理健康认知知识教育

对青少年进行心理健康认知知识教育,有利于青少年树立健康教育的新观念,重视心理健康的维护与促进,能有效地防止青少年各种疾病的产生。因此,在学校体育与心理健康教育中,任课教师要有目的地挖掘体育教材中有心理健康教育价值的知识内容,或填补一些相关教材,通过讲授、谈话、分析等方法,达到以下两个互动目标。

第一,促使青少年认识和掌握心理卫生常识与心理保健知识,明确心理健康是某一段时间内的特定心理状况的反映,是相对的、具有等级差异的。

第二,明确体育是将心智和躯体统一起来的最有效的、最容易调控的教育方法,体育学习和锻炼的最重要的目标之一就是保持和增进学生的心理健康。

(2)优质的心理学习教育

提供优质的心理学习教育旨在协助青少年开发体育学习潜能,掌握科学的学习方法与策略,纠正不良的学习心理和行为习惯,增强体育学习的效果。其主要内容如下:

①学习动力教育。通过课程目标设置、创设佳境、归因教育、积极反馈、价值寻求等方法,激发青少年参与体育学习、体育锻炼的动机;通过成功教育法、愉快教学法、需要满足法、兴趣教学法等,培养青少年参与体育的意识、兴趣,从而转变或改善青少年的体育态度,养成体育锻炼习惯,形成良性的体育心理状态。

②心理激励调节教育。教师在体育教学中针对青少年的心理活动及行为表现的变化,实施心理激励和暗示调控,使之形成一种兴奋、好学的心理状态,从而最大限度地调动和发挥他们体育学习的积极性、主动性和创造性。实施心理激励调控的主要方法有:信任、期望、启发、评价、疏导等。实施暗示调控的主要方法有:自我、他人、表情、权威、标志和榜样等。

③开发运动技能。主要通过良好的学习行为和心理能力的训练来实现。其操作程序包括:提出要求、执行要求;重复练习,以熟练、自然、自觉为目标;正面引导,积极提供学生效仿的榜样;督促检查,帮助学生克服不良的学习习惯。同时,施之技能形成的心理训练,主要方法有:表象、放松、注意力集中、自我暗示、意志等。

(3)适宜的情绪情感教育

情绪与情感是伴随着认识活动而产生的一种心理活动过程。一方面,良好的情绪情感教育对促进人的品德、认知的发展,以及促进身体健康成长具有积极的作用。另一方面,体育活动对情绪调节、情感的发展也具有积极的影响。实施情绪情感教育旨在协助青少年学会适时地调节情绪,增强对情绪的自控力,培养良好的社会性情感,防止情绪波动过大,避免青少年心理失衡而引起心理病患。

在学校体育与心理健康教育互动的过程中,可通过体育教学活动蕴藏的对人的各种刺激,如克服困难、参与竞争、自我控制、体验成功、经受挫折等,使青少年获得成功与失败、欢乐与痛苦、优势与劣势、平等与差别、公平与偏袒、合理与不合理等多元化体验,引导青少年正确对待这些情绪体验,合理对待个人的需要。同时,还要有意识地运用认知调节、表情调节、活动调节、呼吸调节、注意调节、暗示调节、激励调节、自我宣泄、心理归因等方法来增加学生的快乐体验。

（4）坚强的意志品质教育

培养良好的意志品质是青少年心理健康教育的重要目标。学校体育是培养青少年意志品质的重要途径,其原因在于:在学校体育教学与运动训练过程中,总会遇到各种各样的困难和障碍,如在体育运动过程中产生的内心恐惧、害怕和外界的环境、气候、体育器材等因素的影响,青少年通过不断地克服这些困难和障碍,可形成坚强的意志品质。在学校体育教育中培养青少年的意志品质,可从几个方面进行:第一,体育教师应树立培养学生良好意志品质的意识;第二,在教育过程中充分发挥集体和榜样的激励作用;第三,重视运动技能学习和练习的积极作用;第四,启发与引导学生在体育锻炼、体育竞赛中与困难做斗争。

（5）良好的性格教育

性格教育在学校教育中具有十分重要的地位,因为性格不仅与人的思想品德和知识学习有密切关系,也与人的身体健康息息相关。现代医学和心理学研究表明,性格对人体疾病,尤其是身心疾病的发生、发展和病程的转归有明显的影响作用。性格之所以能对人体疾病,尤其是身心疾病产生明显的影响,是因为病人的性格特征既可以作为许多疾病的发病基础,又能改变许多疾病的过程,甚至比引起该疾病的病原学性质更能决定该疾病的表现。因此,努力培养活泼、乐观、开朗、豁达等良好性格,对增进学生的身体健康,促进身心协调发展是大有裨益的。

性格教育的内容包括两个方面:一个是培养学生良好的性格特征;另一个是帮助他们矫正不良性格特征。这二者可以统一在良好的性格结构之中。

（6）人际关系指导

随着社会经济的发展以及生活节奏的加快,许多青少年越来越缺乏适当的社会关系,人与人之间也趋向冷漠。体育活动是一种人与人之间相互交往的好形式,能增加人与社会的联系。在学校体育与心理健康教育互动的过程中,加强人际关系指导的目的在于协调好人际关系。青少年在运动场上可以建立起伙伴、朋友关系,从而重建青少年人际关系的新模式。体育运动的魅力使人们冲破隔离和孤独,相聚在运动场,建立起平等、亲密、和谐的关系。体育活动不分地位、贫富、职业与年龄等,让人们平等而真诚地为一个目标而奔跑,为一场比赛而呐喊、兴奋和激动,这些能使青少年的交往能力得以发展,人际关系得到改善。

（7）竞争意识与合作精神的培养

竞争,通常是一种激发自我提高的动机形式,是个人或集体为了取得好成绩而与别人或别的集体展开竞争;合作,则是一种集体齐心协作的活动,这种合作是为了使这个集体更好地与别的集体展开竞争。体育活动正是以竞争的形式和丰富多彩的内容吸引着人们参与,在体育活动全过程中,始终贯穿着合作与竞争,即使在一般的体育游戏中,也充满着你追我赶、争强取胜的竞争。体育活动竞争与合作的特点,对培养青少年勇敢进取的精神,激发个人动机,提高学习与工作效率,树立远大志向,形成健全的个性有着非常积极的作用,同时也可有效地培养现代人在竞争中善于与人协作共事的群体意识和团队精神。因此,深入开展学校体育教育,可有效地促进青少年形成现代社会需求的心理品质。

(8)有效的自我教育

在业已发现的可以降低个体生活中心理压力的因素中,有两个因素最为突出:即社会支持和身体锻炼。参加体育锻炼,能够增加社会交往,易于获得社会支持。相关研究已表明,体育运动有助于人们摆脱压抑、悲观等消极情绪,降低焦虑,消除忧郁等心理障碍,使人们保持心理平衡,达到心理健康的目的。属于体育治疗手段的游戏是学校心理咨询与治疗的基本方法之一,尤其是在团体辅导中更为常用,因此,此项教育内容能协助青少年开发体育的运动健心潜能。实施的着眼点是:任课教师指导并教会学生运用简单、有效的方法进行自我心理诊断,并根据自我认知状态,有针对性地制订运动健心处方进行自练、自控、自测、自评为一体的自我心理治疗方案。

3.拓展体育教学时空

(1)专题心理讲座

青少年心理健康教育是学校体育课程目标的重要组成部分。由于目前大多数院校还没有专门把青少年心理健康教育课程纳入学校的课程体系之中,因此,在各学科教学中贯彻心理教育显得十分重要。根据体育与健康课程教学指导纲要的目标、计划与要求,学校体育课程每学期都要求安排一定时数的体育理论教学。在学校体育理论课的教学中,体育教师可以根据体育学科的特点,结合心理健康教育的内容,有针对性地开展心理健康教育专题讲座,让学生了解体育课程在心理健康教育中的地位、作用和实际价值。同时,告诉学生一些基本的促进心理健康发展的方法、技巧与注意事项。

(2)学校体育课程教学

心理健康作为重要的学习领域,明确地写入学校体育课程教学目标。现在,如何合理利用体育的心理健康教育资源,寻找心理健康教育的契机,把握教学的最佳时机,对青少年进行针对性的心理健康教育已受到越来越多的教育者的重视,广大体育教师在教学实践中逐渐融入心理健康教育的内容和方法。例如:在体育教学中,根据教材特点,培养学生积极学习的情感和良好的个性;安排各种有趣的活动内容,激发学生强烈的求知欲,培养学生热爱学习、热爱活动的情感;运用适当的教学方法引导学生主动地学习和锻炼,激发学生参加体育活动的热情,培养学生参加体育活动的兴趣,调动学生学习体育的积极性,发展学生的智力。而通过学习运动技术、技能,培养坚强的意志品质,调动青少年参加体育运动的主动性和积极性也是心理健康教育的重要内容。

(3)课外体育活动

课外体育活动在现代教育中具有重要地位,它既是学校课外教育的重要内容,也是学校体育的重要组成部分,同时课外体育活动还是青少年参与健康活动的基本形式,具有增进身心健康、培养体育人才的功能。课外体育活动包括课外体育锻炼、课外体育训练、课外体育竞赛等几个方面。它以组织形式灵活多样、活动内容广泛、活动空间广阔、参与对象群众性强等特点在学校课外活动中发挥积极的作用,为全面推进素质教育,促进青少年身心协调发展提供了更加广泛的空间。丰富多彩的课外体育活动,可以陶冶学生的情操、磨炼其意志、锻炼其生活和社会适应能力。此外,在课外活动中,还可以结合体育运动项目的特点,培养学生良好的个性品质。如结合体育锻炼项目的特点,加强心理引导,纠正学生的心理缺陷,培养良好的人格品质;结合体育运动训练与竞赛活动的特点,培养学生的竞争意识和团结、合作与进取的精神。

(4)营造和谐的校园体育文化环境

良好的校园体育文化氛围,丰富的体育文化活动,使人心情舒畅,精神振奋,生活充实。因此,营造和谐的校园体育文化氛围,创造健康的教育环境,对学生的心理健康教育会起到积极的促进作用。在校园体育文化建设中,加强体育教学工作,开设体育选修课,成立学生体育社团或俱乐部,安排好学校课外体育训练与竞赛工作,开展校际间的体育交流,是创造良好校园体育环境的主要途径。营造有利于青少年心理健康发展的环境是每一个教育工作者的责任,无论是学校领导还是一般行政管理人员,无论是体育教师还是班主任,都要努力营造有利于学生心理健康发展的校园环境。如学校领导及行政管理人员要重视学校体育工作的开展;体育教师要做好本职工作,并积极主动地参与建设、营造良好的校园体育文化环境,组织好课外体育活动;班主任也要积极参与、组织班级课外体育活动。

(六)教学组织形式

一般来说,体育课堂教学常见的教学组织形式主要有班级教学和分组教学两种。个性化体育选项教学将分组教学进一步细分为大组、小组、双人以及单人教学形式。依据选项教学规律,适合不同阶段的教学组织形式各不相同,每一种教学组织形式也都有各自的应用范围。

1. 班级教学

使用班级教学形式,教师容易发挥主导作用并对选项课堂教学进行有效的管理,适用于众多学生共同完成相同的教学计划,具有很高的教学效率;缺点是很难照顾学生的个体差异,不利于学生探索精神、创新精神和实际操作能力的培养。

为了扬长避短,个性化体育选项教学在理论单元、体验单元的选项游戏和技能展示模块以及其他单元的讲解、小结环节采用班级教学形式。因为这些教学模块或教学环节的大部分教学内容都是面向全体学生的。

2.大组教学

大组教学是分组教学的一种形式。顾名思义,在这种教学组织形式中,每个小组的人数比较多,一般在 8 个人以上。在个性化体育选项教学中,为了照顾学生在技能水平和体质水平上的差异,安排不同的教学内容,会考虑按同质或异质原则将学生划分为若干个大组。使用这种教学组织形式的教学模块或环节有以下几个。

(1)体验单元的锻炼体验模块

分组依据是学生的体质水平,分组原则为异质原则。这样分组是为了让学生感受到特定锻炼方法所针对的身体素质,以及个人所能承受的运动强度、运动时间等与其自身体质水平之间的关系。

(2)技能单元的统一学习环节

分组依据是学生的技能水平,分组原则为同质原则。分组后,所有学生都有一些既新鲜又具挑战的技能需要学习,因而会有比较浓的学习兴趣。

(3)竞赛单元的比赛环节

依比赛性质和目标的不同,分组依据可以是学生的体质水平、技能水平或是二者的混合;分组原则也可以是同质原则或异质原则中的任何一个。具体如何分组,视教学目标而定。

3.小组教学

分组人数在 3~7 人之间的教学形式,称为小组教学形式,它通常在两种情况下采用。一是大组教学的某个阶段,将学生细分为多个小组,进一步细化教学内容之间的差异。二是在个性化练习环节,出于练习形式等需要将计划相近的若干名学生组织成一个小组,共同练习。使用小组教学形式的教学模块或环节包括技能单元的统一学习环节、个性练习环节、综合练习阶段和体质单元的锻炼开展阶段。

4.双人教学

顾名思义,两个人构成一个学习或练习的组合。将学生组织成双人形式进行教学的目的与小组教学类似,不同之处在于在某些教学环节中,双人练习是比较理想的练习形式。使用双人教学形式的教学模块或环节与使用小组教学形式的教学模块或环节一致。

5.单人教学

在技能单元的个性练习环节、综合练习阶段和体质单元的锻炼开展阶段,一些教学内容不需要将学生组织成小组或双人的形式,每名学生独立完成即可。在这种情况下,采取单人教学形式。这种教学形式能最大程度地细化教学内容,满足个性化教学的需要,保障一人一计划的顺利执行。

多样化的教学组织形式,能使学生不断认识并处理好师生之间、学生之间以及个人与集体之间的关系,促成师生之间、同学之间的多边互动,使他们体会成功与失败并参与合作与竞争,从而提高学生参与活动的积极性,最大限度地发挥学生的主观能动性,逐步实现体育课程五个领域的教学目标。

二、改进课外体育活动

(一)优化学校运动场地资源和设施

1.优化学校运动场地资源

根据调查,在有充足的体育场地器材条件下,多数学生愿意参加体育锻炼。据调查某些学校现行的学校场地器材设施和学生体育锻炼的需要产生了一定偏差,对于开展比较广泛的足球和篮球相对较多,对于网球、羽毛球、乒乓球等小球类项目受天气影响比较大,对场地要求较高,只能选择"墙上网球"和"马路边羽毛球"。建议学校充分利用现有资源和环境根据学生的需求增加体育活动设施和资源,开发和利用有限的空地和资源,开发一些能满足学生运动需求的场地设施,例如,多数学生喜欢对墙打网球,学校多建一些"网球墙"。大多数学生喜欢打羽毛球,可以在宿舍楼以及教学楼中间的空地建一些简单的羽毛球、乒乓球场地。

学校场馆设施应适当地对学生有偿开放,在保证正常的体育课堂教学情况下可以在晚上和周末时间对在校学生进行有偿开放,避开与上课时间的冲突。另外派专门人员负责场地的维护和卫生工作,用低额收入做好对场地的维修修补。充分利用场地资源设施为学生课外体育活动提供良好的健身环境,为学生带来极大的方便。此外,学校可以联合周围的社区和企事业单位的场地器材做到共享体育场地器材。

2.为学生提供优质的运动器材资源

(1)院系班级为学生提供器材

全校性班级性课余体育竞赛是学生参加课外体育活动的重要途径,学校通过开展各种体育比赛,鼓励学生积极参加。无论学生还是院系领导都希望为班级、院系争得荣誉。在至高的荣誉和共同的目标促使下,学生们众志成城不惜一切地组建自己班级和院系的篮球队、足球队、排球队等。在院系领导的支持下体育经费、器材等问题也迎刃而解。学生参加课外体育活动也有了很好的保障。

(2)学校适当为学生提供免费器材租借服务

学校体育器材在保证正常的体育课堂教学外可以适当在周末为学生提供免费或低额的租借服务。某些学校已开始实施,学生在周末可以凭借自己的学生证到器材室免费租借体育器材,并在下周上课前按时归还。学校派有专门人员负责账物保管,借还登记,并及时做好器材的维修和保养,从而建立了完善的器材外借服务和规章制度,从而充分利用了学校的器材资源,做到了物尽其用。

(二)对青少年课外体育活动的优化组织与指导

1.对青少年课余体育竞赛的优化组织

体育活动的竞争性是体育的本质属性之一。在一定程度上可以满足人们争强好胜的心理和荣誉感。课余体育竞赛可以有效地促进课外体育活动的开展。第一,课余体育竞赛是检验课外体育锻炼效果的一种重要形式。参加课余体育竞赛的学生都有一定的运动能力和技术水平,通过体育比赛,可以充分地发挥和展现自己的运动技术和水平,感受成功所带来的喜悦,同时也可以提高在同学当中的威望和知名度。第二,通过体育比赛的开展吸引了广大的体育爱好者参与到其中来。在体育活动中获得的成功、自信心、荣誉感在某种程度上增加了其对体育的热爱,从而由兴趣变成乐趣,再由乐趣变成志趣,从而养成终身体育锻炼的习惯。第三,课余体育竞赛可以为学校院系运动队选拔人才提供科学依据。

课余体育竞赛的组织形式是多样的。现在部分学校开展的课外体育活动形式有:全校性活动、班级活动、社团活动。全校性课外体育活动有每年一届的田径运动会、校内球类比赛、健美操、武术比赛以及冬季长跑等。全校性课外体育活动有专门的组织机构负责管理,学生的参与程度比较高且活动场地器材经费都有保障,但每年只有一次。班级性活动一般是由班级体育委员负责组织,其他班干部进行协助,在征求班级学生意见后制订实施的体育活动。学生自发组织的课外体育活动,没有专门的组织和指导人员,可能会出现一些混乱,在某种程度上也会存在一些安全隐患。社团性课外体育活动大多是学校学生自发组织的由众多有共同体育爱好者组成的团体。该组织是学生自愿参加的群众性公益组织。体育社团并不是以盈利为目的的,而是为青少年课外体育活动提供舞台和帮助。小团体活动和个人锻炼的活动时间松散,随意性较大,组织起来难度较大。

学校应本着"人人有项目、班班有团队、校校有比赛"的课外体育活动实施要求。学校课外体育活动应在学工部的领导下,由校学生会体育部、各院系学生会协调配合,共同组织实施。学校工作部门负责安排运动竞赛的时间场地。各院系和班级学生会负责课外体育活动的组织实施,并记录学生平时锻炼的情况。校学生会负责活动的督查、评比及学生的考勤评定。在辅导员带领下由各院系体育部和班干部负责考查评比,对各班学生参加课外体育活动的情况进行检查;对各班学生的"达标"情况进行检查、评比,并制订课外体育活动量表。根据学生平时参加课外体育活动的情况制作个人健康卡片对其进行综合评价,并将评价结果利用墙报、通报等形式及时对班级和个人进行表彰和惩罚。课外体育活动的积分量表使学生的锻炼量化、直观、紧凑,通过实施,可有效地提高学生参加活动的热情,培养学生的健康习惯和锻炼意识。

2.加强对课外体育活动的辅导

据调查,现阶段多数学校对青少年的课外体育活动缺乏指导,多数学校从未制订专门的课外体育指导管理制度。参加课外体育活动的多数人群是个人锻炼和小团体形式，他们没有适合自身的科学的锻炼方法，仅仅是依靠单纯的兴趣自发兴起的。在无人指导的情况下其技术水平可能将一直停留在一个阶段。运动技能水平在一定程度上决定了其享受运动乐趣的程度。长期的低水平的重复动作直接影响其运动水平的提高和运动乐趣的享受。若青少年的课外体育活动有专门的辅导或指导机构，青少年的运动技能水平和运动乐趣水平也将得到很大的提高。

学校体育社团和协会应当创建青少年课外体育活动辅导团队。学校各体育社团和协会不仅应当组织青少年参加体育活动，更应当为其提供课外辅导。学校体育社团和协会可以和体育院系合作，体育院系为协会提供优秀的教师及教辅人员，帮助指导青少年体育锻炼。各个院系的运动队可以到体育院系找教练及裁判，这样也为体育院系青少年提供一个很好的实习平台，同时普通院系运动队也得到了有效的指导。学校体育社团也可以吸纳一些体育专业学生，做好体育辅导工作。体育院系可以对自愿参加课余体育指导的学生给予政策上的支持及象征性的鼓励。体育院系学生也可以组织一个体育运动协会为青少年提供技术上的指导。这一平台既为青少年提供了免费的辅导，也为体育专业学生提供了实习锻炼的机会，当然这一平台必须得到学校及院系领导的支持才能建立。

（三）对学生健康意识的培养

1.从小培养学生的锻炼意识

增强学生体质的关键在于学生和家长能从思想上认识到身体与学习并重的观念。

"健康第一"的指导思想虽然在阳光体育的校园里传播已久，但事实上却未能真正地深入到学生和家长的思想中。某些家长一直不赞同体育锻炼，取而代之的是英语、奥数之类的辅导班。由于学生从小未养成体育锻炼的习惯，到大学后体育锻炼更被抛之脑后。青少年体质下降的根源在于学生的无知、家长的无情。为了增强学生体质，应该将积极的健康观念融入到学生学习和生活当中，使其积极主动地投入体育锻炼中，并逐步养成一种健康的生活方式和体育锻炼习惯。然而，冰冻三尺非一日之寒，体育意识的培养更不是一蹴而就的，我们应该呼吁社会各界的力量，通过媒体的多方宣传将健康的体育意识从小植入青少年的思想当中。

2.对体育健康知识的宣传

加大对体育健康知识的宣传是对学生健康的最好教育。一方面学校应当定期举行大型讲座、讲演等活动，大力宣传体育锻炼与体质健康的重要性，也可以开设多种关于体育健康、科学锻炼、运动减肥等方面的选修课，使其了解体育运动知识，交流体育锻炼的心得体会，在学习和娱乐中认识到体育锻炼和体质健康的重要价值。另一方面，体育本身具有娱乐和竞争等属性，学校举办的运动会和一些球类比赛是宣传体育运动的最好时机，运动员矫健的身姿无形之中会影响到某些学生。通过体育娱乐竞赛或竞技比赛培养学生的兴趣，使其主动参与到体育锻炼中来,通过一系列集体性的比赛,使学生潜移默化地融入到体育锻炼的行列,而后使其逐渐养成自主锻炼的习惯,团体性活动也将变成个人自觉的主动锻炼。

(四)体育锻炼的激励措施

1.将学生体质测试引入学校招生策略

通过设置体能测试,给基础教育一个"风向标",树立培养孩子身体与学习并重的观念。山东省高考加试体育和清华大学自主招生体质测试都是促进学生体质方面的典范。从现行的社会形式分析,学生体质应当作为高考招生录取的指标,而山东省将学生体质测试引入高考也引起了社会强烈的反响。山东省高考加试体育应当学习清华大学招生体制,将学生体质作为选择测试的项目,这样一来也减小了体质测试工作带来的压力。对综合测试成绩好的给予适当加分鼓励,对综合测试较差的也是一种很好的激励和导向。

2.创建普通学校青少年运动技能等级评价体系

根据学生的兴趣爱好特点制订一套记录普通学生体育锻炼水平和学生在某项体育运动方面的特长的方法体系(学生运动技能水平等级体系)。学生可以根据自己兴趣自由选择身体锻炼方式,对于运动技能水平较高者可以给予某项特长级别证书,对他们的运动技能给予鼓励和重视。例如:某学校体育专业学生学习新大众健美操五级,并对其进行考核,对通过考核者将颁发证书。而非体育专业的学生也学习大众健美操,对体育专业组织的健美操考核也积极参加,并对合格者颁发证书。由此可见,颁发体育技能证书势必会对热爱体育锻炼的学生给予肯定和鼓励,从而也带动其周围的同学行动起来积极参与到体育运动行列。

通过构建学生运动技能水平等级评价体系,对学生进行统一比赛或测试,使每位学生都有自己的爱好和特长,使每位学生都能有一项或多项体育特长证书。这样从某种程度上既丰富了学生的课外体育锻炼,又对学生的体育锻炼给予肯定和鼓励,必然会促进学生终身体育锻炼习惯的养成。此外,根据学生参差不齐的运动水平进行分层教学,合理安排教学进度,可以提高教学的针对性,学生学习的积极性也得到有效提高。同时,运动技能等级评价也可为建立和完善学生体育锻炼和竞赛激励机制系统化打下良好基础,从根本上促进"阳光体育运动"的开展。

3.其他激励措施

国家教育部门下发的一些政策性激励措施在某种程度上也促进了学生参加体育锻炼的积极性。国家教育部等部门联合下发"走下网络、走出宿舍、走向操场"主题群众性课外体育锻炼活动,通过引导和帮助青少年培养其自主参加体育锻炼的习惯,养成良好的生活习惯,从体育锻炼中提高其身体素质,磨炼其意志品质和培养拼搏精神。在国家政策的激励和引导下,部分学校可以提出一些积极有效的干预措施。

三、加强师资队伍建设

近年来,学校体育课程的教学模式发生了很大的变化,许多学校由过去的教师确定教学内容逐渐转变成由学生自主选择上课内容、上课教师、上课时间,这对教师提出了更高的要求,教师原有的教学理念、教学方法、教学能力受到了冲击,因此,体育教师必须积极更新教学思想观念。学校领导要关注和重视学校体育师资队伍建设。学校体教部要通过开展教学研究,举办学术活动,参加培训班(包括职后的学历与非学历培训)以及自学等形式,加强对学校体育教师的培养,不断提高学校体育教师的业务水平、职业道德水平和创新意识;使学校体育教师不仅具有正确的教学思想与教学理念和先进、科学的教学方法与指导学生提高身体素质水平的方法,而且具有关注学生体质健康和身体素质发展的事业心和责任感;要使学校体育教师在遏制青少年身体素质水平下滑和提高青少年身体素质水平上充分发挥作用。

第三节　社会家庭方面

一、增强体育教育意识

青少年体质下降绝非偶然,社会的主流价值观发生偏差,导致家长和学校都急功近利地一味追求升学率,将分数看成评价学生好坏的唯一指标。想要从根本上扭转学生体质不断下降的局面,首当其冲的是要转变社会对体育教育的误解,引导社会走出误区,让社会充分意识到体质健康对于学生学习和生活的重要性,接受正确的体育教育理念。坚持秉承"健康第一"的指导思想,为学生创建良好的体育教育环境。首先,充分意识到家庭中的体育是人们实现终身体育的起点和归宿,提高家长的体育意识,发展家庭中体育人口数量,这同时保证了健身运动的顺利开展。其次,充分挖掘学生的主观能动性,鼓励学生积极投入到体育锻炼中来。

二、加大体育健身推广力度

利用一切资源,加大体育健身推广力度,提高体育健身时效性,推动全民健身运动。可在广大大学、中学和社区体育中根据实际情况有选择地逐步推广,从而达到促进全民体质健康发展的目的。

(一)在大学中的推广

我国绝大多数学校的体育设施条件虽不算一流,但无论是室外的田径场、足球场、篮球场、网球场,还是室内的羽毛球馆、排球馆、乒乓球馆、健身馆等都算齐备。目前我国大多数学校的体育课程以选项课为主。因此,在大多数学校中可以推广和实施体质健康推广计划的全部内容,包括个性化的选项推荐、选项教学和运动处方,从而提高体育教学质量。

（二）在中小学中的推广

目前我国中小学体育课以提高身体素质的基础教育为主，教学内容主要受相关规定的评价指标影响，也就是"考什么、练什么"；有的中小学会传授像篮球、足球这样大众普及程度较高的体育项目的一些基本技术。近年来，在经济发展水平较高的城市中，少数具备硬件条件的中小学已经或正在尝试开展体育选项教学。然而，受应试教育、场地条件、师资水平等因素的影响，选项教学并没有取得预期的效果。

体质健康推广计划，可在中小学里逐步推广。首先，就具备师资和设施条件的体育项目开展选项教学。然后，随着场地器械条件和师资水平的改善，继续开设新的项目。运动处方的实施目标不变，但应根据不同年级学生的身心特点和学业情况，安排合适的锻炼项目、强度和时长等。

（三）在社区中的推广

随着生活水平的提高，生活节奏的加快，居民用于锻炼的时间越来越少，身体素质逐年下降。虽然很多人开始重视体育锻炼，但是他们对自己的身体素质并没有科学的认识，因此不具备制订针对性锻炼计划的能力。

相关方案的实施以及居民体质健康测试的开展，为体质健康推广计划的实施提供了客观依据。其中最重要的是让居民掌握运动处方理论、科学锻炼知识与方法。此外，技能学习也面临指导匮乏的困难，可通过增加社区体育指导员、网络视频学习和相互学习等方式解决。体质健康推广计划的开展，将有效提高居民的体质水平和技能水平，推动全民健身运动的开展及终身体育的践行。

三、创设体育健身良好氛围

第一，减少网络游戏带给青少年身体健康的危害，使青少年形成良好的网络文化知识学习，远离恶性循环的网络游戏，加强青少年的自觉意识，用丰富的校园文化生活来转移青少年对网络游戏的依赖，把长时间坐着完成的网络游戏换成丰富有趣带有竞赛形式的体育活动，将青少年更多的课余时间和提高体质健康水平的各式体育活动联系到一起。

第二，体育传媒，也就是体育节目，经常组织青少年观看体育赛事、体育新闻，一些可以承办大型体育赛事的场所的单位也应向青少年发放优惠入场券，让青少年都有可能、尽可能地参与到现场，长时间与学校合作，最终达到使青少年从了解体育、对体育锻炼产生兴趣到自身参与体育的一个过程。这样的过程对提高青少年体质健康水平显得尤为重要。

第三，家长们也要多提倡青少年参与体育锻炼，培育体育价值观。生活方式要符合青少年体质状况，文化课和体育课要安排合理，要将青少年的作息时间和提高青少年体质健康相结合，保证青少年有充沛的精力去完成学习和体育锻炼。

四、科学管理，狠抓落实

提高青少年的体质健康水平绝不能空喊口号，需要有关部门相互配合、相互协调，共同努力，科学管理，狠抓落实，让每一名青少年都能积极地投入到体育运动中，感受体育的魅力，养成终身体育的习惯。改善青少年体质是一项巨大而复杂的工程，需要消耗大量的人力、物力和财力。根据青少年体质发展的特点和规律，可将学生科学地分类，更有针对性地组织、指导、管理和控制学生的锻炼行为，从而提高工作的效率和效果。

五、加强体质健康管理

（一）加强相关知识宣传

作为学校体质健康管理的主要对象，我国学生在思想上和行为上还有较大差距，所以，必须加强对学生相关知识的宣传和普及。

首先，应积极组织各种活动和讲座，使学生参与到体质健康管理活动中。

其次，通过校园广播、宣传栏、校园网等多种媒体手段，传播体质健康管理的意义和相关知识，不断强化学生对体质健康管理的认知。

最后，使学生家长及相关领导也充分了解体质健康管理的重要性，拓展体质健康的传播途径，完善体质健康的宣传机制，提高学生对体质健康的重视程度。

只有将体质健康理念提高到思想高度，从而逐渐内化为学生自身的自觉行动，才能真正起到提高体质健康管理水平的目的。

（二）制定相关管理制度

建立行之有效的体质健康管理制度，并根据实际情况开展管理工作，才能从根本上保证体质健康管理顺利进行，从而使学生用更多的时间进行体育锻炼。

首先，应完善相关法律法规。虽然我国已经制定了学校伤害事故处理办法，但这仅仅是对体育活动风险的处理意见，并没有实质性的效力。因此，国家应制定相关法律法规，明确责任制度，避免不必要的法律纠纷。

其次，相关部门应制订切实可行的体质健康管理方案，这是学校体质健康管理的核心环节。设计和规划体质健康管理方案时，要从实际情况出发，以清晰明确为原则，结合不同学生的需求和特点进行具体规划。

最后，资金是体质健康管理顺利进行的保证，因此学校应为体质健康管理工作提供专项资金，这样才能促使相关研究深入开展，还可以对在体质健康方面有很大进步的学生给予奖励，从而激发学生管理自身健康的积极性。

（三）设立专门管理机构

设立专门的体质健康管理机构，是提高体质健康管理效果的关键。一般而言，体质健康管理专门机构应包括以下几个方面。

1.主管领导

体质健康管理机构的主管领导一般由分管学生工作的校长担任,因此,主管领导不仅要了解和熟悉体质健康管理工作的内容,还要对体质健康管理工作的预期效果有信心,并坚定不移地支持该项工作。

2.执行机构

执行机构是指具体负责体质健康管理和实施工作计划的机构。体质健康管理执行机构可由学校体质健康研究室兼任,也可由专门组织建立。体质健康管理执行机构的职责是遵照体质健康管理计划,执行具体管理工作,实现体质健康管理的预期目标。

3.部门合作

体质健康管理是一项复杂而系统的工作,这就需要学校各部门齐抓共管、相互支持,充分利用学校丰富的教育、医疗等资源,积极开展体育锻炼、心理健康、生活方式等方面的教育,并提供相关的体质健康服务。

(四)加强体质健康干预

通过对体质健康信息的评价,将所有学生的健康状况分为四级:一级,健康状态;二级,亚健康状态;三级,疾病状态;四级,高危状态。了解学生的体质健康主要存在哪些问题,以及今后需要提高的健康因素,创造条件建立个性化运动处方库并及时改进完善。体质健康管理机构负责监督运动处方的执行情况,从体育课、课外体育活动等落实环节进行监督。

提高学生体质健康水平的关键,是对体质较弱学生群体进行重点干预。体质健康干预必须以体质较弱学生的体育需求为关注焦点,学校应调查、理解体质较弱学生群体的需求,加强和他们的沟通,密切跟踪他们的体质健康状况,把他们的需求与学校体育工作目标相结合,改进工作,采取措施,从而提高学生的满意度。

另外,由于专业局限性,涉及康复保健、疾病治疗、卫生保健等专业性较强的问题,还是要通过专门的机构进行解答,体质健康管理部门可以联系专门机构,提供无偿或有偿的增值服务来满足学生的各种需要。

(五)构建网络服务平台

目前学校在校学生人数众多,而体质健康管理人员严重不足,现代网络技术的发展及数字化校园建设的完善,为学校体质健康管理提供了技术支持。因此,学校应建立体质健康管理网络服务平台,将体质健康管理中的体质健康测试、体质健康评估、体质健康干预、体质健康咨询四个环节有机地统一起来,从而实现体质健康信息的互动交流,较为便利地满足众多学生的健康服务需求。

体质健康管理网络服务平台解决了学校体质健康管理中数据量大、管理困难的问题,使各种数据录入智能化、管理便捷化。系统通过智能手持机终端的数据录入方式满足大批量数据录入,如体质健康测试数据录入等,也可以通过人工录入、数据导入模式满足不同情况的需要,使体质健康管理工作快速、简便。

体质健康管理网络服务平台将体质健康测试部门的体质健康数据库、心理辅导部门的心理健康数据库和医疗部门的生理指标数据库结合起来,通过体检录入模块、体质健康测试模块、心理测试模块、健康评估模块等主要部分,整合不同部门不同职责的健康管理与干预工作,把不同维度的健康测试结果进行综合评价、反馈和指导,实现了学生基本信息的共享,减少了数据冗余的缺点。通过不同身份的权限设置,使不同的人拥有不同的权限,例如体检录入模块主要针对医疗部门进入,而体质健康测试模块主要供体育部门体质健康测试工作使用。

第四章 青少年体能训练的主要内容

第一节 青少年体能训练的理论研究

运动训练原则是运动训练客观规律的反映,是运动训练实践经验的总结和概括,因此是进行运动训练必须遵循的。

一、自觉积极性原则

自觉积极性原则,是指在运动训练过程中要教育运动员深刻认识训练的目的,刻苦地、创造性地进行训练,努力完成训练任务。自觉积极性原则强调了在运动训练过程中教练员要把教育运动员深刻认识训练的目的放在重要的位置;强调了运动员的刻苦训练不是被迫的,而是在对训练目的有明确认识基础上的自觉行动;强调了训练不但要刻苦,而且要独立思考,有创造性,才能顺利地完成训练的各种任务。

(一)理论依据

在运动训练中提出自觉积极性原则,是根据"运动训练过程基本上是个人的训练过程"和"在运动训练中有机体要不断承担运动负荷,直至承担最大运动负荷的能力"这两个特点,以及"外因是变化的条件,内因是变化的根据,外因通过内因而起作用"的唯物辩证法而提出来的。在整个过程中,要想调动运动员的积极主动性,创造性地执行训练计划,克服精神和身体两方面的因素,尽快地适应不断提高的运动负荷,达到训练的要求,必须先调动其自觉性不可。自觉是积极的前提条件,有了自觉性,才有积极的能动性。也就是说,在教练员指导的这个外因条件下,通过运动员自觉积极的训练这个内因,才能保质保量地完成各项训练任务。任何一个有成就的运动员无不具有自觉、刻苦和创造性。

(二)基本要求

在运动训练过程中,教练员贯彻自觉积极性原则体现在很多方面,最主要的要求如下所示。

1.形成正确认识,具有自觉态度

通过启发教育和采取各种有效措施,逐步让运动员形成对训练的目的和任务的正确认识,具有针对训练的自觉态度。运动员,特别是青少年儿童运动员参加运动训练,有各种不同的目的,从心理学的角度来说,就是有各种不同的动机。最常见的就是从个人的兴趣和爱好出发参加训练,他们对训练的目的和任务认识不足,没有稳定的、长期为之奋斗的正确目标,一旦在训练中遇到困难,这种暂时的自觉积极性就会逐步消失。所以,教练员在训练中要把训练目的和任务的教育贯穿在整个训练过程的始终,把运动员参加训练的各种动机引导到正确的轨道上来,使之成为内心的自觉要求。

2. 了解任务及其意义和作用

根据运动员的具体情况,使他们了解需要完成的具体任务对达到长远目标的意义和所起的作用。对优秀运动员,教练员应与他们一起确定训练目标和任务(包括长期的和近期的),使之明确达到这个目标和完成这个任务,需要多长时间,花费多大努力,以树立起坚强的信念,激发自觉积极性。

对青少年儿童运动员,教练员一开始就应通过各种方式,有的放矢地培育、启发他们的自觉积极性。

3. 目标一定要切合实际

在训练过程中,指标要求定得过高过难或过低过易,都会在一定程度上影响运动员的自觉积极性。如运动员一旦达标和完成教练员制订的各方面要求,就应立即提出新的目标和要求,使之不断努力,从而始终保持训练的强烈愿望。

4. 培养对训练的兴趣

培养运动员对训练的兴趣,是激发运动员自觉积极地、持续地参加运动训练的一个重要因素。

要引起运动员对训练作业的兴趣,很大程度上取决于教练员对训练课的内容、方法的选择是否有吸引力。如果长年累月是单调枯燥的老一套,则难以调动运动员的自觉积极性。所以,教练员应该采取各种有效措施变换训练的方式方法,多多借鉴其他项目的训练来调动运动员的训练兴趣,这样才能保证训练的正常进行。

5. 了解成果,并自我评价

使运动员经常了解训练成果,并培养运动员进行自我分析和评价的习惯与能力。

训练的成绩是教练员和运动员共同取得的,只有当运动员充分了解自己的训练成果时,才能进一步调动自觉积极性。通过定期或不定期的成绩考核,运动员看到他们经过艰苦训练所取得的成绩,增强了信心,从而激励他们不断奋进。即使成绩不理想,也应从中总结经验,找出差距,加以克服。

当运动员养成对训练的成果和存在的问题进行自我分析和评价的习惯后,就能主动地、创造性地训练,独立思考,独立解决训练中存在的问题。教练员可有意让运动员个人、小组进行口头分析总结、书面总结或专题小结;也可在训练课中要求运动员对具体的练习进行分析,提出问题,找出原因及克服的方法;还可以对训练中某一方面的问题、某一练习的技术或战术进行集体讨论,出主意、想办法,以提高分析和评价练习的能力。

总之，自觉积极性原则，关键是教练员在训练过程中要发挥主导作用，有计划、有措施，并逐步与运动员的独立创造才能结合起来，使他们的自觉程度日益提高。在教练员发挥主导作用的同时，应注意运动员的主体作用，因为运动员训练是由教练员与运动员双方因素组成的，所以在运动训练过程中一定要相互尊重、相互信任，以达到运动成绩的不断提高。

二、直观性原则

运动训练过程中的直观性原则，是指运用各种手段，通过运动员的各种感觉器官（视觉器官、听觉器官、前庭分析器、肌肉感受器等），使运动员建立对练习的表象获得感性认识，帮助运动员正确思维，掌握和提高运动知识、技术和战术。在这里，"直观"这个词已大大超过了它的字面含义——"看"或者"观察"的意思了，它有更为广泛的含义，包括看、听、触觉等。它要求通过各种感觉器官参与直观活动，也就是说综合地运用各种感觉器官，建立起对练习的表象，这些感觉的具体形象越丰富，就越能较快地掌握和提高运动技术和战术，发挥各个运动器官的作用。

贯彻直观性原则是使运动员获得知识掌握练习必不可少的感性认识阶段，这在青少年儿童的训练中尤为重要。在这个前提下，运动员才能逐步建立起对练习的清晰概念。

直观性原则的直接目的是促使运动员掌握运动的知识、技术和战术，同时也能培养运动员的观察能力和思维能力。

（一）理论根据

在运动训练过程中运动员的认识过程脱离不了人对事物认识过程的规律，直观性原则就是根据"从生动的直观到抽象的思维"，从感性的认识到理性的认识而确定的。运动员在学习和掌握练习的时候，首先是用听觉和视觉接受外部信息（即用耳听生动形象的语言，用眼睛看图片、电视、录像、电影、示范等）；其次是用触觉、运动觉、平衡觉通过教练员的各种助力或阻力和本体感觉传递内部信息，获得动作表象，建立正确的概念；再通过反复练习，直到学会动作。所以说，具体形象的直观教学，是运动员形成抽象思维，掌握正确动作和清晰概念的不可缺少的一个阶段。

（二）基本要求

1.根据具体条件广泛采用多种直观手段

一个运动员综合利用感觉器官的能力越强，就越能较快地感受和掌握动作。但各种感觉器官所起的作用在训练的不同阶段是不同的，如技术训练，在开始学习动作阶段，听觉和视觉的作用就较大；而在巩固提高（练习）阶段，则触觉、运动觉、平衡觉的作用较大。因此，在初学阶段，要充分利用各种听、视觉的直观手段；在实际练习阶段，就要更多地运用肌肉本体感觉等直观手段；当运动员已经基本掌握动作，进入改进、巩固和提高阶段时，可较多地运用各种及时传递信息的手段，如动作的幅度、速度、方向等不符合要求时，可利用各种手段传递信息,以引起运动员的注意,使之改正。

无论在哪一阶段,都要尽可能地采用多种手段,以提高运动员各种感受器官的机能水平和综合分析能力,提高运动员对练习的兴趣,尽快地掌握动作。

2.要明确各种直观手段的目的和要求

在教练员做示范或运动员看挂图时,都应明确看什么?怎么看?解决什么问题?不能为直观而直观。对高水平的运动员,在运用直观手段时,要注意发展运动员抽象思维的能力。一些没有经验的教练员在训练实践中往往喜欢多做示范,但由于缺乏明确的目的要求,故费时不少,且效果不大。

3.运用直观手段要考虑运动员的特点和水平

在运用生动形象的语言作为直观手段时,要特别注意运动员的运动经验和接受能力。语言表达中必须包括有关的运动概念和术语,否则就不可能正确表达动作的形象或要点,而运动员的运动经验与其所掌握的有关概念的多少有关。概念掌握得越丰富,就可越多地通过语言唤起对动作的表象,以利于建立起新动作的正确概念。所以,对不同年龄、不同性别和不同水平的运动员,采用语言这种直观手段的比重及语言的深度各不相同。如对年龄小、运动经验不多、水平低的运动员应注意运用直接的感官手段(如示范、幻灯、挂图、电视录像、电影等),而语言中出现的概念和术语应是他们所懂得和所理解的。

4.通过直观感觉启发运动员的积极思维

各种直观手段的采用,一般只能建立起对动作的表象,而要形成对动作的正确概念,达到理性的认识,掌握动作,就必须通过积极的思维。因为"感觉到了的东西我们不能立刻理解它,只有理解了的东西才能深刻地感觉它",而理解的过程也就是思维的过程。所以,在运用各种直观手段时,教练员要善于启发运动员的积极思维,了解运动员在直观过程中的思维活动,通过分析、比较、提问等形式,加深对动作的理解,从而经过反复练习,掌握动作,提高质量。

此外,感觉过程中的积极思维,还有助于发展运动员的智力,提高他们分析问题和解决问题的能力。

5.要十分注意运用直观手段的时机和方法

如运用挂图这个直观手段纠正运动员的错误动作,应在运动员知道自己的错误后再采用,使之直接观察正确的做法,进行正误对比,改正的效果就比较好。有条件的可利用录像,将运动员自己的动作录下来,然后再放出来进行观察和分析,效果更好。

三、一般训练和专项训练相结合的原则

一般训练是指根据未来专项运动的需要,在运动训练中以多种多样身体练习的方法和手段,提高运动员各器官系统的机能,全面发展运动素质,改进体形,掌握一些非专项的运动

技术和理论知识。

专项训练是指在运动训练中以专项运动本身的动作,以及与专项运动技术结构相似的练习进行训练,提高运动员专项运动所需要的身体功能与素质,掌握专项运动的技术、战术和理论知识及专项运动所需要的心理品质,以保证专项运动成绩不断提高。

一般训练的主要目的是根据专项运动需要,为运动员专项运动的素质、技术、战术最大限度地提高,创造优异成绩,打好各方面的基础;只有进行专项训练,才能保证专项运动所需要的身体机能和专项运动素质的发展,从而掌握专项运动的技术和战术。如果离开了专项训练只搞一般训练,就不可能提高运动技术水平,创造优异成绩。

但专项训练对身体局部负荷较大,久而久之易使运动员的身体局部肢体和相应的中枢神经系统疲劳,易产生枯燥和厌倦练习情绪,同时还会造成损伤。为了避免此现象的发生,就要通过一般训练进行调节。

总之,一般训练和专项训练是对立的统一,在运动训练中必须使两者有机地结合起来。否则会导致运动训练效果的减弱,甚至失败。

（一）理论依据

1.有机体是一个统一的整体

人体的各器官系统是相互紧密联系的。通过训练有机体各器官系统机能所产生的适应性变化,也总是相互联系的。运动员创造优异运动成绩依赖于身体机能的全面改善和提高,但任何一种专项运动训练对运动员各器官系统机能的影响都有一定的局限性;而进行一般训练,采取多种多样的训练内容和手段,就可以补充专项训练的不足。

2.根据运动技能转移的规律

运动技能是在中枢神经系统的统一支配下,建立的一种暂时性的神经联系。这种暂时性神经联系,建立得越多,就越巩固(即运动员掌握的技术、技能和知识越多,越巩固)。在建立新的暂时性神经联系时,学习掌握新的动作也就较快、较容易。

3.根据运动素质转移的规律

各运动素质的发展是相互影响、互为促进的。在发展力量素质的同时,对速度素质的发展也有影响。一般耐力发展缓慢,专项耐力的发展也不会快。

（二）基本要求

1.目的明确

选择一般训练的手段和方法,必须有明确的目的。要防止多而不精、走过场的现象。

2.适应专项需要

一般训练要适应专项的需要,反映专项化的特点,并且要有重点。如果发展速度力量素质,就应选用动作快、负荷量小或中等、重复次数较少的练习。要发展一般耐力,就应选用动作简单、重复次数多、时间长的练习。如球类、体操、跳水等项目,就应多选择发展灵活性、协调性、柔韧性等方面的内容。

3.合理安排两者比重

根据实际情况,合理安排两者的比重。

不论是多年训练、全年训练、一次训练课,不论是优秀运动员或一般水平的运动员,都要根据项目的特点,根据不同的训练阶段和训练任务而合理安排。不能搞"一刀切",各占50%。在一次训练课,可单独安排,也可穿插安排,还可采用循环练习。

4.要防止几种错误的观点

(1)认为一般身体训练可有可无;

(2)认为一般身体训练枯燥无味,不愿采用;

(3)为了保持运动员的体力,减少或不采用一般身体训练。

四、不间断性原则

不间断性原则是指从初期训练到出现优异运动成绩,以及保持和提高,直至运动寿命终结,都应不间断地进行训练。

这里所指的不间断地进行训练,是在训练的全过程中,训练内容的选择安排、运动负荷的安排,以及方法手段的采用,都应根据其内在联系,循序渐进地逐步提高,并不间断地进行。

(一)理论依据

第一,运动员有机体在解剖形态、生理、生化等方面产生一系列适应性的变化及其积累,必须通过系统地、不间断地训练才能获得。否则,运动训练对运动员有机体所产生的适应性良好变化,不但不能积累,而且会逐渐消退。

第二,各运动项目的知识、技术、战术都有其本身内在的联系和系统性,要根据这一内在联系性不断地进行强化,才能巩固和提高。

第三,运动员在初学技术和战术时,尚未形成动力定型,如中断训练和练习,就会使已学的技战术消退或消失(即大脑皮质暂时性神经联系中断)。

(二)基本要求

第一,坚持多年、全年系统训练,保证运动员有机体所产生的一系列适应性良好变化能够获得长期的积累。要使训练的时期与时期之间、阶段与阶段之间、课与课之间紧密衔接,成为一个系统的训练整体。

第二,在选择和安排内容时,要做到由浅入深,由易到难,由简到繁,由已知到未知,体现知识、技术、战术的系统性。

第三,各级业余训练和专业训练的环节之间要做到层层衔接。中小学代表队、业余体校、重点体校、专业队,每一个训练的组织形式之间,以及训练大纲的制订、训练的实施和比赛的安排等,都应有机地联系起来,以保持训练的不间断性。

第四,在训练过程中要注意防止伤害事故的发生。运动员的伤病会影响本人训练的连续性,事故的发生会影响集体的训练效果。

五、周期性原则

周期性原则是指整个训练过程以循环往复周期性地进行。每一个循环往复(即周期)并不是简单的重复,后一个周期是在前一个周期的基础上进行的,从而不断地提高训练水平,创造优异成绩。每一个训练周期的任务、内容、负荷、手段和方法,都是不一样的,而最主要的差别是任务、内容和负荷。

以周期的形式安排训练的原因如下:

第一,人体不是机器,在训练中不可能始终按最大能力进行活动,而是一段机能水平高、一段机能水平低。机能水平低的一段时间是为更高机能水平的活动服务的,这样一高一低地交替就形成了一个周期。

第二,运动竞赛有年度性和季节性,运动员必须在一定时间内参加比赛,在此之前的准备和在此之后的休息也是有周期的。

第三,运动员在良好的竞技状态下进行比赛,才能创造出优异成绩。而竞技状态也是变化的,有一个形成、保持和暂时下降的过程,整个过程也是一个周期。

(一)理论依据

周期性原则主要依据的是竞技状态的客观规律。竞技状态是指运动员达到优异运动成绩所处的最适宜的准备状态。

1. 良好竞技状态的三个特征

第一,运动员有机体各器官系统的机能能力大大提高,能最大限度地适应大强度和极限强度的训练和比赛,恢复过程较快,并且在训练和比赛中,运动员有机体机能出现节省化。

第二,素质和专项运动技术有很大的提高,而且两者紧密地结合起来,身体素质通过专项技术最大限度地发挥出来。中枢神经系统调节各个器官的能力达到了最高水平。这时动作表现为更加准确、熟练和协调。

第三,运动员情绪高涨,精力旺盛,自我感觉良好,渴望参加比赛。在训练和比赛中斗志昂扬、不畏艰险,具有充分的信心,敢于拼搏。运动员特殊的运动感受能力提高,如游泳、跳水运动员的水感,球类运动员的球感都很好。

总之,运动员的比赛成绩是衡量竞技状态的重要标志。

2. 竞技状态发展的过程

竞技状态通过训练才能发展,有四个阶段。

（1）获得阶段

①有机体机能能力不断提高；

②运动素质得到全面发展；

③专项运动技术、战术的形成；

④心理因素初步稳定。

此阶段各个条件相互之间的联系不够紧密，没有构成统一的整体，还不能在比赛中以优异的成绩表现出来。像修房子的备料阶段一样，料备齐了，不等于房子就修好了。

（2）竞技状态的形成阶段

在第一个阶段的基础上，使以上各个因素有机地结合起来了，构成了统一的整体，具备了专项化的特点，竞技状态基本上形成了。

（3）相对稳定阶段

竞技状态的所有特征都在本阶段表现了出来，并且进一步巩固、提高。但它是相对稳定的状态，不是在此阶段的任何时刻都能够创造出优异成绩，还有可能在短时间内出现暂时下降。经过合理调整，竞技状态不仅能恢复到原有水平，而且还有可能超过原有水平。

（4）暂时消失的阶段

上述各阶段不像原来那样联系紧密，呈一种正常的、暂时性的下降。因为人体有自我保护的生物本能（即保护性抑制状态），它不可能使竞技状态一直处于巅峰状态，而是一高一低地出现，以此保持机体的健康。人体机能的发展和事物的发展一样，总是螺旋式地上升，在旧的基础上有新的发展和提高。从竞技状态发展的四个阶段可以看出，竞技状态的形成必须经过一定时间科学而严格的训练，已形成的竞技状态相对稳定在一个时期后就出现暂时消失。因此，这就需要对训练进行一段时间的调整，并经过一段时间的再训练，才能在原有的基础上形成更高的竞技状态。

相对稳定和暂时消失形成了一个周期性的循环。根据这个规律将训练分成周期，并在一个大周期中又按竞技状态的四个发展阶段划分成三个时期。

①准备期：保证竞技状态的获得；

②竞赛期：保持和发展竞技状态；

③过渡期（休整期）：对竞技状态的暂时消退进行调整。

所以，在一定意义上可以说，运动训练过程就是控制竞技状态发展的过程。

3.影响竞技状态的因素

（1）重大比赛的日程

国内外重大比赛都有预定的日程，要保证在重大比赛中创造优异成绩，训练周期就要根据预定的竞赛日程划分，使运动员在预定的竞赛日程里形成和保持良好的竞技状态，以创造优异成绩。但由于具体情况有差别，要做到每一次都达到最佳竞技状态是很不容易的，必须通过不断实践，积累资料，总结经验，进行科学研究，才能逐步掌握其中的规律。

（2）季节气候

有机体各器官系统机能能力变化在一定程度上受季节气候条件的影响,加之训练对象的水平及项目的特点不同,周期的划分要受其限制。但有时也不一定,其原因如下:

①运动员的最佳成绩可能在任何一个时期出现,并不是固定在某一个季节和时期。

②生活在不同地区、不同国家的运动员所处的自然环境不尽相同,但都要集中在一个地点同时比赛,不可能都表现出好成绩。

③随着现代体育设施的发展,季节气候的影响不太大,如冰上运动在夏天也可进行训练和比赛,游泳在冬天也可进行训练和比赛。

（二）周期的分类

第一,多年周期:一般是根据大型比赛的日程而安排的,如奥运会、亚运会、全国运动会是每4年举行一次,故多年周期一般是4~8年。

第二,大周期:以全年或半年为时间界限(也可一年半),是常用的一种周期。

第三,中周期:是一个训练阶段。一般以1个月或3个月为时间界限。

第四,小周期:以一个星期为时间界限(国外有10天为一个时间界限的小周期)。

全年或半年训练的大周期由准备期、竞赛期和过渡期三个相互紧密衔接的时期所组成,构成了一个封闭性的周期。

（三）基本要求

第一,要根据对象和专项的特点,以及参加比赛的要求,全面科学地确定全年训练中周期的安排。如田径中的中长跑和田赛项目,以及游泳、滑冰等项目,由于竞技状态的获得相对需较长的训练时间,故大多采用单周期。而球类项目,全年比赛较多且比赛的期限又较长,因此安排双周期较多。

第二,每一个周期结束后都要认真总结经验,以便在上一个周期的基础上,根据多年训练的目标和运动员身体、技术、战术、心理等方面存在的问题,提出新的改进办法和措施。

第三,各个周期中各时期都应有明确的任务,并根据训练任务确定以下内容:①训练内容;②各项内容的比赛;③训练的负荷;④选择训练手段和方法。

第四,应该以重大比赛日程安排训练周期,尤其是青少年儿童的业余训练更不能围绕小型比赛转,影响多年系统的训练。有些比赛也可参加,但不一定都要出成绩,比赛要为训练服务。

第五,青少年儿童的业余训练要按学制来划分,其准备期要长一些,竞赛期要短一些,休息期要结合放假。

六、合理安排运动员负荷原则

运动负荷是指运动员有机体在训练中所承受的生理负荷(又称运动刺激);包括负荷量

（训练中可供统计的总量）和负荷强度（运动员做练习时的紧张程度和对机体影响的大小程度）两个方面。

负荷量与负荷强度关系密切，相辅相成。影响负荷量的主要因素是练习的次数、时间、距离、负重总量等；影响负荷强度的主要因素是练习密度，完成每个练习在训练过程中所占的百分比。它反映了练习的紧张程度和对有机体机能影响的大小，而且影响负荷量的各种因素也能影响负荷强度，影响负荷强度的各种因素同时也能影响负荷量，所以负荷量和负荷强度是相互联系不可分割的矛盾着的两个方面，是对立的统一。一定的负荷量就具有一定的负荷强度，而负荷强度对有机体的影响起着更为重要的作用。

有机体能承担较大的强度，就能承担较小强度的较大量；同样，有机体能承担较大的强度，就能承担较小量的较大强度。随着量的增加，强度也可增加，而强度增加了，又对量的增加提出了相应的要求。总之，二者相辅相成，互相促进，不断提高，共同构成运动负荷逐步增加的趋势。

（一）理论依据

1. 根据有机体"超量恢复"的规律

超量恢复是指运动员在训练中有机体被消耗的物质，在运动后不仅能恢复到原来水平，而且在一段时间内甚至出现超过原来水平的现象（超量恢复保持一段时间后又回到原来水平）。在运动结束之后，人体的各种机能活动已处于一个很高的水平，必须经过一段时间之后才能逐渐恢复到运动前状态。这一段机能变化叫恢复过程。

但是，各种机能并不是在运动结束之后才开始恢复的。实际上是机体在运动时，随着能量物质分解后的再合成就开始了恢复。因此，各组织细胞中的消耗（分解）超过了恢复（再合成），能量物质不能完全消除。只有在运动后，强度的消耗停止，此时合成过程超过了分解过程，人体才能彻底得到恢复。

没有消耗，也就没有恢复。消耗和恢复过程有三个阶段。

（1）运动时的消耗阶段

这一阶段，消耗过程占优势，恢复过程也在进行，由于运动时间长，强度大于恢复，使能量物质减少，各器官系统工作能力下降。

（2）运动后的恢复阶段

运动停止后，消耗过程减弱，恢复过程明显占优势。此时，能量物质和各器官系统的工作能力逐渐恢复到原来水平。

（3）超量恢复阶段

在恢复到原来水平的基础上，在一段时间内出现超过原来水平的情况，此时进行下一次练习效果最好。

总之，在一定范围内，训练负荷量超大，消耗过程超剧烈，超量恢复就越明显。如训练负荷大，会使恢复过程延长。如果长期这样训练，使疲劳积累，即会产生过度疲劳。需要指出的是，初次参加运动的训练者，负荷量只能达到本人最大负荷的 70%，负荷强度采用所能承受的极限强度的 30% 为宜。在对青少年的训练中，由于他们身体发育尚未完善，因此负荷不宜太大，要防止过度训练和运动损伤。

不同的能量物质出现恢复的时间有早有晚。如磷酸肌酸在跑 100 米后，超量恢复在 2～5 分钟。在进行短时间的大强度训练后，肌糖原约在 15 分钟后出现超量恢复。跑一次马拉松后，脂肪成分在 3 天后才能恢复，蛋白质的超量恢复时间更晚。游泳运动员在大负荷训练后，1～3 天内身体机能明显下降，3～5 天恢复到原来水平，5～8 天后才出现超量恢复。

总之，有机体在承担一定负荷后，就产生疲劳—恢复—超量恢复的过程。要达到超量恢复的目的，就要使有机体在承担一定的负荷后，安排一定时间的休息，使负荷与休息合理地交替进行。

2.根据机体机能"节省化"的规律

机体机能"节省化"的规律，是指在一定的负荷之下，使身体变化逐步适应、紧张程度减弱、能量消耗下降、反应减弱的现象。

3.根据机体适应的非同时性规律

有机体承担负荷后，就会产生反应，这种反应有一段时间的逐步适应过程，即形态的适应、生化的适应、机能的适应。但这三方面不可能同时适应，总是有先有后，只有这三方面都适应了，才能再加大负荷。

（二）基本要求

1.训练负荷的安排要因人因项因时而异

训练负荷的大小都是相对的，"最大限度""极限负荷"没有一个固定的负荷量和负荷强度，它要根据具体情况，从实际出发，合理安排。要知道，训练负荷是手段而不是目的，不能盲目追求大负荷，更不能有越大越好的错误观点。

基层队的运动员，由于生活环境等条件不同，更要从实际出发。没有训练的运动员如果最大运动能力为 100%，在训练时最多只能表现出最大运动能力的 70%。假定训练目标要达到最大运动能力的 90%，开始训练应采用最大运动能力 30% 的强度为负荷，如低于 30% 则不能引起超量恢复，因此是无效训练。若负荷过高，由于精神因素等方面作用达到 100%，这样可能会产生严重的后果，甚至危及生命。

训练 4～6 周后，如仍用 30% 的强度为负荷，会由于机体对这个负荷已经适应了，故产生了机能节省化现象，就不能引起机能能力的进一步提高。为此，必须增加负荷，新的负荷一般比原来负荷增加 10% 以上，为最大运动能力的 40%～45%。经过几周训练再进行测试，以确定下一次的负荷。这样经过几年训练，就有可能达到最大运动能力的 90%。

2.训练负荷要逐步加大,掌握好训练节奏

运动负荷的增加要由小到大,循序渐进地逐步提高,形成一个加大—运动—适应—再适应的过程。在具体安排时,要掌握好训练的节奏,大、中、小相结合,并有适当休息。科研成果表明,在一次大负荷训练后,一般要经过 48 小时才能恢复到正常水平。故在一次大负荷训练后,必须安排中小负荷训练或者休息。

几种增加负荷的形式如下所示。

(1)直线上升式

这种形式是训练负荷一周比一周加大,呈一种直线上升的形状,但上升幅度不大,通常用于准备期以加量为主的第一阶段,适应于训练水平较低的运动员。

(2)台阶式

这种形式是根据运动员的训练水平及项目的需要,有计划地逐步加大负荷量,加到一定程度后,保持一段时间以待巩固和适应,然后再加大,再保持适应,这样逐步上升。此方法较为稳妥,负荷既能顺利增加,又不易出现过度疲劳,这适应于训练水平较高者。通常用于准备期以增加强度为主,同时开始减量的第二阶段。

(3)波浪形式

训练负荷基本上是一升一降,呈波浪的形式。这种形式是当增加负荷量时,负荷强度适当降低;当增加负荷强度时,负荷量适当降低或保持在一定水平上。这种形式也可以将负荷强度提高到极限,并且能较协调地解决负荷量与负荷强度同时增大的矛盾,是教练员采用较多而且效果较好的形式。此形式很有节奏,符合机体适应性变化的规律。

(4)阶段调整加量法(实际是台阶式的另一种形式)

这种形式是根据运动员的训练水平,有计划地将训练负荷加大到一定程度后,又稍有下降,借以恢复和调整。此后,根据计划和需要,再开始下一周期的上升,这种形式的增加负荷不易引起过度疲劳,很适合青少年儿童和训练水平较低的运动员。

(5)跳跃式

这种形式负荷的起伏较大,体现了有节奏提高的要求。在训练实践中,也有对初学者训练半年后就采用跳跃式的方法安排负荷。即采用一个较大的负荷进行冲击,较强地破坏机体的动态平衡,然后降低负荷,再逐渐增加,并达到跳跃式的另一个新水平。

3.要合理安排负荷量和负荷强度

在训练中一般是先上负荷量,在量积累的基础上,逐渐加负荷强度。在加强度时,负荷量又适当降低。当运动员机体产生节省化现象后,再加负荷量,负荷强度又适当降低,这样逐步升级,不断提高训练水平。如果负荷量和负荷强度一直同时增加,不但整个运动负荷加不上去,而且容易产生过度训练。总之,在一个训练周期中,负荷量和负荷强度的安排要呈现出波浪形的起伏状态。

4.训练负荷的安排要考虑项目特点

(1)从项目特点考虑

短跑的训练强度较大、时间短、量小,而中长跑则相反;体操的时间长、量大;球类中的个

人项目与集体项目等技术性较强的则量相应较大,时间较长。应该待技术掌握后,再加大强度。

（2）从季节时间考虑

①离比赛时间越远,越偏重于加大负荷量;离比赛时间越近,越要提高负荷强度。

②冬训负荷强度相对较低,负荷量较大;而夏训负荷强度较大,负荷量相对减少。

（3）从素质训练上考虑

①进行速度或爆发力练习时,着重要求负荷强度,负荷量则相对减少。

②进行耐力或力量训练时,负荷量相应加大,负荷强度则明显降低。

（4）从训练的各个时期上考虑

①在准备期的训练中,以具有一定强度的量为主,着重要求平均强度。

②在竞赛期的训练中,以具有一定量的强度为主,突出强度。

另外,掌握负荷强度,还要处理好平均强度和最高强度的关系。既要注意一次或几次训练课中某项练习的平均强度,又要注意其中一次或几次用最大或接近最大用力完成的最高强度。较高的平均强度是提高最高强度的有力保证,一般在冬训中往往偏重于提高训练的平均强度,而在夏训中往往要集中力量提高最高强度。提高负荷强度时要注意以下几点:

①在技术训练中,用比赛的形式进行训练。

②在速度训练中,缩短跑的时间。主要是增加大强度训练的比例或采用测验要减少跑的组数和数量,增加跑的强度或减少跑的时间。

③在弹跳力训练中,要使完成的数量固定,不断提高强度的要求。如固定跳远的距离,逐渐减少助跑距离,或固定助跑距离而增加远度。

④在力量训练中,要不断增加重量,而不是强调增加次数。

5. 科学地安排负荷与休息

要使每次课的安排都能在运动员机体的机能能力得到恢复和提高的基础上进行。训练课之间的间歇不能过长,也不能过短。如时间过短疲劳就会逐渐积累,直至产生过度疲劳;时间过长会使运动员机体产生运动性变化,掌握技术、战术产生的良好的反应就会消失。

训练实践证明,有的训练课往往是在上次训练课运动员机体没完全恢复的情况下进行的。如高水平优秀运动员的训练,每天都有训练课,有的每天2次,而运动员的机能能力和运动成绩也提高了。这种情况并不能否定上述原理,而只是几次训练课的疲劳积累后的间歇时间,仍能使运动员产生"超量恢复",并不是始终要在运动员疲劳未消除的情况下进行训练。

怎样才能掌握好训练课之间的间歇,使之在"超量恢复"时进行下一次训练,必须根据具体情况,不断总结经验和进行科学研究加以解决。

6. 要对运动员进行运动生理和有关训练负荷知识的教育

对运动员需进行运动生理和训练负荷知识的教育。如通过测定脉搏、血压、呼吸、血红蛋白、红血球、原蛋白等内容的教育,使运动员懂得自我控制和调整训练负荷的方法,与教练员紧密配合,有助于科学合理地安排训练负荷。

训练过程中,最简单、最常用的内容是测定脉搏和血压。让运动员在训练中了解自己的脉搏(即基础脉搏)和血压,运动后再进行测定,以了解和掌握对训练的反应情况。随时与教练员取得联系,以便及时调整安排训练工作。

七、区别对待原则

区别对待原则,是指在运动训练过程中,要根据训练对象的特征、运动专项和训练条件,科学地确定训练目标、内容、方法、手段和运动负荷等。

(一)区别对待要考虑的三个方面

在运动训练中,之所以要区别对待,是由于运动训练基本上是个人的训练过程,运动员各方面的情况均有差别,而且在发展过程中总是不平衡的。根据概念可从三个方面考虑。

1. 在训练对象方面

(1)生物学特征:应考虑不同的形态、性别、发育、年龄等状况;

(2)心理学特征:应考虑不同的气质、性格、动机等;

(3)训练学特征:应考虑训练年限的多少、训练水平的高低、技术特点、负荷特点和恢复的快慢;

(4)社会学特征:应考虑家庭情况、生活习惯、社会背景和文化水平这四个方面的情况不同,应区别对待。

2. 在运动专项方面

(1)年龄因素

有的项目可以在相对较年轻的时候取得较好的成绩,如跳水、游泳、体操等项目;有些项目通常需要相对年龄较大的时候取得较好的成绩,如田径(特别是投掷)、球类、射击等项目。

(2)考虑专项成绩的发展规律

有的项目,运动员难以保持较长的运动寿命,如短跑、跳远等;有的项目,运动员比较容易保持较长的运动寿命,如铁饼、铅球、竞走和球类项目。要根据这个规律考虑各项目的主导因素进行训练。如田径项目需要爆发力和耐力,球类项目则需要快速的应变能力等。

3. 在训练条件方面

要考虑所处的训练周期和阶段,此外,还要考虑到场地、器材、教练、气候、同伴或对手信息等具体条件。

总之,以上各因素不同,就应考虑区别对待。

（二）基本要求

1. 要深入调查研究

教练员要深入调查研究,充分了解每个运动员的思想、生活、学习、健康状况及日常表现、爱好兴趣、个性特征、训练水平等方面的情况。

从运动员选材到培养,教练员要了解和分析研究他们生长发育过程中的特殊情况。如有的早熟,出成绩早而快,但不见得将来就一定能达到高水平;有的晚熟,出成绩晚而慢,但不见得将来达不到高的水平。女运动员月经期间对训练反应也不尽相同,所以要对她们密切关注,了解月经周期时间,在比赛中避开例假对运动成绩的影响。

2. 训练计划需切合实际

制订训练计划,应充分反映全队的特点和个人的特点,既有对全队的要求又有对个人的不同要求,还可制订个人专门的计划。这样,训练计划中规定的任务所要达到的指标、内容、方法和措施就能更加切合运动员的实际。

3. 要区别对待

区别对待应落实到训练的各个环节中去,做到一般要求和个别对待相结合。要注意男女的区别对待,因为女子心脏较小,心率较快,每搏输出的血量较少;肺活量和通气量较小;血红蛋白较少,携带氧的能力小;皮下储存脂肪的能力强,肌肉收缩力差。区别对待要重视重点队员,但不能因此而偏袒他们,不能忽视非重点队员和一些在身体、技术、战术等方面较后进的队员,以免影响整个集体的团结。

八、有效控制原则

有效控制原则,是指以系统科学的理论与方法为依据、以最优化训练控制为目标、以立体化训练控制为基础、以信息化训练控制为条件、以模型化训练控制为基本方法,对运动训练全过程实施全方位的优化控制,以实现运动训练的科学化。

贯彻有效训练控制原则的训练学要点如下所示。

（一）确立最优化的训练控制目标,实施最佳化训练控制

要做到最优化的训练控制目标,并实施最佳化的训练控制,应注意以下几点:

第一,在全面获取信息的基础上,根据自身的情况确立最适宜的训练目标。

第二,以定量化的科学训练为主,做到科学训练与经验训练相结合,定量训练控制与定性训练控制相结合。

第三,广泛采用现代科技的成果,在可能的条件下,尽可能提高训练方法、手段的现代化和科学化水平。

第四,重视各训练过程的反馈调控,及时调整训练中存在的偏差,以保证训练目标的最终实现。

第五,注意训练方法、手段和内容的最优选择。

第六,注意以省时、定时、低耗、高效为标准,根据实际条件,对教练员的训练工作做出科学、客观的评价。

第七,注意提高教练员和运动员实施科学化训练所需要的知识和智能,学习和掌握一些科学化训练的手段,为实施科学化、最佳化训练提供良好的条件。

(二)综合训练过程的各种因素,全方位地实施立体训练控制

要做到全方位地实施立体训练控制,应注意以下几点:

第一,在训练内容、方法和手段的选择和运动负荷与恢复等安排中一定要考虑它们之间的内在联系,全面地进行安排。

第二,将影响训练科学化的各种因素综合在一起进行整体的科学调控,而不要只注意运动场上的训练调控。

第三,实施立体化训练时,应注意按一定的程序,即:树立整体化的训练控制观念—分析影响训练的各种因素及其内在的纵向、横向联系—设计纵向系统化训练方案—设计横向综合训练方案—组织实施全方位立体训练—反馈调控。

第四,要从多年到每次训练课都使各种训练安排相互连贯地衔接起来,保持不间断的训练,以产生一系列稳定、良好的训练适应性的长期积累。

第五,在各训练过程中,必须以最合理的程序进行系统的安排。

第六,在训练管理体制上,注意使从学校课余运动队训练一直到优秀运动队训练形成一条龙的训练、竞赛体制。

第七,要注意加强恢复措施和医务监督,防止因过多地出现伤病而影响训练的系统性。

(三)高度重视训练信息的采集,建立科学的综合监测系统,实施信息化训练控制

要做到实施信息化训练控制,应注意以下几点:

第一,注意了解和掌握信息化训练控制的基本规律,将信息化控制贯穿于训练全过程,充分发挥信息的积极作用,搞好训练。

第二,要注意随时监测训练过程中的各种信息,扩大信息源,积累资料,以便更好地应用反馈原理对训练全过程实施“步步反馈调控”和“闭环式训练调控”。

第三,要处理好知识信息和经验信息的关系。扩大自身的信息储备,提高自身信息检索的能力,尤其要注意提高教练员和运动员的知识和智能结构。

第四,充分利用各种信息手段,提高信息传输的效果,尤其要注意提高信息的接受率和教练员使用现在信息手段的能力。

第五,训练中应注意吸取多学科人才的科学咨询,实现多学科人才的“智力协作”。

第六,在重大比赛前要重视情报信息的获取。

第七,注意提高教练员的科学研究能力,不断进行技战术和训练方法的创新。

（四）制订科学的训练计划，建立科学的训练控制模型，实施模型化训练控制

要做到实施模型化训练控制，应注意以下几点：

第一，重视为运动员建立各种科学的、定量化的、具有严格逻辑顺序性的训练控制模型，努力提高控制模型的质量。

第二，注意实施个体化训练，为每名运动员建立符合其个体特点的训练控制模型。

第三，注意克服训练中的盲目性、无计划性和随意性，严格地按照一定的训练模型进行训练。

第四，在全力保持训练计划相对稳定性的基础上，应根据训练情况的变化，灵活地调整训练计划中相应的控制模型。

九、动机激励训练原则

动机激励训练原则，是指在运动训练中通过各种方法和途径，激励运动员主动从事艰苦训练的动机和行为。也就是努力启发运动员的积极性、主动性，培养他们的独立思考能力、创造能力和自我调控能力，促使他们以最大的动力高质量、高效率地完成训练任务。

贯彻动机激励训练原则的训练学要点如下所示。

（一）加强训练的目的性教育和正确价值观教育

通过各种教育学、心理学的手段，进行训练的目的性教育，逐步树立起自觉从事训练的态度和动机，没有目的和目的不明确地从事训练和比赛，是不可能产生自觉行为的。由于运动员年龄、知识、能力、人生观及所处的生活环境等方面的差异，他们参与训练的价值观和认识程度是不同的。要使运动员明白获得优秀运动成绩对国家、民族、家庭、个人的重要性，引导运动员从不同角度、不同层次认识参加运动训练获得优秀运动成绩的价值，并与目的性教育结合起来，贯穿于训练的全过程。

（二）满足运动员的合理要求

要关心运动员的生活，安排好他们的衣食住行，尊重他们，保证他们的安全，引导形成"自我实现"的更高层次目标，以使之产生积极从事训练和比赛的动机。

（三）激发运动员参与训练和比赛的兴趣

运用各种符合不同年龄运动员个性心理特征的手段，激发运动员参加运动训练和竞赛的兴趣。青少年儿童运动员初期训练时应该以游戏和玩耍的形式进行全训练。过早地从事单一的专项训练会使青少年儿童运动员产生对训练的厌倦情绪。

（四）充分发挥运动员在训练工作中的主体作用

使运动员了解训练的目的、任务、要求与安排，并使运动员在一定程度上参与训练计划的制订和运动训练的组织，只有这样，才能使运动员的训练变被动为主动。同时，要注意有

意识地培养运动员独立思考的能力,提高运动员在各种复杂的环境、社会条件下,较好地控制自己的思想、行为和动作技术的能力。如,可采取在教练员直接和间接调控下的自主式训练和自由式训练,让运动员更多地参加自我训练调控,鼓励运动员的主动性、创造性的训练和比赛行为。

(五)注意教练员自身的榜样作用

教练员要特别注意自己的行为,要善于说服教育,并以自己的知识、能力和表率作用,以及通过有效的训练提高运动成绩,来争取运动员的信任和形成权威,并以此激发运动员的积极性。

(六)提高运动员的自我反馈能力

定期或不定期地进行成绩检查和考核,培养运动员进行自我分析与评价的习惯和能力。如让运动员互相观看、分析、评价同伴的技术动作,赛前组织运动员对战术的角色进行讨论,出主意、想办法。要求运动员记训练笔记和进行阶段训练小结,通过考核、评比,引入竞争机制,从而提高运动员参加训练的自觉性和积极性。

(七)注意掌握从严训练的尺度和方式

教练员要克服那种用简单、粗暴的态度和做法代替"从严训练"的倾向。所谓"从严",是指训练中严格执行训练任务,在技术动作规格上一丝不苟,在思想教育上不放松,在生活上严格管理,在比赛中严格执行战术指令等。

(八)根据不同运动员的特点决定从严训练的方式

不同的对象要有不同的要求。如女运动员有氧能力强,可采取一些"罚练"的手段,但男运动员却不宜过多采用。青少年儿童时期着重于基本技能上的从难、从严要求,对体能和实战能力的要求相对可低些,而到成年时,则转向对体能和全面竞技能力的从难、从严训练,并要十分重视从实战出发进行训练。

(九)注意正确的运用动力

精神、物质和信息三种动力要互相补充,扬长补短,取得最佳的效果。在具体运用中,首先,要根据具体情况有所侧重;其次,要正确地认识和处理好个体动力和集体动力的关系,让个体动力在大方向基本一致的情况下得到充分发展,以求得比较大的集体动力的总量;最后,利用动力时要掌握好适宜的"刺激量",过大没有必要,过小起不到作用,必须掌握好这个刺激量的"度",并根据不同贡献大小,拉开档次,有所区别。

(十)要注意克服那种"以赛代练""以赛养练"的做法

从实战出发绝非单纯地大量参加比赛,比赛要讲节奏,要适量。"从实战出发"主要指从平时围绕比赛的需要进行训练,要全力发展比赛中最需要的竞技能力,要提高运动员对比赛中各种变化条件的训练适应性,要针对比赛中暴露出来的各种问题进行有针对性的训练,也包括参加一定数量的热身赛。

第二节　青少年体能训练的实践

通过体能训练,人体的机能和形态可以根据运动需要得到有效的提高和改善,这已是人所共知的事实。然而,训练何以提高机能? 身体形态改善的机制何在? 这些才是人们能够把握体能训练内在规律的关键问题。所谓训练的基本原理也就是指在训练过程中带有普遍意义的基本规律。一般情况下,有机体的生命活动处在一个相对稳定的状态,但当外部环境发生变化时,必然会影响到机体的稳定状态。此时,机体对稳定状态被打乱的应激反应是生物调节和适应。体能训练过程就是依据这一原理,通过有意识地施加科学的运动负荷刺激,使有机体对负荷产生应答后,出现一系列生理适应。在一定范围内,训练中施加的负荷越大,对机体的刺激越深,引起的消耗过程越激烈,机体所产生的相应变化也就越明显,人体机能和形态的适应性变化也就越快。因此,从这一生物学发展规律来看,体能训练的机制关键在于负荷、恢复以及适应性,对这三个方面的全面认识也就构成体能训练的基本原理。

一、体能训练的适应原理

(一)体能训练与适应

人体具有稳定性和适应性两大生物特征。所谓稳定性(稳态)是指对气温、湿度等外部环境的变化,以及体温、体液等内环境能够保持在一定范围内波动的生理机能。例如,人体在高温环境中是通过发汗散热来维持体温的正常,遇寒冷时是通过皮肤血管的收缩来防止体热散失。在运动训练中,由于代谢功能的增强,导致体内代谢产物增多,为维持体内环境的稳定,须排除代谢产物来保持内环境理化性质的平衡,运动后又将体内的变化复原等。机体内这种自我调节的过程都可看成是稳态的功能作用。除稳定性外,对于长时间经受外部环境变化和运动刺激,人体的形态和功能同样具有适应变化的能力。如生长在高寒地区的人耐寒,热带地区的人耐暑等,这些特殊的机能应变都被称为适应性。适应性和稳定性都是人体为维持生命而必不可少的应激反应。人体的适应性可分为暂时性适应和长久性适应两大类。当外界环境发生变化时,人体内的相对平衡会被暂时打破,这时机体可通过一系列生理性调节,又会重新保持相对稳定,这种适应就是暂时性适应。如果暂时性适应长时间(几周、几月或多年)、周期性地反复进行,就会导致人体的形态和机能发生变化,这种变化即为长久性适应。高水平的体能是长期艰苦训练的结果,是机体对专项运动逐步建立运动适应的过程。这一过程是改造和建设训练者身体系统的过程,是使运动员各器官系统的形态和功能适应它所从事的训练项目的过程。训练者机体的这种适应能力越高,它的体能水平也越高。整个体能训练过程实质上就是追求人体训练适应的过程。所谓训练适应是反映训练者机体在长期训练和外界环境(指自然环境与训练、比赛环境等,如高原训练)刺激的作用下所产生的生物学方面的功能性"动态平衡"(能量补充与消耗的动态平衡)。体能训练的任务就是通过合理的训练负荷等手段,打破原有的生物适应与平衡,使机体在新的水平上产生新的生物适应与平衡。达到较高的适应水平所需要的时间取决于适应平衡建立的难度,难度越大,神经、肌肉和机能的适应所需要的时间也就越长。所以从这里看,无论是运动员还是一般普通人群的训练,都会以自身身体适应能力为基础。

(二)训练适应的发展阶段

训练适应主要是人体对运动刺激的一种生理适应过程。从运动生理学的角度看,训练适应的形成一般要经历以下几个阶段:

第一阶段:对运动员或一般人群的个体机体施加刺激阶段。这种刺激包括练习中、比赛中和生活中(饮食、作息制度、时差等)所受的各种刺激,机体每时每刻都在接受来自各方面的各种刺激。

第二阶段:对刺激产生直接的应答性反应阶段。机体在外部刺激的作用下,其机体内外感受器产生兴奋,将兴奋传输到各内脏机能器官和运动器官,使之尽快进入工作状态,对外来刺激做出运动必需的应答性反应。

第三阶段:对刺激产生局部或整体的适应阶段(暂时性适应)。机体器官和系统在接受刺激后,机能状况由开始的急剧上升逐渐趋于平衡。此时,机体的某项应答指标虽不再上升,但也能承受住外部刺激,则表示机体已对刺激产生了训练适应。

第四阶段:结构与机能改造阶段(长久适应形成阶段)。在全面增加和系统重复各种外部训练刺激的基础上,使各相应的机能系统和组织器官产生明显的结构和机能改造。在这个阶段中可以看到运动器官和有关的机能系统的结构出现相应的完善和协调。

第五阶段:训练适应的衰竭阶段。当训练安排不合理时,如承受过度训练负荷或过大的比赛负荷,则长期训练适应的某些机能会出现衰竭的情况。通常,只要采用"维持性运动负荷"就可以保持已达到的训练适应水平。完全停止训练或急剧地长时间降低训练负荷都会引起训练适应的消退,各种已获得的运动机能能力和运动性适应结构就会慢慢消失。产生训练适应所用的时间越短,其消退的速度越快。例如,在两个月紧张的力量训练后完全停止练习,经过两周后,力量素质就会明显下降,经过2~3个月后就会降低到原来水平。因此,在体能训练过程中,一方面要避免适应的消退和在适应过程的重复出现,另一方面也要避免盲目地、长时间地、高强度地刺激来追求训练适应。

二、训练负荷原理

训练负荷是身体训练最重要的控制与影响因素。体能训练的全过程就是通过对受训者施加运动负荷,引起机体的形态结构与机能产生生物适应而实现的。训练活动中如果机体没有承受一定的负荷刺激，便不可能产生新的适应现象。因此，了解和掌握负荷与刺激的基本原理是进行科学体能训练的关键。

运动负荷可分为负荷量和负荷强度两个方面。负荷强度是反映负荷对有机体的刺激深度，一般是由密度、难度、质量以及重量等因素构成的，这些因素分别适用于不同的运动专项和不同的练习。周期性运动项目的负荷强度多以练习中所完成的时间、高度、远度以及重量等来衡量；而非周期性运动项目中，动作难度和完成质量则是反映负荷强度的两个重要因素。

负荷强度可根据完成练习的努力程度、机能的紧张度和练习密度等客观标准区分为不同的强度区域，一般有小、轻、中、大、最大五级负荷强度。负荷强度的掌握是因人而异的，应根据不同训练对象来合理安排。实际运用中往往以本人最快速度、最大远度或高度以及最高负荷量的百分比值作为衡量强度大小的指标。

负荷强度与量是构成运动负荷的两大要素，两者之间相互依存，不可分割。任何量都包含着强度的因素，而任何强度又通过量才可反映出来。刺激量大而刺激强度不够，或者是刺激强度大而刺激量太小都同样不能使机体承受刺激或产生应激，一定刺激强度的负荷只有达到相应的刺激量时，机体才会产生新的适应现象。整个训练过程，实际就是通过调节、变动负荷量和负荷强度的各组成因素来合理安排运动负荷。

三、物质与能量的消耗与恢复原理

在体能训练中，机体承受负荷需要消耗大量的能量，能量消耗以后必须得到迅速补充。没有消耗，机体得不到相应的刺激，也无从产生适应；没有很好的恢复，机体却无法再次承受更大的负荷。因此，训练与恢复是训练全过程中不可分割的两个过程。随着体育水平的不断提高，训练的量与强度日益加大，人们对恢复的重视已到了前所未有的高度。

（一）运动中主要能源物质的消耗与供能

肌肉活动的直接能量来源是三磷酸腺苷，即 ATP。ATP 分解后的再合成依赖于 CP（磷酸肌酸）分解。肌肉中 CP 的再合成则要靠三大能源物质的分解。人体短时间的极量运动主要由 ATP 和 CP 分解供能。一般情况下，持续时间在 10 秒以上到 3 分钟以内的运动以糖酵解供能为主；持续时间在 3 分钟以上的运动，其能量主要来自有氧氧化系统。

就人体糖、脂肪和蛋白质三大能源物质来讲，糖的利用率最快。一般运动开始时首先分解肌糖原，如 100 米跑在运动开始约 3～5 秒，肌肉便开始通过糖酵解方式参与供能；持续5～10 分钟后，血糖开始参与供能；随着运动时间继续延长，由于骨骼肌、大脑等组织大量氧化分解利用血糖，致使血糖水平降低时，肝糖原分解补充血糖。脂肪的分解对氧的供应有严格的要求，因而，在长时间运动中，当肌糖原大量消耗或接近耗竭且氧供应充足时才大量动用，通常在运动达 30 分钟左右时，其输出功率最大。蛋白质作为能源供能通常发生在持续

30 分钟以上的耐力项目。

(二)运动中与运动后主要能源物质的恢复

机体的恢复过程可分为三个阶段,即运动中恢复阶段、运动后恢复到运动前水平阶段和运动后超量恢复阶段。运动时恢复是运动中随着能源物质的分解就开始再合成的过程。由于运动时的消耗大于同步恢复,能源物质的再合成往往跟不上实际的需要,所以人体机能还是呈下降趋势。运动停止后的消耗过程减弱,恢复大于消耗,因此能源物质和人体机能可逐步恢复到原有水平。运动后的恢复过程中,人体内被运动时消耗的能源物质在一段时间内,不仅能恢复到原有水平,而且还能超过原有水平,即进入超量恢复阶段。超量恢复的形成与运动负荷密切相关,在适当的运动负荷刺激下,有机体的消耗过程越激烈,超量恢复过程也越明显,如不及时给予新的负荷,超量恢复在保持一段时间后又会回到原有水平。超量恢复的客观存在为训练过程中如何提高机能、增进素质以及合理安排运动负荷提供了极为重要的生物学依据,这一规律和生物的应激性、适应性原理同等重要,是支撑体能训练的重要理论依据。即磷酸原的恢复、糖原的恢复与补充、脂肪和蛋白质的恢复。

四、体能训练的其他原理

(一)体能训练的生理适应观

不同形式和方法的训练产生的生理适应性不同,训练研究者把机体对刺激的适应分为两种:全身性的适应和局部性的适应。通常,运动训练学把全身适应和局部适应定义为一般适应和特殊适应,而这些又被分为力量、耐力、速度的一般适应和特殊适应。体能训练的生理适应观包括:耐力训练的生理适应性,如长距离训练、间歇训练、重复训练、爆发训练;力量训练的生理适应性,如骨骼肌适应性、神经适应性;生物时间的应激性及其适应性,如适应模式、适应差异性、训练作用不适应。

(二)全面发展观

运动能量的综合补给,距离与机体的供能综合协调,姿势与机体的供能综合协调,技术与机体的生理能力的综合协调。

(三)阶段评价观

专项能力的评价,生理机能的评价。

(四)体能训练的负荷与恢复原理

体能训练的基本问题是负荷与恢复,其原理如下所示。

1.逐级适应原理

无数经验已经无可置疑地证明,训练负荷的过程不是笔直上升而是有升有降起伏变化的,其变化特点大致是这样的:初承负荷—不甚适应—继续负荷—逐渐适应—增大负荷—又不适应—循环推进,永无止境。对每一个人来说,负荷的极限是很快即可看到的,但对于整个人类来说,只要进化不停步,人所承受的负荷量值就不会被发现终点,而在不断增大运动负荷与不断产生新质适应的过程中,体能训练水平就得到了提高。这是目前我们所能认识到的体能类项群训练水平提高的规律,对这一规律的表述,就是逐级适应原理。该原理包含着这样的认识:只要经过一个或速或缓的适应过程,人的训练负荷就可以无限增大,或者说,只要实现机能适应,那么训练负荷量值就有继续增大的可能。据此,我们可以有把握地提出规范体能训练的第一原则:极限负荷原则,即体能训练中增大负荷,再增大负荷直至最大负荷的基本要求。所谓极限负荷,当然是因人因时而异的,每一个运动员当然都有其不断变化着的负荷极限,我们讲"增大—再增大"即已认可极限负荷过程中的可变性。体能训练的成功奥秘,只在于准确把握运动员个体不同时期的负荷临界点,缺之毫厘和过之毫厘,其结果都可能是差之千里。而把握负荷临界点,"极限意识"是特别重要的。把握负荷临界点,决断勇气也是重要的。智慧来自勇气。不敢尝试极限负荷的训练,也就永远不会善于实施极限负荷的训练。为什么以往没有提出"极限负荷原则"? 应该说不是缺乏经验和认识能力,而是缺乏勇气! 极限负荷的基础是训练适应,训练适应是人体对运动负荷的平稳承受。这是一种活动或现象,它有一个过程,即由不平稳到较平稳,表明通过训练而使人体具备承受相应负荷的能力变化。训练适应的生理机制是应激。应激是指机体随时对刺激做出调整性反应。这些调整性反应最主要的是代偿性反应。代偿性反应的反复作用,导致机体对负荷刺激感应的升高,即机体对能引起强烈反应的刺激不再产生强烈反应时这就进入了适应状态。显然,如果没有逐级适应的基础,也就没有极限负荷的可能。

2. 恢复有序原理

在正常情况下,负荷后的恢复是自然的和必然的现象;在训练状况下,恢复过程则需要人为安排。恢复机制,并非在训练结束后才开始启动,训练负荷过程中,恢复是与损耗紧密交织进行的,只不过在不同阶段其优势状态各有不同,这是生理学常识。恢复与损耗都是一种状态,同时又都有一个过程,恢复过程呈现四个阶段,即"部分恢复""完全恢复""超量恢复"和"累积恢复"。所谓超量恢复,是在训练结束后的某一时段内能量补偿逾越原有水平的现象。所谓累积恢复,是指超量恢复效应维持一个时段之后并不完全退回到原初状态而会保留在一定的超水平上的现象。这是我们对体能训练恢复现象的规律性的认识,将这一规律性认识加以提炼,就是恢复有序原理。该原理明确了恢复过程的阶段特点,提示了在不同恢复阶段所应和所能施加负荷的基本量值标准,而训练负荷的量值安排又直接关系着训练水平的提高幅度。据此,我们提出规范体能训练的第二原则:据养定练原则,即体能训练中应依恢复结果而确立负荷指标的基本要求。提出这一原则,不是为了一般性地强调负荷与恢复互为前提和基础,而是意在突出强调"养"字当先。在极限负荷原则的前提下,一旦训练系统开始启动,就总是要依据"养"的结果来确立"练"的量值,而不是相反的以"练"的情况作为"养"的动因。在设计"养"的方案时,总是为了下一步的"练",故而理当"养"字领先。这是正常的训练。而在非正常情况下,例如训练渐进线被迫中断了,又该怎么办?那当然要具体情况具体分析,但必须有信念在胸,就是不能轻易放弃已有成果。据养定练原则可赋予重养型运动员以与重练型运动员大致相当的合法地位或存在价值。当训练渐进线被迫中断时,就应进入集中调养阶段,情况未必糟糕透顶;当远离负荷临界点时,则须将体能训练直线上扬,争分夺秒力求主动。在恢复过程的四个阶段中,完全恢复和超量恢复是人们最为关注的。人们创设出许多有效手段,意在尽快促成完全恢复。一般说来,恢复的手段有三类:第一类是力学手段,主要指放松活动。这些手段简便易学且无须高额投入,因而不会有人长期独享自用。第二类是化学手段,包括营养及药物。这里的科技含量较高,因而会不断地出现峰谷。第三类是哲学手段,包括信仰灌输、精神激励、心智调控。在这精神变物质的方面,人与人之间将永远存在着若即若离的时空。

第五章 青少年制订科学有效的锻炼计划

第一节 青少年科学锻炼的基础认知

一、青少年体育锻炼的科学性

党中央、国务院非常关心当代青少年的身体健康。在国家一系列的文件与举措中都要求青少年必须掌握一定体育保健知识与技能,进行科学的锻炼,树立终身体育意识。但经过前期的调查发现,当前青少年体育保健知识与技能掌握水平较低,课外锻炼的现状不容乐观。青少年在进行体育锻炼时缺乏科学性,常常事与愿违,本文就将对青少年课外体育锻炼的科学性进行研究,并提出合理的建议。

(一)科学体育锻炼的概念

科学体育锻炼是指在进行体育锻炼时必须遵循体育运动对人体的作用规律以及人体发展的生物学规律进行的有目的、有成效的身体活动,它能从根本上增强人体各器官、系统的功能;增强人体免疫功能、改善人的心理状态,提高机体的适应能力,从而增强体质、增进健康。

(二)青少年体育锻炼的最佳时间段

随着科技的发达,对人的研究亦更加仔细,故全世界的体育科研工作者都在研究人体在一天中最佳的锻炼时机。长久以来,在人们的观念中都认为早晨是人们进行体育锻炼的最佳时机,但大学临床研究中心经研究发现,大多数人锻炼都是在早晨,其实是非常错误的,因为人体在早晨的时候各个系统尤其是心脑血管系统都不够稳定,加之腹中无食物,此时血糖也较低,早晨九点钟以前大气没有降尘,有害物质浓度较大,若此时锻炼身体,对人体的毒害较深。该大学研究中心经研究发现,最科学的锻炼时间段首选为 16:00~18:00,其次是21:00~22:00,所以青少年进行体育锻炼的最佳时间段也应当是在傍晚或晚间。

(三)锻炼前的准备活动和锻炼后放松活动非常重要

在进行身体锻炼前充分做好准备活动是科学、健康锻炼身体的重要保障。准备活动可以提高人体中枢神经的兴奋性、降低人体肌肉、肌腱的粘滞性,可以最大限度减少运动中发生肌肉拉伤、扭伤等运动伤害事故。准备活动需要一定的时间,一般为 10~15 分钟,并根据即将要开展的运动有针对性地活动各关节及肌肉群,可以使局部肌肉的血流量增加20％。在锻炼结束时亦要做好放松运动,放松运动的目的是促进由于部分无氧运动给人体带来的乳酸的吸收,并使心血管更好地恢复到平静状态。

(四)合理安排运动量和运动强度是科学锻炼的基础

从科学的角度来分析,体育锻炼对人体产生的影响不仅仅取决于单纯的运动量,而是要取决于运动负荷,那么运动负荷是由哪些因素组成的呢?运动负荷是由"量"和"强度"组成的,青少年在进行体育锻炼时,要注意将运动量和运动强度的关系处理好。运动量较大时,运动强度则应适当减少,运动量小时,强度可适当加大,就青少年以健身为目的进行体育锻炼时,还是建议应将锻炼的重点放在运动量上。大学应当以第二天的精神状态来控制运动量,当锻炼后的第二天精力充沛,没有明显地困倦疲劳症状,即可。相反则说明运动负荷过大,应做适当调整。在运动当中,青少年亦可通过心率来控制,20岁左右的人,其锻炼过程中的运动强度应控制在心率为:$(220-20)×(70％～85％)=140～170$(次/分)的范围内,当前运动生理学界称为有氧的适宜负荷量。

(五)青少年体育锻炼要和营养补充相结合,才能达到健康的目的

我国青少年的年龄大都在18～25岁之间,从人的一生来说,他(她)们正处于青春发育后期与青年初期阶段,这也是一生中长身体、长知识,养习惯的重要时期;在这一阶段身心的发育日趋成熟,已具有成人的特点。但是青少年在体育锻炼之后应当补充、加强营养。

从营养的角度出发,运动后如何补充营养是有科学性要求的。要依据不同项目,不同运动负荷,不同季节来进行,总而言之,青少年在适量体育锻炼蛋白质的补充应比平时有所增多,注意不要摄入过多脂肪,膳食搭配应当清淡可口,提高每日蔬菜与水果的摄入量,以增加矿物质、维生素、纤维素的摄入,同时保证足够睡眠时间。若运动后不注意营养补充,那对青少年的身体健康是非常不利的,长时间会导致营养不良,并导致其身体隐患的出现。

(六)掌握一定的体育运动损伤的急救技能非常重要

在体育运动中发生肌肉拉伤、扭伤、挫伤及其他运动损伤是常有的事,如果青少年掌握了一定运动损伤的急救技能就能够及时处理受伤的部位,防止发生二次损伤,并能科学地判断伤情的严重程度,及时前往正规医院接受治疗,以免留下隐患。

在现实生活中,进行体育锻炼时受伤、延误治疗导致较为严重的伤害事故的报道时常出现,故大学应当掌握肌肉伤的处理办法,骨骼受伤的急救办法,运动中低血糖造成晕厥的处理方法,运动中外伤导致呼吸、心跳停止的处理方法。尽可能减少由于体育运动导致损伤而带来的后果,当然这些体育保健急救知识和技能需要大学体育教师进行系统性教学和实践方能掌握。

二、对培养青少年自我体育锻炼能力的思考

学校体育在培养新型全面人才的素质教育中,越来越表现出其独特的作用和地位。课外体育锻炼是关系到青少年体育能力的培养,也是学校体育向终身体育衔接的重要基础途径。大学体育改革如何适应培养学生综合素质,促进学生身心全面健康发展,是新时期面临的重要课题。

学校是学校体育教育的最后阶段。因此,这一时期的教学必须从各个方面进一步培养学生终身体育兴趣、能力,培养学生坚持终身体育锻炼的意志和习惯。

(一)培养、激励参加体育锻炼的兴趣是自我体育锻炼能力的前提条件

1.激发学生学习体育兴趣的时机与对策

培养学生学习体育的兴趣,既要考虑从目的性教育入手,也要从满足学生个体体育需求为出发点,并根据学生生理、心理特点,把握积极因素。从学生的近期学习目标来看,是做到"三好",即身体好、学习好与工作好,身体好可以促进学习好、工作好;从远期目标分析,学好体育知识与技能,练就健康身体有利于应对社会各种激烈的竞争,可为将来从事的事业作出更大更多的贡献,使生活的质量更高。

培养学生热爱体育,积极锻炼的兴趣要把握时机,当学生处于良好的心态环境时,即体育课内容激发学生学习兴趣与他们的理想、追求、热情发生共振以及学生的体育需求得到满足的时机是建立浓厚兴趣的最佳时机。

第一,加强理论讲授和辅导,使学生明确锻炼目的;

第二,利用电视和录像介绍有关体育锻炼的方法和对提高身体健康增强体质的作用;

第三,组织校内外群体活动,让学生有亲身参加活动的机会,体会运动后的感受和乐趣;

第四,积极开展校内外竞赛活动,培养学生的参与意识和集体荣誉感;

第五,运用生动典型的实例,说明体育锻炼,增进健康与学习的相互促进的良性关系,增强学习体育、锻炼身体的信心进而转化为自觉行动;

第六,利用学校普及和优秀的运动项目,激发学生观赏、参与、评论比赛的兴趣并产生亲身体验锻炼的欲望;

第七,通过各种评价、考评、竞赛、演讲等活动,鼓励更多人参与活动,并在参与中体会成功后的喜悦和乐趣,激励更加激烈的锻炼和参加各项体育活动的动机。

第八,组织学生参观高水平的比赛或高水平体育比赛的电视转播,提高学生欣赏比赛的品位和对体育文化深层次的认识。

在体育兴趣的引导过程中,教师要做到理论联系实际,有理有据,切忌空洞说教,激发学生学习兴趣不能单靠一时一事,应贯穿体育教学及其他体育活动的过程和始终。

2.注重学生的体育情感体验

学生对体育运动兴趣爱好是在长期的体育实践中形成的,除取决于对体育运动正确认识、明确锻炼目的、周围环境的运动氛围等主客观因素外,关键在于学生个体在运动过程中的情感体现,即个体能否充分体验到运动乐趣,能否有愉悦的情绪体验和满足感,能否产生重复再运动的欲望等。

3.丰富教学内容,改进教学方法

教材内容与学生的学习兴趣密切相关,学生所喜爱的运动,刺激性比较大的体育项目,会引起学生浓厚的兴趣,可激发他们自觉地去模仿去练习。因此,要使学生对体育课产生兴趣,更新和选择相应的教材内容是必要的。应根据学生的运动基础、知识水平、心理和生理特点将那些利于学生身心健康,受到学生欢迎,并经过大部分学生努力可以掌握的教材内容充实进体育课。这些教学内容在教师精通专业知识的基础上,可先化繁为简、化难为易,重新组合,使之在讲授中更容易为学生所接受和喜爱。

(二)培养学生的体育能力是自我体育锻炼必须具备的基础条件

1.使学生掌握体育的基本知识与理论及掌握一定的运动技术

锻炼需要有正确的方法,锻炼方法对于学生而言,是锻炼的"工具",是学生进行课外体育锻炼的前提,也是学生形成课外体育锻炼习惯的先决条件,正确的方法来自学生一定运动技能和运动技术的掌握程度。但是,对于学生来说,对于运动技能不能有很高的要求,方法也不宜过多,贵在符合学生的身心特点,贵在有效。

体育能力就是运用体育科学的知识与理论,指导体育实践的本领。青少年在校能有指导地进行身体锻炼,主要是在体育课中,有体育教师的指导,但在更多的时间里需要学生自主参与体育活动,独立地锻炼身体,要独立锻炼,就需要掌握锻炼的知识、手段和方法。体育知识贫乏,未能掌握一定的锻炼技能是当前许多人不能独立坚持锻炼的一个重要原因。因此,在理论教学上,要根据青少年学习体育的特点,即选择适宜的教学内容,独立的思维和"深度"。他们欲更深一层地了解和掌握科学锻炼身体的知识。不仅要知其然,还要知其所以然,不仅要了解怎样锻炼身体,还要了解身体锻炼的效应,更要学习掌握科学健身的方法手段。因此,有关身体锻炼的教学要根据学生的知识水平、理解能力和思维方式而体现出知识的"深度"特点,使学生掌握科学锻炼身体的知识和方法手段,为终身体育打好基础。

2.培养学生学会欣赏体育竞赛的能力

目前,由于学校的体育课时少,为了保证完成教学内容,体育教学中教师只注重传授体育技能,而对体育知识的讲授较少,不能使学生获得更多的体育知识及各种比赛规则。但客观上,有部分学生虽然不爱锻炼,但对于观赏体育运动感兴趣,特别是随着体育传播业的日益发展,体育节目的多样性、趣味性及运动比赛的竞技性、刺激性越来越多地吸引观赏者的目光。于是"看体育""听体育""谈体育"逐渐成为一种时尚和趋势。学校多提供观赏体育运动或比赛的机会,并善于抓住学生渴望获得体育知识的欲望,改变学生对体育认识不足的现状,在教学中增加理论课及时开辟体育讲座,提高学生对体育比赛的欣赏能力,使他们充分体会到运动带来的心理上的美好享受,促使其爱上体育锻炼。只有获得体育技能和体育知识,才能培养学生自觉锻炼身体的能力,并为终身体育打下良好基础。

(三)形成学生自我体育锻炼习惯,丰富学生的社会生活方式,促进学生全面发展

随着社会、经济的发展,对学校教育的人才培养提出了更高的要求,学校体育培养目标也在与时俱进,世界各国对学校体育的培养目标提出了新的要求,称之为科学的学校体育培养目标:培养学生了解体育与健康的基本知识;掌握自身从事体育活动的基本能力并拥有健康的体魄;理解体育活动在促进人类健康中的作用;形成体育生活方式,达到具有科学的体育素养的人。

现代社会,人们对生活的追求重在生活的质而非生活的量,人们是通过拥有一个包含丰富文化内涵的生活方式而实现物质占有欲的,这样一种成熟化社会,需要在人的一生中都拥有健康的生活,而具有足够的信息沟通与人际交往以及令人轻松愉快特性的自我发展体育,必然为创造一个新的生活方式而显示新时代体育的风采。

把体育作为一种生活方式提出,有助于开发体育丰富的文化价值,可以发展人类的身体、智力和认识的能力,可以通过体育拥有完美的人生,实现人类完美的生活,提高人们的生活质量。

自我体育锻炼是学生闲暇活动的重要组成内容,培养自我体育锻炼习惯可以丰富生活方法的内容,同时通过真正地、自由地享用体育活动,促进健康与体能发展,努力使自己更加优雅,获得快乐,使体育成为促进"无限的自我发展"的一种有效手段。

体育兴趣及自主体育意识的确立,将促使学生锻炼行为化被动为主动,化间断为持续。课余体育锻炼是增强青少年体质、培养青少年自主体育意识和自我锻炼能力的主要途径。学校开展课余体育锻炼不仅要向青少年提供"黄金",更重要的目的是教会学生"点金术"即自主锻炼方法的掌握和能力的养成。这样学生才能在高节奏、高竞争、高压力的知识经济时代,以健康的体魄、饱满的工作热情迎接新时代的挑战,担负起建设祖国的任务。

第二节 青少年制订科学锻炼计划的步骤

一、体质健康测试

体质健康测试是对人体形态结构、生理机能、身体素质等反映人体质量的有关指标的检测与评定,通过体质健康测试可以了解到自己在形态结构、生理机能、身体素质等各方面的优缺点,对于针对性的选择锻炼内容有很好的指导作用。

（一）健康状况问卷

健康状况问卷是青少年在进行体质健康测试之前需要填写的内容，该问卷所反映出来的信息能够让体质健康指导员清楚地知晓被测试者的基本情况，以便安全、有效的进行测试。该问卷可以根据各学校的具体情况自行进行设计。问卷一般包括以下三个部分：

第一，基本信息部分：包括参加体质健康测试学生的姓名、学号、学院、联系方式等，以便有任何问题可以及时取得联系。

第二，个人病史部分：包括被测试学生的病史以及家族病史，这些信息有助于体质健康指导员帮助学生制订适当的锻炼计划和进行相关知识教育的具体内容。

第三，与健康有关的行为、态度调查部分：有助于了解学生的生活、锻炼习惯以及与健康有关的行为、态度的相关情况，及时发现问题，及时进行引导，帮助学生建立有利于健康的生活方式。

（二）青少年体质健康测试的评价

青少年体质健康测试既有各单项指标的评价，也有综合评价。综合评价的总分由标准分与附加分之和构成，满分为 110 分；标准分由各单项指标得分与权重乘积之和组成，满分为 100 分；各级别划分为：90 分及以上为优秀，80～89.9 分为良好，60～79.9 分为及格，59.9 分及以下为不及格。

二、制订锻炼计划

（一）确定锻炼目标

锻炼目标是具有不同身体健康状况、体质水平和运动需要的个体在进行体育锻炼时所指定的目标。在以增进健康、增强体质为目标的锻炼计划中，也存在着不同的情况：有人为了提高全身耐力水平（有氧运动能力），有人为了提高全身力量素质水平，也有人为了减肥而锻炼，有人为了治疗某种慢性疾病而锻炼，这都属于锻炼目标的范畴。

对于青少年来说，在多个锻炼目标中，应以提高全身力量素质和耐力水平为主。在参加体育锻炼时，以强身健体为主，不需要单纯追求运动技术水平的提高，这一点与专业运动员的目标有明显不同。

（二）选择运动项目和锻炼方法

青少年参加体育锻炼的目的是为了增强体质，因此，在运动项目的选择上要避免选用高难度、大负荷的竞技运动项目；在锻炼方法的选择上也建议尽量选择简单易行、徒手能够完成的动作。

（三）确定运动强度、运动时间和频率

在运动强度、时间和运动频率这三个因素中，以个人最大摄氧量为基准，算出耐力运动

所需氧量占最大摄氧量的百分比,即可确定运动强度。

1.根据最大摄氧量确定运动强度

最大摄氧量(maximal oxygen consumption,V_{O_2}max)是指在人体进行最大强度的运动,当机体出现无力继续支撑接下来的运动时,所能摄入的氧气含量。

最大摄氧量的测定方法有以下几种。

(1)间接测定法

间接测定法的依据是人体的耗氧量与本身完成的功率和运动时的心率密切相关,因而通过运动时的心率和运动完成的功率推测受试者的最大摄氧量。通常使用的测定方法为12分钟跑:受试者竭尽全力跑12分钟,记录完成的距离,运用公式即可算出最大摄氧量:

$$V_{O_2}max=35.97×距离(里)-11.29$$

(2)直接测定法

直接测定法又称为实验室测试(laboratory measurement),就是让受试者戴上专门的仪器在跑台上跑步,通过调动跑台的跑速级别使得受试者运动至力竭,然后用专门仪器收集到的受试者呼出的气体纳入气体分析仪进行分析。分析出的结果便能确定出其最大摄氧量了。通过跑台和心率监测仪,当心率出现180次/分时,便可断定机体已经力竭了。推测公式为:

$$V_{O_2}max=6.70-2.28×性别+0.056×时间(s)$$

$$(健康成人,其中性别:男=1,女=2)$$

普通人群的最大摄氧量低于专业运动员,而在专业青少年运动员中从事耐力项目训练的青少年运动员最大摄氧量高。目前,青少年人群推荐的运动强度范围最大摄氧量为50%～85%。

2.根据心率来确定运动强度

心率是通过脉搏测出来的,它显示出运动时身体用力的程度。运动量一成不变的传统健身法是行不通的,必须依据超量负荷原则逐渐增加运动量,成年人在运动时应该使心率保证在120～140次/分范围内才能够达到目的,采用心率来确定运动锻炼时的运动强度简单易行又安全有效。经过实践研究,得到了身体状况完好的成年人在各种心率下的运动持续时间,为确定运动负荷提供了科学依据。

3.运动强度与运动时间的配合

运动时间是指每次运动持续的时间,是组成运动量的重要因素。在持续的周期性运动中:运动时间×运动强度=运动量。因此,运动时间随着强度的变化会导致不同的运动量。即使是运动量相同的运动,由于运动种类的不同,在制订锻炼计划时强度和时间也是不一样的。有些运动采用较低的强度和较长的时间有效,有些运动则是短时间高强度、多次反复才有效,如果确定了运动强度,持续该运动强度的时间是关系到锻炼效果的重要因素。运动时间过短,对机体产生不了作用,达不到应有的效果;运动时间过长,有可能超出了机体所能承受的范围,容易造成疲劳甚至于运动损伤。因此,确定运动时间时应根据运动的目的、强度,设定最低限度能产生良性循环的作用时间,也就是必要的运动时间。

青少年在制订锻炼计划时,每次持续运动的时间最低应为 30 分钟,而运动强度则应达到最大心率的 80% 左右,这样的锻炼对于青少年人群才是有效的。

4.运动频率的确定

运动频率通常是指每周参加体育锻炼的次数。体育锻炼的效果是在每次运动对人体产生的良性循环作用的逐渐积累中显现出来的,是一个由量变到质变的过程,所以对于青少年来说应根据不同的运动目的来制订一定周期的运动计划。

青少年健身运动每周安排 3～5 次即可,无须每日连续进行。每周 3 次的锻炼可安排隔天一次;每周 5 次的锻炼可安排周三和周日休息。运动次数极度增减是不好的,两次的运动间隔时间不宜过长也不宜过短,若间隔 14 天运动一次其效果是零,即等于没有运动;而每日运动和隔日运动 1 次的锻炼效果是一样的。最合理锻炼计划的频率应为每周 3 次,隔天运动即可。

5.运动时间带

运动时间带是指一天中(早晨、上午、中午、下午、晚上等)进行体育锻炼的时间段。应根据人体的生物节律来安排进行锻炼的运动时间带,特别是饭后间隔和运动开始时间的时间带很重要。空腹和饭后 30 分钟之内不要进行大强度的运动;高血压患者的运动时间带白天比早、晚要好,其理由是脑溢血的发病有早晚多白天少的倾向;冬天运动的时间带不建议选择早、晚,因为这两个时间段天气寒冷、气温过低不适宜运动,夏天则反之。

第三节　青少年实用科学锻炼计划

青少年科学锻炼计划因锻炼者的不同目的而各有不同,有的人是为了强健肌肉,有的人是为了减少皮下脂肪,有的人是为了改善心肺功能,还有些人是为了提高体质综合水平。在实施锻炼计划前应先进行身体健康方面的医学检查和体质健康方面的测试评价,然后再确定运动时间、强度和频次。下面介绍几个适合青少年的使用锻炼计划,可以供大家参考。

一、一般强健身体的锻炼计划

该锻炼计划适合锻炼目的为强身健体的青少年人群。在实施整个计划的过程中,包括以下 4 个步骤:准备活动、伸展柔韧性运动、有氧练习和放松运动。它由有氧代谢锻炼和伸展性锻炼两部分组成。

(一)四个阶段的锻炼目的

准备活动和伸展柔韧性运动两个阶段,是以逐步升高体温、加快机体新陈代谢的速度,从而为适应有效锻炼做准备为目的的,同时还可以起到预防运动损伤的作用;有氧锻炼阶段是健身计划的核心部分,它可以提高机体的心血管系统功能,使氧运输系统发展到更高的水平。在该阶段的锻炼时间不能少于 30 分钟,否则达不到锻炼效果;放松活动阶段强调以适量的锻炼来降低心肺系统的工作强度,使心率降至 120 次/分以下,并逐渐过渡到安静时的心率。在此期间,可做一些伸展关节的活动,要特别注意下肢关节的伸展性活动,以提高机体的柔韧性,该阶段锻炼时间一般为 5～10 分钟。

如果要加强身体薄弱部位的肌肉力量,或长时间的发展及增大肌肉的生理面积,应对肌肉进行准确测定,然后在第二阶段和第三阶段之间增加力量练习。

（二）实施锻炼计划的原则

在按照制订的锻炼计划进行锻炼时,其强度应由轻度逐渐过渡到适度,按照循序渐进的原则指导运动锻炼。在进行有氧锻炼时,要根据高质量负荷的原则进行,锻炼中注意练习的速度和频率,也就是说,要根据自身的机能水平来决定锻炼的运动负荷。在进行伸展性锻炼时,要缓慢且集中注意力,要选择能伸展所有主要关节和身体主要肌群的练习方式,每个练习都应该有节奏的进行 10 次以上,避免急剧和突然用力的动作。在每次锻炼后的间隙日中,不建议做剧烈的体力活动,可以选择散步、自行车、游泳等方式进行适量的活动,或者选择一些活动关节的方式进行锻炼。

（三）锻炼的频率和时间

锻炼的频率为每周 3 次或每 14 天 5 次,每次锻炼的持续时间不少于 30 分钟,不超过 90 分钟。每种锻炼方法的时间取决于具体的锻炼方式和计划所规定的次数。只要认真地进行锻炼,长期不懈地坚持下来就会收到满意的效果。

二、发展肌肉力量的锻炼计划

发展肌肉力量应该有长期和短期的目标,确定锻炼目标对于保持锻炼的兴趣和热情非常重要。短期目标应在最初几周的练习中就能够达到,这样可以激励自己进一步实现远期目标。

（一）发展肌肉力量的锻炼计划的阶段

增强肌肉力量的锻炼计划分为开始阶段、慢速增长阶段和保持阶段。

1.开始阶段

在计划开始的阶段应避免举最大重量。过大的重量会增大肌肉和关节损伤的风险,采用较轻的重量(最高重复次数为 12～15 次的负荷)不会使肌肉产生过度疲劳。如果原来选定的重量可以轻松自如的重复 12 次,则可以相应的增加重量;如果练习者不能重复 12 次的动作,则说明该重量太大,应适当减轻。

根据练习者最初所能负荷的力量水平来确定开始阶段持续的时间,一般为 1～3 周。初练者开始阶段需要 3 周的时间,有训练基础的人则可相应缩短这一阶段的时间。

2.慢速增长阶段

经过开始阶段的力量练习,如果肌肉已经能够适应该阶段的负荷,就可以逐步增加重量,增加后的重量确保一次性能举起 6～8 次即可。当肌肉力量进一步增强,则可以增加负荷的力量,直到达到练习者预定的目标为止。

此阶段的练习一般为每周 3 次,每次练习为 3 组,每组 6～8 次。

3.保持阶段

根据"用进废退"的原理,在进行力量练习的期间,如果停止练习则肌肉获得的力量则会自然消退,因此,需要长时间不断保持。保持阶段的力量负荷应该比已获得的力量负荷小。研究表明,力量增长后,每周一次的练习即可保持肌肉的原增长水平,若不再进行力量训练,30 周后原增长水平会完全消退。

(二)力量练习的注意事项

1.力量练习的安全要诀

(1)在进行负重练习之前充分做好准备活动,防止练习时运动损伤的出现。

(2)当运用杠铃进行练习时,必须有同伴或者教练在旁边进行保护。

(3)练习用的杠铃等器械一定要固定好,以免某部件滑落砸伤练习者。

(4)在进行负重练习时应尽量避免憋气,举起时呼气,放下时吸气,可采用口鼻混合式呼吸。

(5)在采取快速还是慢速举起重量锻炼效果更好的问题上仍然存在争议,但慢速举起重量可以减少伤害的发生。

2.准备活动和放松

人体的运动系统就像大多数机器一样,刚启动时无法达到最大效率。要使肌肉充分发挥功能,避免造成伤害,就需要做准备活动。即使是体能状态良好的人,如果肌肉猛然拉伸或者收缩也有可能受伤。力量练习的准备活动一般包括 4～5 分钟的慢跑,6～8 分钟的拉伸活动。如果练习者打算举最大重量,还应增加准备活动的组数和时间。

放松通常包括走动和伸展运动,旨在让机体在几分钟的时间内恢复到安静时的状态。适当的放松运动可以使血液持续地流经肌肉,并将肌肉细胞内堆积的乳酸通过血液循环带到肝脏进行分解,减轻肌肉的酸痛感。放松运动一般持续 4～5 分钟。

3.练习时的呼吸

进行力量练习时在主动用力阶段呼气,动作还原阶段吸气。如果练习时呼吸频率太快,就会破坏呼吸的节律性。应避免在主动用力阶段屏住呼吸,屏气会导致回心血量和流入大脑的血流量减少,从而导致头晕眼花的症状。

4.合理安排练习顺序

合理安排练习顺序可以预防疲劳的发生。应先安排大肌肉群的练习,再安排小肌肉群的练习,其原因是小肌肉群比大肌肉群较早产生疲劳。典型的力量练习顺序模式为:

(1)大腿、腰部肌肉。

(2)腿部肌肉(股四头肌、大腿后部肌群)。

(3)躯干部(背、肩、胸)。

(4)上臂(肱三头肌、肱二头肌、前臂肌肉)。

(5)腹部。

(6)颈部。

5.避免出现负荷极限

运动锻炼应注意安全,其中很重要的一点就是留意身体所发出的警告信号。这些信号往往是由于运动量大或身体某部位受伤所产生的反应,即使是专业青少年运动员也会因为过度训练而导致意外伤害。力量练习的警告信号一般指:锻炼结束后,肌肉有酸痛僵硬感,直到下次锻炼前这种感觉仍未消失;处理办法为:延长锻炼间隔时间,让肌肉充分休息。

三、提高心肺适应能力的锻炼计划

提高心肺功能适应能力的意义是多方面的,其最明显的益处就是降低正常人罹患心脏病的风险,保持身体健康水平,延年益寿;其次就是能够减少Ⅱ型糖尿病的危险、降低血压和增加骨骼密度。心肺适应水平越高,人的精力和体力就越充沛,学习和工作效率就高。

在制订锻炼计划之前,必须了解自己的心肺适应水平和健康状况,因此,进行健康医学检查和体质测试是必不可少的环节。接下来制订的锻炼计划中每次锻炼都由准备活动、锻炼核心内容和整理活动三部分组成。

(一)准备活动

(1)1~3分钟轻松活动全身各关节(或类似健身操之类的活动)练习。

(2)1~3分钟的步行,心率控制在20~30次/分。

(3)2~4分钟的拉伸练习(上下肢、躯干,练习方法可任意选择)。

(4)2~5分钟慢跑并逐渐加速。

如果选择除跑步以外的其他的锻炼方式,在按照以上步骤操作的同时以相应的活动方式来替代步骤(2)和步骤(4)即可。

(二)锻炼核心内容

锻炼核心内容是锻炼计划的最重要的组成部分,它包括锻炼的方式、强度、频率和持续的时间等。

1.锻炼方式

常见的增强心肺适应能力的锻炼方式有步行、慢跑、骑自行车和游泳等,凡是有大肌肉群参与的慢节奏的运动都可以作为锻炼方式。在选择锻炼方式时,首先应选择个人擅长并喜欢的运动,这样才比较容易坚持下去;其次要考虑到安全性和可行性。对于已受伤的人来说,最好选择冲击力小的锻炼方式,如步行、慢跑、游泳等;而很少受伤的人则可以选择任意方式进行锻炼。

2.锻炼频率

一周进行 2 次锻炼就可以提高心肺适应功能,锻炼 3～5 次就可使心肺功能达到最大适应水平,但一周进行 5 次锻炼并不能促进心肺功能的进一步提高。

3.运动强度

运动强度接近 50% 最大摄氧量时即可增强心肺功能,目前推荐的运动强度范围为50%～85%的最大摄氧量。

4.持续时间

提高心肺功能最有效的单次锻炼时间为 20～60 分钟(不包括热身和整理活动),不同的人锻炼时间也不尽相同,这主要与运动强度有关。运动强度大持续时间短,运动强度小则应持续的时间长。

(三)整理活动

整理活动的主要目的是促进血液回流至心脏,以避免血液过多分布在上肢和下肢而造成头晕或昏厥。整理活动还可以减轻剧烈运动后的肌肉酸痛和心率失常,整理活动至少应包括不少于 5 分钟的小强度练习,如慢跑、步行、柔韧性练习等。

四、减肥锻炼计划

当今世界高科技飞速发展,给人类带来了极大的物质享受和便利的同时,也使得人们的饮食热量大大增加,加之劳动强度大大减小,导致肥胖的人也越来越多。肥胖率的逐年攀升对人类的身体健康形成了越来越大的威胁。

(一)运动减肥前应做医学检查

在实施运动减肥的锻炼计划之前,需要到正规医疗机构进行健康检查,判定减肥者的心肺功能状态以及有无心血管系统并发症等,排除生理疾病后才能进行运动减肥。

(二)减肥锻炼计划制订的原则

运动减肥不是心血来潮的一闪念,而是临床医学的一种科学治疗方法。运动减肥的效果在较大程度上依赖于所采用的锻炼计划是否合适。减肥锻炼计划包括运动方式、运动强度、运动频率和运动持续时间四个要素。

1.安全性原则

减肥锻炼计划中所制订的运动强度、持续时间和运动频率应在参加者体质健康和心肺功能的安全范围之内。由于肥胖者对于运动强度的耐受性差异很大,在锻炼计划实施之前应进行运动耐力实验,这样不仅能够了解心肺功能有无异常,也能够得知参加活动者的运动能力。通常运动强度为40%～70%最大心率,运动频率为每周3～6次,每次运动持续时间不少于30分钟。

2.可接受性原则

运动方式应为参加者感兴趣、能够坚持下去、运动费用能够承受为主。健步走、慢跑、骑自行车、游泳、有氧健身操、太极拳以及各类球类活动等都是肥胖者减肥锻炼的常选运动项目。

3.有效性原则

所制订的锻炼计划应为通过一段时间的减肥锻炼,出现体脂下降、腰围缩小、心肺功能提高等良好的锻炼效果,则显现出了锻炼计划的有效性。在训练时间的安排上,要根据肥胖者的肥胖程度、预期减肥要求和个体能接受的运动强度和频率来安排总的锻炼时间,可从数周延续至数年。循序渐进、持之以恒,才能达到减肥的目的。

(三)减肥的运动锻炼方式

减肥的锻炼方式应以有氧运动为主,如耐力运动(长距离步行、慢跑、自行车、游泳等)和辅助运动项目(太极拳、健身操、球类项目等),也要结合抗阻力量练习,即在增加能量消耗的基础上增加"瘦体重"(亦称"去脂体重",为除脂肪以外身体其他成分的重量)。力量练习应根据肥胖者脂肪堆积的部位来选择进行:脂肪堆积在腹部者主要是进行仰卧起坐及抗阻性抬腿等练习;脂肪堆积在肩、胸、背部者可做哑铃操及抗力器练习等。每次锻炼时,应注意做好充分的准备活动,在结束时做好整理活动,运动强度和运动量可适当进行调整,以第二天不感到疲劳为宜。

(四)注意饮食调整

在实施减肥锻炼计划的过程中,一定要注意饮食结构的调整,在满足机体营养需要的基础上,尽量减少热量的过多摄入,主要是控制脂肪、糖类和食物总量的摄入。

第四节　青少年实施科学锻炼计划应注意的问题

一、青少年进行锻炼时应知道的常识

青少年在实施锻炼计划时,首先要对自己所制定的锻炼内容、运动的场所和运动器械等有充分的了解,并对自身的健康状况非常清楚,避免运动中的伤害事故。无论采取何种运动项目都应包括准备活动、柔韧性练习、有氧代谢运动和整理活动这四大部分。

(一)充分重视准备活动

准备活动是保证安全有效锻炼的重要环节。肌体在适应正式运动负荷之前有一个身体预热、逐步适应运动需要的变化过程，只有在做好充分的准备活动之后进行锻炼，才能够取得好的效果。

那怎样来安排准备活动的顺序呢？首先应该慢慢地活动身体各关节：手、肩颈、腰部、髋部、膝关节、踝关节；其次应该进行小强度的慢跑，使心率较安静状态略有提高，身体略感出汗为宜。

(二)整理活动必不可少

在锻炼内容完成后，肌体的工作状态处于一个较高水平，如果此时立刻停止运动、坐下甚至躺下休息都会使体温急剧下降，从而导致晕眩、恶心、呼吸困难、四肢酸痛等不适症状。所以，在结束锻炼后应进行整理活动，也就是通常所说的"放松"，使得身体代谢的速度缓慢下来，并逐步过渡到平稳状态。

整理活动的内容和准备活动一样，与正式的运动强度有关。比如慢走、体操等都是不错的选择，同时还可以对全身肌肉进行按摩以起到放松肌肉的效果。

(三)锻炼中的自我监控

在锻炼的过程中如果发生下列症状，必须立刻停止锻炼：胸疼并伴随着运动的进行而加剧；胸内绞痛并伴有呼吸困难；恶心、头晕、头痛；肌体感到十分疲劳、四肢肌肉剧痛、抽筋、脉搏显著加快、脸色发白、出冷汗、嘴唇发紫；足、膝、腿等关节剧烈疼痛。如出现以上症状，先停下来休息并进行观察，如果症状没有缓解或持续加重应立即就医。

体育锻炼应该在身体处于健康状态下进行，如果有感冒症状、腹泻或者慢性生理性疾病的话，应首先考虑就医治疗和保证充足的休息，待身体恢复健康状态后方可进行体育锻炼。

二、夏季锻炼注意预防中暑

在夏季进行体育锻炼时由于天气炎热，中暑现象比较常见。中暑是因为高温或受到烈日暴晒而引起的，在高温环境下长时间进行运动时，体温异常上升使汗难以蒸发，容易引起运动性中暑。因此，在夏季进行锻炼时应注意以下事项。

(一)适当运动

夏季运动最好选择在清晨或者傍晚天气较凉爽时进行，时间以 30 分钟左右为宜。当运动出汗过多时，可适当饮用淡盐开水或者绿豆汤。当气温达到 35℃ 以上，应停止运动并保持充足的饮水。

（二）饮食保障

夏天由于天气炎热容易影响胃口，可选择一些促进食欲的食物以保证能量的需求。特别应注意蛋白质的摄入，加强水、无机盐、维生素 B 和维生素 C 的及时补充，对保持心血管功能的稳定有一定的帮助。

（三）个人防护

在室外进行运动时，切忌赤裸上身和头部进行锻炼，避免阳光直射损害皮肤，应穿着防护用品如遮阳帽、浅色透气性、排汗性好的运动服装。

三、运动结束后的饮水

运动结束后不能一次性快速大量饮水。因为运动时，胃肠道血管处于收缩状态，血液供应暂时缺少，这时大部分血液都流向了肌肉以便供应运动时肌肉所需要的养料和更快地带走废物。如果这时大量饮水，由于胃肠道血管的收缩，吸收能力减弱，使人感到胃部沉重闷胀，影响呼吸。在运动结束时，心脏负担逐渐减轻，如果这时大量饮水，一部分水经胃吸收进入血液后循环血量增加，给心脏和肾脏都会造成负担。

为了弥补运动的失水，应该在运动前、运动中、运动后分别给予补充，并且建议在运动前饮水 300～500 毫升，运动中每隔 15 分钟饮 150～250 毫升，运动后再补足所需的水分。

四、运动项目的选择

锻炼计划由运动项目、运动强度、运动时间和频度组成，那么，怎样才能取得良好的锻炼效果呢？主要环节之一就是选择适宜自己的运动项目，同时要考虑所选择的运动项目的作用是否与自己的锻炼计划的目标相一致。

（一）改善心血管机能

如果锻炼目标是改善心血管功能，那么必须选择长期坚持的发展全身耐力的运动项目。作为锻炼心血管系统的全身性运动，运动时间不能少于 30 分钟，主要的运动项目有步行、慢跑、自行车、越野滑雪、游泳等，在运动过程中要保持一定的强度。

（二）增进健康为目的

如果锻炼是为了增进健康为目的的，开始锻炼时应以步行为主，天气好的时候可以选择风景较好的步行路线一边散步一边欣赏风景，这样身心都会感到舒畅，如果要进行较长时间的步行，速度应比普通散步稍快。

（三）提升体力

如果锻炼的目的是提升体力，可以采取慢跑作为锻炼手段，跑步的时间和速度根据当天身体情况而定。自行车运动和游泳也是不错的选择，运动时应注意延长运动时间、放慢运动速度。

(四)提高运动能力

如果锻炼的目的是为了提高运动能力,可以选择球类运动和游戏类运动。这些项目不但对改善心血管系统功能有效,而且也很有乐趣,容易坚持。但唯一的缺点就是这类运动参与的人多、运动状况不稳定,因此对个人的运动强度难以控制。

总之,应尽可能地根据自己的运动技术水平和能力,选择那些技术相对简单又适合自己的运动项目来进行锻炼。青少年正是身体素质最好、学习能力最强的年龄阶段,建议应多学习和掌握一些运动项目的技术,拓宽运动健身的途径。

第六章 青少年身心素质训练与体质健康促进

良好的身心素质是支持青少年以饱满的精神和体力投入学习和生活的基础。现如今，我国青少年的体质健康状况不断下滑，由此使得针对青少年身心素质方面的训练显得更加重要，这是促进他们体质健康状况改善的重要举措。为此，这里就重点对青少年身心素质以及社会适应力的提升方法进行指导。

第一节 青少年身体素质的训练方法

一、力量素质

(一)力量素质的概念

人体在任何运动中都离不开肌肉的收缩力量，它会维持人体的基础生活能力。力量在人体中可以分为内力和外力，内力是人体神经肌肉系统活动时对抗和克服外力的能力。外力是因外阻力而引起的力，比如克服重力、摩擦力等。

力量是身体素质的一种。所谓的力量素质是人体获得身体某部分肌肉在工作时克服阻力的能力。在人体参加运动时，所指的力量素质是肌肉力量，即机体完成动作时肌肉收缩对抗阻力的能力。力量素质主要是通过肌肉的工作形式表现出来的，如肌肉在工作时要克服的阻力有内部阻力和外部阻力。外部阻力包括摩擦力、物体重量和空气阻力等。内部阻力是指肌肉间的对抗力、肌肉的黏滞性等。决定肌肉力量大小的因素主要有以下三种。

第一，完成动作时肌肉群收缩的合力。

第二，肌肉群收缩的协调能力。

第三，骨杠杆的机械率。

从上述内容中看出，力量源于肌肉。从正常成年男女的肌肉占体重百分比可知：男性约为43.5%，女性约为35%。而经常参加力量性运动项目的男子百分比可达45%以上。因此，力量是提高运动能力的基础，力量素质则是衡量运动训练水平的重要指标之一。

(二)力量素质的分类

根据一些运动项目对力量素质的不同要求以及力量的不同表现形式，可将力量素质分为以下几种类型。

1.按照力量和体重关系分类

(1)绝对力量

绝对力量是指在不考虑大学生体重时,大学生所能发出的最大力量。通常体重较重的大学生绝对力量要大于体重较轻的大学生。

(2)相对力量

相对力量是指大学生相对于体重而言能够发出的最大力量。也就是说,大学生的相对力量等于绝对力量除以体重。因此,在进行力量训练时,大学生适当地减轻体重,能够达到增加大学生的相对力量值。尤其是针对一些移动身体体重的运动项目,如跳远、跳高等,相对力量就显得非常重要。

2.按照力量的表现分类

(1)快速力量

快速力量是指人体神经肌肉系统通过肌肉快速地收缩来克服阻力的能力。快速力量以速度和加速度的形式表现出来。快速力量对需要"爆发性"用力的运动项目的成绩起决定性作用。

快速力量的机制是神经肌肉系统通过反射活动、肌肉弹性成分和收缩成分之间的协调来接受和对抗外界施加的快速负荷。收缩力量和收缩速度同时参与进肌肉产生快速力量的机制内,神经反射活动和肌肉弹性成分通过复杂协调,共同参与。

①弹跳力

弹跳力是神经肌肉系统在触地前瞬间被拉长,然后再自动(触地)转化为缩短的过程中,以非常高的加速度向相反的方向运动,而使身体产生跃起的能力。通常是指运动过程中迅速改变运动方向时,肌肉克服阻力产生最大负加速度的能力。

②爆发力

爆发力是弹性力量的一个组成部分,是神经肌肉系统以最短的时间、最大的加速度爆发出最大的肌肉力量的能力,它利用肌肉的弹性性能在爆发时的极短暂的肌肉预拉长(大约为原肌肉长度的5%)瞬间产生弹性能,大约150毫秒就可达到最大值,并迅速向相反方向用力收缩,通常用力的梯度和冲量来表示。

③起动力

起动力是指肌肉收缩50毫秒内达到最大力值的能力。起动力是弹性力量中收缩时间最短的力,也是一种表现在必须对信号做出快速反应的运动项目上的一种力量能力。

(2)最大力量

最大力量是指肌肉通过最大随意收缩抵抗无法克服的阻力过程中所表现出的最高力值。最大力量取决于传入肌肉的神经冲动的强度和频率,同时还取决于肌肉收缩的内协调能力和关节角度的变化。对于一些参加竞技运动的人来说,最大力量并不是固定不变的,它处于一个动态过程中,因此每个运动者都有发掘自身最大力量极限的潜力。

（3）力量耐力

力量耐力是指有机体耐受疲劳的能力,它的主要特征是持续表现出一种较高能力。在很多运动项目中,力量耐力的要求非常高,如划船、游泳、400米跑等。这些运动项目都需要在持续较长时间内克服阻力。

（三）力量素质的意义

力量素质对参加运动项目和从事各种活动有很大的影响,是人体运动的基本素质,也是衡量一个人运动训练水平的重要指标之一,它的意义主要有以下几个方面。

1.力量素质是运动的基础

各种运动项目都是通过主动器官带动被动器官进行工作完成的,主动运动器官主要以肌肉为主,被动器官主要是骨骼,通过各种负荷强度、收缩速度、持续时间的不同以带动骨骼进行移动,从而完成运动动作。如果没有肌肉的收缩和舒张而产生的力量牵拉骨骼进行运动,则连起码的行走和直立也不可能,更不要说完成运动技术动作了。人要想跳得高就必须要发展自己的弹跳素质,要想跑得快就必须要有很好的脚步后蹬力,因此,力量素质是人体最基本的体能素质。

2.力量素质促进其他素质的发展

任何身体素质都是通过肌肉的不同工作方式来体现的,力量是所有素质的基础。力量素质对速度素质的提高、耐力素质的增长、柔韧素质的发挥和灵敏素质的表现起到了决定性的作用。提高力量素质是因为肌肉的快速收缩是以其力量为前提的。关于耐力素质的增长是因为从生活常识中可以得知,一个强有力的人总比体弱者能持续活动更长的时间。在提高力量、加快速度时,肌肉的弹性会相应增加,从而促进灵敏素质和柔韧素质的发展。

3.力量素质的水平直接影响运动水平

力量素质的增长对于运动水平的提高有着直接的影响,它直接反映了运动技术掌握的快慢及运动成绩提高的程度。一些运动项目中的高难动作都是以一定的肌肉力量为基础的。在很多的运动项目的技术中,力量和爆发力是决定运动成绩的重要因素,如田径运动等。除长距离跑的主要因素为耐力之外,其他运动项目的高水平运动成绩都与力量素质的发挥紧密相关,尤其在投掷项目中更是如此。

4.力量素质是衡量运动训练水平的重要指标

在运动训练实践过程中,力量素质是判断运动训练水平的一项重要指标,也可以通过大学生的力量素质判断其运动潜力,同时还可作为运动选材的依据之一。例如,在对体操大学生运动员进行运动训练水平判断和选拔大学生运动员时,其在完成各种动作技术的过程中,虽然要借助外力的作用,但是其自身协调用力也占有非常重要的一部分。因此,对力量素质的发展必须给予足够的重视,尤其是速度力量往往作为选拔大学生运动员苗子的重要指标。

另外在一些球类运动时,突然的起动跑、跳跃、传球等都要求大学生具备良好的爆发性力量。因此,在选拔篮球队员和判断运动训练水平时,力量素质的测评是非常必要的。

(四)力量素质训练的影响因素

力量素质训练的影响因素主要包括肌肉的形态结构、人体生长发育、中枢神经系统调节以及其他相关训练因素等。

1.肌肉的形态结构对力量素质的影响

(1)肌纤维的类型

骨骼肌纤维按不同的收缩特性可分为快肌和慢肌两类。快肌产生的收缩力要大于慢肌。因此,在其他条件不变的情况下,机体骨骼肌中快肌纤维百分比越高的人,他的肌肉收缩力量越大。一般情况下,人体肌肉的快肌纤维与慢肌纤维的百分比构成大致相等,另外,受到遗传因素的影响,肌肉中的白肌纤维或者红肌纤维比例比常人较大。同一个人红白肌纤维的比例在不同部位也不同。参加肌肉收缩的肌纤维类型在不同负荷、以不同动作速度进行运动的条件下也不同。一般规律是,在一定负荷强度下用较慢的速度完成动作,红肌纤维起主导作用,如果是快速完成动作,则是白肌纤维起主导作用。

(2)肌肉的生理横断面

最大肌肉横断面积所指的是横切某块肌肉所有肌纤维所获得的横断面面积,肌肉的生理横断面为该肌所有肌纤维横截面的总和。横截面积的大小是由肌纤维的数量及粗细决定的,通常用平方厘米表示。肌肉的生理横断面积决定了该肌肉的绝对肌力。在实验研究中发现,当机体在最大用力收缩时,每平方厘米横断面积的肌肉可产生 3～8 千克的力。因此,机体中肌肉的最大横断面积越大,肌肉的力量就越大,两者成正比。在力量训练中,虽然肌肉横断面积并不能完全解释机体力量所表现出的所有生理学现象,但是增大肌肉横断面积是提高肌肉力量的有效手段之一。

(3)肌纤维的支撑附着面

肌肉内结缔组织增多、肌腱与韧带组织增粗都会改变肌肉的附着面大小,对肌肉的收缩力量也会产生很大的影响。

(4)肌肉的初长度

肌肉收缩前的初长度也会影响肌肉力量的大小。因为肌肉拉长时,肌梭将感知肌纤维长度变化产生冲动,会提高肌纤维回缩力来对抗拉力,当长度拉到一定程度时将引起牵张反射,可提高肌力的发挥效率,所以,在一定范围内,肌肉的初长度长或者肌肉弹性拉长后,肌肉收缩时所产生的张力和缩短的程度就越大。有研究证明,一个人力量的大小取决于肌肉的体积。肌肉体积的发展潜力又主要取决于个人的肌肉长度(指肌肉两头肌腱之间的长度)。肌肉的长度是先天遗传的,后天的训练对其并不产生任何影响。

(5)肌肉的牵拉角度

肌肉收缩牵拉骨骼做功是杠杆运动模型。做功时,杠杆移动,肌肉在不同位置的不同角度上牵拉力量大小不一样。当负重屈肘弯举时,肘关节角度在 115°～120°时,肱二头肌张力最大,30°时张力最小。在运动中,对肌肉的牵拉角度必须要进行认真的分析,以方便技术分析、改进技术动作等。

（6）肌肉收缩的形式

肌肉收缩形式不同,对肌肉力量的大小及其特点带来的影响也不同。肌肉收缩的形式主要包括动力性离心退让性收缩、动力性向心克制性收缩、等动性收缩、静力性等长收缩等。

动力性离心退让性收缩的特点是肌肉收缩时,张力增加的同时肌肉的长度也增加。动力性向心克制性收缩是力量素质训练的主要形式,其特点是肌肉工作时,肌肉长度逐渐缩短,肌肉在缩短过程中张力随着关节角度的变化也发生改变。等动性收缩的特点是在整个关节活动范围内肌肉始终以某种张力收缩,而收缩速度始终恒定,它能集等长收缩和等张收缩的优点于一身,使训练者的肌肉在各个关节上的用力均衡,并且都具有足够的刺激。静力性等长收缩的特点是张力发生变化,但其肌肉长度基本不变,在整个动作过程中肢体不会产生明显的位置移动。

2. 人体的生长发育对力量素质的影响

（1）年龄因素

年龄特征是力量素质的重要影响因素之一。10 岁以前,男女肌肉力量都保持缓慢而平稳地增长,二者区别不大。从 11 岁起,男生的肌肉力量增长比女生要快,男女最大肌肉力量的差异开始明显增大。青春期过后,机体的肌肉力量增长速率降低。13～16 岁是力量素质发展的敏感期,最大力量进入快速增长的第一个高峰。16～17 岁是最大力量快速增长的第二个高峰,这一时期肌肉横向增长速度加快,最大力量和相对力量增长加快。男生达到最大肌肉力量在 20～30 岁,女生在 20 岁左右。40 岁以后,人体大部分肌肉力量开始衰退。70 岁时,人体大多数肌肉的力量只有其鼎盛时期的 30%～60%。可见,年龄因素是影响人体力量素质的重要因素之一。

总体来说,人体在青少年时期力量的增长的特点如下:

第一,快速力量先于最大力量。

第二,最大力量先于相对力量。

第三,长度肌肉力增长先于横度肌肉力。

第四,躯干肌肉力先于四肢肌肉力。

（2）性别因素

男女性别的差异,会造成生理上肌肉力量的差别。通常,男子的力量比女子的大。例如,一般成年男子肌肉重量占体重的 40%～45%,而女子则占 35%。科学研究证明,女子的力量平均约是男子的 2/3。但并不是所有肌群都成此比例。如果男性力量为百分之百,那么女性的前臂屈、伸肌群大约为男性的 55%;伸肌、髋关节屈、小腿屈肌、咀嚼肌约为男性的

80％;手指内收肌、小腿伸肌约为男性的65％。这是由于人体肌肉力量受到身体内的睾丸酮激素调节,正常男子这种激素比正常女子多,因此,男子的力量大于女子。

（3）身高和体重因素

身高和体重也对力量产生重要影响。体重大的人通常力量大,体重小的人,则力量也相对要小些。大学生体重与其最大力量比值不变时,如果增长体重,最大力量也随之增长。

身高与力量的关系比较复杂,必然联系不大。如身高又壮实,固然力量大,但身矮粗壮,力量也不会小。所以,常常将体重与身高联系起来考虑。

3. 其他相关训练因素对力量素质的影响

在体能训练中,力量的大小和特性会受到运动训练的重复次数与负荷强度、动作速度、训练方法等许多因素的影响。

（1）重复次数与负荷强度

实践证明,在训练中,大负荷,少重复,会取得较好的训练效果;特别是在肌肉群受到超负荷训练后,力量素质会得到有效的发展;如果重量小,重复次数多,那么主要发展肌肉耐力;如果重量与次数都适中,那么可以明显增大肌肉体积。

另外在重复的训练中,如果每组练习的间歇时间都较短,机体消耗的能量得不到恢复就进行下一组的练习,机体生理、生化等指标就会下降,肌肉力量的发挥也呈下降趋势;反之,每组练习的间歇时间较长,使机体消耗的能量得到恢复再进行下一组练习,那么发展力量效果就好。

如果停止力量训练,力量就会逐渐消退。力量大约以提高速度的1/3的速度消退。力量提高快,停止训练后消退也快。长时期逐渐练出来的力量,停止训练后能够保持的时间也比较长。

（2）动作速度

动作速度对力量的发展有着至关重要的作用。例如,练习时既注意加快单个动作速度,也注意加快动作的频率(重复若干次数),可以发展一般速度力量;练习时尽量加快动作的速度,尤其是单个动作速度,可以有效地发展爆发力。

（3）训练方法

不同的训练方法对力量的大小和特性的影响也不同。等张收缩的动力性练习可以明显提高肌肉的爆发性力量和灵活性,等长收缩的静力性练习主要可以提高静止性用力的力量。

（五）力量素质训练的基本方法

1. 不同类型的训练方法

（1）快速力量的训练

快速力量是速度与力量的综合表现,现代广泛采用发展力量的训练作为提高速度力量的主要途径。实践证明,爆发力是快速力量中非常具有代表性的力量形式,发展爆发力在很多运动项目中都有很大的用途,如篮球、足球、体操等。发展爆发力的训练方法有以下两种。

①快速用力法。快速用力法的原理在于,速度的增长就是力量增长的标志。快速用力法有利于培养大学生的速度意识及快速运动反射的传播。快速用力法的练习特征是通过最快的肌肉收缩速度来克服外来力量,以发展爆发力。

快速用力法包括小强度快速用力法和中等强度快速用力法,小强度快速用力法的特点是采用30％～60％的强度,练习3～6组,每组重复5～10次,进行专门发展练习,并使练习的结构和肌肉工作方式尽量接近比赛动作。中等强度快速用力法的特点是用70％～85％的强度,用最大速度练习4～6组,每组重复3～6次,这种方法对提高肌肉力量的爆发性发挥着非常明显的作用。在很多运动项目中爆发力的大小都直接影响着运动成绩。因此,可采用这种方法发展爆发力。另外,也可安排负荷较小但快速完成的练习。

②超等长练习法。超等长练习实际上是结合了肌肉的退让和克制的训练方法。主要的生理机制是当肌肉被拉得超过自身的正常长度时,肌肉出现牵张反射,即强大的克制性收缩,从而产生有效的爆发力。在进行此训练时,肌肉要先做退让工作,并且肌肉被极度拉长,然后再尽快转入克制工作。主要目的在于使纯力量转变成爆发力。

（2）最大力量的训练

发展最大力量的训练方法有很多种,如重复训练法、极限强度法、强度法、极端用力法、静力练习法、退让练习法和电刺激法等。这些方法不仅能有效地增大肌肉横截面和发展最大意志紧张的能力,而且也是发展绝对力量、相对力量的主要方法,对速度力量(包括爆发力)和耐力力量的发展也有很大的作用。

①重复法。重复法的负荷特征是以75％～90％的强度进行练习,每组重复3～6次,每组间歇3分钟,负重量的大小应随肌肉力量的增加而逐渐加大。因为训练时增加试举重量和重复次数就是力量提高的标志。只要检测大学生在规定的时间内是否增加了重复次数,如果重复次数增多,则说明力量提高,应适当增加负荷量。

这种训练方法不仅对人体的新陈代谢过程有提高作用,而且还会引起工作肌群的增长,从而有效地提高肌肉力量,发展大学生的爆发力,改进用力技术的协调性,加强支撑运动器官的机能。重复法一般会用在初中级大学生运动员的训练中。因为力量的发展在很大程度上是通过提高杠铃重量和克服这种重量的速度实现的。因此,随着技术水平的提高,必须结合极限重量进行训练。

②强度法。强度法的特点是以大的、亚极限和极限重量(即85％～100％的强度)进行优势工作,训练时逐渐达到用力极限,以后继续用对体力来说是强的、中上的和中等强度的负荷量,直到对这种刺激产生劣性或接近劣性反应时为止。

强度法保证了神经肌肉用力的高度集中与绝对肌力的发展,能使大学生在肌肉体积没有特殊增加的情况下,使相对力量得到显著提高。很多研究学者证实,对于需要最大力量项目的大学生来说,周期性地举极限和亚极限重量可以有效地促进专项工作能力的提高。

③极限强度法。极限强度法由保加利亚功勋教师阿巴杰耶夫所创。这种方法的显著特点是,非常突出强度,几乎每周每天每项都要求达到、接近甚至超过本人当天最高水平,然后减10千克做两组,再减10千克做两组。即开始递增重量,直至当天最大重量,再递减重量。在计划规定的时间内要求组数越多越好,组与组之间的间歇以能休息过来为准,整个训练全年安排一般不做大的调整和变动。

目前,极限强度法已在世界被广泛运用。极限强度法对发展最大力量虽然极为有效,但这种方法对大学生的中枢神经系统、营养的补充、恢复措施与医务监督等均有很高要求。研究者的观点:"在激烈紧张的训练中激素系统起巨大的作用,但长期提高激素系统的活动(超过7～8周)能导致其衰竭,甚至引起某些疾病。"因此,不宜长期使用极限强度法,应结合其他训练方法,并注意训练周期和节奏。

④退让练习法。退让练习法又叫离心收缩法。它与克制性训练方法正好相反,不是肌肉在拉长时收缩,而是在收缩的同时或收缩后被更大的外力拉长,肌肉的起止点被彼此分离。负重力量训练一般都包含退让性用力。退让练习法的作用主要如下:

第一,退让性练习比动力性练习对抗阻力更大,能用超出克制性收缩的强度进行练习。因而能给予神经肌肉系统非常强大的刺激,取得提高力量的效果。例如,大学生深蹲最高成绩是200千克,如采用超过200千克的重量便无法练习深蹲了,然而他却可以负重220～230千克的杠铃,从直立姿势下蹲(大学生最大力量抵抗下蹲)。研究发现,退让练习时肌肉的最大张力可比克制性和静力性练习的最大张力大20％～60％,从而使肌肉用力达到更大的紧张程度。

第二,退让练习与克制性工作是密切结合的,在许多情况下为主动用力(克制性收缩)创造了有利的生物力学条件。例如,用抓举、挺举发展力量时,发力前的引膝、上挺前的预蹲等,都是退让性用力的典型体现。这种退让性力量的提高,会大大提高主动用力的效果。

退让练习的强度一般以120％～190％为宜。另外,从0.4～1.11米的高处下跳(跳深),也能很好地发展腿部力量。目前,在运动训练中有意识地安排退让练习者还很少。鉴于退让练习对发展力量具有积极作用,在力量训练中应适当安排退让练习。

安排退让练习要注意以下几点:

一是,要结合退让练习与克制性练习。

二是,必要时,可采用特殊装置进行练习。

三是,由于退让练习强度大,训练时尽量放松。

四是,可采用与克制性练习相同的项目进行退让练习,强度可采用80％～120％的重量。如果用跳深发展腿部力量,可负小重量进行。

⑤静力性练习法。静力性力量练习是肌肉在紧张用力时其长度不发生变化的力量练

习。静力性力量训练不仅对提高最大力量具有很大的作用，还可以发展静力性力量和静力性耐力，如举重的支撑动作。生物学研究证实，静态力量是动态力量（包括快速力量）的基础。静力性练习正是发展静态力量的有效手段之一。

静力性练习之所以能有效地发展肌肉力量，是因为进行静力性练习时肌肉长度基本不变，肌肉收缩所产生的能量基本上表现为肌肉张力增大。由于完成最大紧张度的静力练习时肌肉强直收缩，即运动单位工作同步化，因而能培养和发展极大的张力。由于静力性练习的特点是工作时处于无氧条件下，这就导致能量储备的迅速耗尽，从而迅速出现疲劳。

静力性力量训练一般采用较大重量的负荷以递增重量的方法进行练习。静力性练习除可用于发展最大肌肉力量外，主要用于加强某些薄弱肌肉群的力量，也可用于技术训练。例如，举重挺举中的预蹲，射击中的持枪射击，体操中的倒立、十字支撑等。静力练习还特别适用于伤后恢复阶段的训练。

运动实践证明，静力性练习时肌肉活动的条件与动力性练习时迥然不同，因而两者所训练的力量不完全一样。由于各种运动项目的绝大多数动作均要求高速度、快反应、爆发式地完成以及高度的灵活性和机动性，所以，过多地使用静力练习法，会妨碍动作速度和协调性的发展。使用静力性练习法的目的只是克服某些肌群力量发展中的不足和适应某些静止用力动作的需要。

静力性力量练习时应注意以下几点：

第一，静力性练习要与动力性练习相结合，并与技术动作相一致。

第二，进行极限用力，然后在短促呼吸与短促憋气相交替中完成练习。

（3）力量耐力的训练

力量耐力是力量素质和耐力素质的综合素质，它是在静力性或动力性工作中长时间保持肌肉工作能力，而不降低其工作效果的能力。

具有静力性力量耐力性质的运动项目很多，典型的有射箭、射击、举重的支撑、速滑中的上体姿势、吊环的十字支撑等项目。要求动力性力量耐力的运动项目多数集中在田径、球类、游泳和体操等项目中。

根据肌肉物质交换的关系，如要发展一般力量耐力，可采用极限用力的极端数量等动练习法、循环训练法和负荷强度较低的静力性练习法（静力性练习法详见最大力量训练部分）。

①等动训练法。等动训练法即等动力练习法，它是利用一种专门器械（等动练习器）进行力量训练的方法。这种专门器械的基本结构是在一个离心制动器上连接一条尼龙绳。拉动尼龙绳时的力量越大，由于离心制动作用，器械所产生的阻力就越大。所以，器械所产生的阻力总是和用力大小相关。从肌肉用力形式来看，等动练习似乎属于克制性工作，但实际上等动练习与纯粹的克制性工作并不相同。因为克制性练习时，肌肉在缩短过程中张力要发生改变，而等动练习时，肌肉一直以某种张力进行收缩，并且收缩速度始终恒定。因此，等

动训练法并不等于肌肉克制性工作。

②极端用力法。极端用力法要求训练时做极限数量的重复,即每组试举允许重复10～12次这一最大值,直到完全不能做为止。即使参加训练的肌肉再也不能收缩,肌肉越来越疲劳,需要从大脑皮层发出补充的神经冲动去激发新的运动单位,才能把每块肌肉充分调动起来,并去激发新的肌群——兴奋过程的扩散。

运动实践已经充分证明,这种方法不仅能极为有效地发展大学生的力量耐力,而且也是发展最大力量和培养大学生意志与心理稳定性的有效方法。

2.不同部位的训练方法

(1)颈部力量素质训练方法

颈部肌肉力量素质训练主要是静力性对抗训练和负重训练,具体训练方法如下所示。

①头手倒立。头手倒立训练法主要是发展颈部肌肉力量。要求大学生在墙壁前,缓慢屈臂成头手倒立状,两手主要起维持平衡的作用,两脚轻轻靠放在墙壁上,以头支撑体重,坚持尽可能长的时间。训练中要注意,练习初期阶段应有同伴保护。为了增加练习效果,双脚可离开墙壁。

②背桥练习。背桥练习时,以脚和头着地支撑于地面,采用仰卧或俯卧姿势,腰腹部向上挺起,两手置于胸腹部,使身体反弓成"桥"或腹部向下,以额头(或头顶)和脚趾支撑于地面,臀部上提成"桥"。

训练中要注意,练习前颈部应做好准备活动。颈部力量增强时,可在腹部或臀背部负重,增加训练效果。

③双人对抗。两人一组,同伴站在练习者身后,将合适的带子或毛巾围在练习者的前额,同伴一手拉住毛巾两端,一手扶在练习者的肩胛部,肘关节伸展。练习者两脚站稳,上体固定,向前向下低头,对抗同伴向后拉毛巾的力量。牵拉头部的带子或毛巾可以围在练习者头的前、后、左、右不同部位,使练习者从不同方向进行对抗练习,使颈部肌肉得到全方位的训练。

训练时要注意,同伴拉毛巾的力量应与练习者的颈部力量相适应,反复进行,使颈部肌肉得到锻炼。

④负重训练。负重训练主要目的在于发展大学生的颈部肌群力量。大学生在进行颈部负重练习时,可用一根绳子将重物悬挂在头上,两脚自然开立,上体前倾,背部挺直,两手分别支撑于膝关节的上部。按照不同的方向有节奏地活动颈部,使颈部前、后、左、右的肌群都能得到全面锻炼。

训练时要注意,在训练初期,可制作专门的头套,以保护头部不受到伤害。

(2)肩部力量素质训练方法

肩部力量训练主要是针对肩部肌群力量的训练,特别是锁骨末端的三角肌的力量训练。

肩部三角肌前部、侧部以及后部共同围绕起来在肩部形成一个圆球。专门的力量训练能使机体的整个三角肌得到全面的发展。

①颈前推举。颈前推举主要目的是发展三角肌前束和斜方肌的肌力。具体可采用直立姿势或坐姿,两手握杠铃同肩宽,握杠于锁骨处,手臂垂直向上伸直推起。

训练时要注意,杠铃的重量可根据练习者的具体情况进行,在训练过程中可逐步增加重量,以免对机体造成损伤。

②颈后推举。颈后推举主要目的是发展三角肌后束、冈上肌和肱三头肌的肌力,两手握杠铃,约同肩宽,垂直上举至手臂伸直。

训练中要注意的事项同颈前推举相同。

③头上推举。头上推举主要目的是发展三角肌、斜方肌、肱三头肌和前锯肌等肌群的力量素质。两脚自然站立,约同肩宽。两手各握哑铃,屈肘将哑铃置于肩上,两手正握哑铃,握距同肩宽,提铃至胸,将哑铃快速推举至头上方,或将哑铃快速推举至头上方,慢慢返回原位。

训练时要注意,练习重量应逐渐增加,训练过程中应注意快举慢放。

④直臂前平举。直臂前平举主要目的是发展三角肌和斜方肌的力量素质。练习者自然站立(也可采用坐姿),上体挺直,两臂伸展正握杠铃,下垂于两大腿前。直臂前平举,快上慢下,返回原位,反复训练。

训练时要注意,训练所选用的器械可采用杠铃、哑铃或者壶铃。握器械的方法可以采用正握法和反握法。

⑤直臂侧平举。直臂侧平举主要目的是发展三角肌和斜方肌的力量素质,练习者自然站立(也可采用坐姿),上体挺直,两手各持哑铃垂于体侧,两臂伸直侧平举,快上慢下,还原成预备姿势,反复进行。

训练中要注意的事项同直臂前平举。

⑥侧斜卧侧平举。侧斜卧侧平举主要目的是发展三角肌中束的肌力,练习时,肘关节保持 $100°\sim200°$ 的弯曲,两侧交替进行,以利于三角肌中束的用力。

⑦耸肩。锻炼斜方肌的方法是双手持杠铃或哑铃耸肩,都是以斜方肌收缩力量使两肩耸起接近耳侧。耸肩的方式有垂直耸、回转耸和斜后耸肩等。

(3)臂部力量素质训练方法

臂部力量素质训练不仅能使大学生拥有强壮有力的前臂肌群,有利于塑造健美的体型,有利于提高握力、支撑力和完成各种训练动作的能力,还有利于增强机体各部位的肌肉力量。

①仰卧撑。俯卧撑训练主要用于发展肱三头肌、三角肌、背阔肌等肌肉的力量素质。训练方法为仰卧,两臂伸直,撑在约 50 厘米高的台上,屈臂,背部贴近高台,然后快速推起两臂伸直,连续做 10~15 次。

训练时要注意,在经过一段时间的训练后,可将双脚抬高或负重以加大训练难度。

②坐姿弯举。坐姿弯举主要用于发展肱二头肌的力量及前臂肌群力量。两腿自然分开,坐在凳端,一手握哑铃,另一手掌置于持哑铃手侧的膝关节上部,握哑铃的手臂充分伸展,将肘关节的上部置于膝关节处另一侧的手背上,上臂固定,慢速屈肘至胸前,然后再有控制地下放哑铃成预备姿势,反复训练。

训练时要注意,训练采用的器械还可以是杠铃、壶铃和其他便于持握的重物。要求训练时两臂交替进行,负荷重量以能完成10~12次为宜。

③坐姿腕屈伸。坐姿腕屈伸主要目的是发展手腕肌肉群力量。训练方法是坐于长凳上,双脚置于地面,双脚间距略宽于肩,上体前倾,把前臂放于大腿或长凳上,正握杠铃,腕关节被动屈曲;向后弯举腕关节;还原成开始姿势,反复练习。

训练中要注意,动作速度要缓慢,动作上下幅度尽量最大。

④站立屈臂举。站立屈臂举主要用于发展肱二头肌和前臂肌群的力量素质。具体方法为两脚自然站立,两手反握杠铃,两臂伸展杠铃位于体前。两手握距可宽可窄。固定两肘,慢速屈臂将杠铃上举至胸前,然后有控制地慢慢放下杠铃,还原成预备姿势,反复训练。

训练时要注意,训练采用的器械还可是壶铃、哑铃,持握方法可采用正握、反握和锁握。

⑤手腕屈伸负重训练。手腕屈伸负重训练主要目的是发展手腕和前臂肌群的力量素质。采用坐姿,两手反握杠铃或哑铃,前臂分别贴在两大腿上,手腕伸出位于膝关节外。手腕围绕额状轴以尽可能大的动作幅度上下旋卷,手腕卷屈幅度尽量大;或者采用掌心向下的正握杠铃的方法进行手腕旋卷运动练习。

训练时要注意,可用哑铃进行,也可单手握短棒的一端,另一端负重,要求手腕向上仰起、放下或手腕做旋转动作。

⑥前臂旋内旋外负重训练。前臂旋内旋外负重训练主要目的是发展前臂肌群和手腕的力量。具体训练方法为双脚自然开立,浅半蹲,两臂屈肘前伸位于体前,两手持重物,前臂有节奏地进行旋内旋外运动。

训练时要注意,练习时固定上臂,前臂围绕前臂纵轴有节律地做旋内、旋外运动。训练熟练后可与"马步"半蹲相结合进行,在训练前臂力量的同时发展腿部力量。

⑦站立下拉。站立下拉主要目的是发展上臂肌肉群力量。面向拉力器站立,双脚间距略宽于肩,双手正握拉力器握柄,肘部紧贴体侧;吸气;下拉,伸直双臂,肘部不要离开体侧;还原成开始姿势,反复练习。

训练时要注意,抬头,直背,快速下拉。

⑧仰卧臂屈伸。仰卧臂屈伸主要目的是发展上臂肌肉群力量。仰卧于长凳上,双脚置于地面,双脚间距略宽于肩,双臂伸直,双手间距约为肩宽,正手抓杠;屈肘,以肩为圆心,手臂为半径沿半圆运动,缓慢下降杠铃,并尽量远地向头后部延伸;还原成开始姿势。

训练中要注意,保持稳定,不要向两侧晃动。

⑨坐姿颈后臂屈伸。坐姿颈后臂屈伸主要目的是发展上臂肌肉群力量。坐于长凳上,

双脚置于地面,双脚间距略宽于肩,双手持哑铃置于颈后;小臂伸直上举,双臂伸直,将哑铃举至头的上方;以肘关节为支点,手臂下降杠铃片于脑后部,重复练习。

训练中要注意,手臂下降时应注意要有控制,不要让杠铃片砸到背部。

⑩体前臂屈伸。体前臂屈伸主要目的是发展上臂肌肉群力量。双膝微屈站立,双脚间距略宽于肩,上体前倾,手持杠铃,屈臂举杠铃至体侧屈肘90°;还原成开始姿势,反复练习。

训练中要注意,腰部前屈,背部挺直。

⑪双臂屈伸。双臂屈伸主要目的是发展上臂肌肉群力量。手握双杠,双脚并拢悬垂于地面,双臂伸直,支撑身体悬空;使身体下降至两杆间最低位置,双臂撑起;还原成开始姿势,动作完成时呼气。

训练中要注意,抬头、直体、腰部收紧。

(4)胸部力量素质训练方法

发展胸部力量素质的方法很多,有徒手练习也有器械训练。在训练实践中,任何下肢高于上体的斜板卧推和飞鸟动作都有助于发展胸大肌下部力量,具体训练方法如下。

①俯卧撑。俯卧撑主要目的是发展肱三头肌、胸大肌、三角肌和前锯肌等肌群的力量素质。训练方法为两手间距稍宽于肩,直臂双手俯卧撑地,两腿伸直,两脚并拢,脚趾撑地。两臂力量提高后,可使两脚位于高台上或在背部负重进行练习。

训练时要注意,首先身体伸展随两臂的屈伸运动,不应有任何多余动作;其次训练过程中应尽量加大两臂的屈伸幅度。

②仰卧扩胸。仰卧扩胸主要目的是发展胸大肌和三角肌的力量。仰卧在垫子或矮凳上,两手持哑铃两臂伸直,与身体成“十”字形。直臂慢速将哑铃举至胸的正上方,然后慢速还原成预备姿势,反复训练。训练时要注意,动作速度不宜快;两臂应有控制地下放还原;要求训练过程中两臂下放时不触垫。

③颈上卧推。颈上卧推主要目的是发展胸大肌上部、肱三头肌和三角肌的力量素质。练习者可仰卧于卧推架上,可采用宽、中、窄三种握距,手持杠铃或哑铃,先屈臂将其放于颈根部,两肘尽量外展,将杠铃推起至两臂完全伸直。反复训练。

训练时要注意,训练中所持器械的重量应根据练习者的具体情况合理选择,重量过轻或过重都不利于训练,严重时还会造成运动损伤。

④斜板卧推。斜板卧推主要目的是发展胸大肌下部、肱三头肌和三角肌力量。具体训练方法为宽握杠铃仰卧于斜板上,脚高于头,朝着胸中部慢慢放下杠铃,肘关节外展与身体成90°。随后迅速用力向上举起杠铃,再以稳定的节奏反复训练。

训练中的注意事项与颈上卧推相同。

⑤宽撑双杠。宽撑双杠主要目的是发展胸大肌下部、外部肌肉,以及肱三头肌、三角肌、前锯肌等肌肉的力量素质。具体训练方法为脸朝下,收紧下颌,弓背,脚尖向前,眼视脚尖。两手宽握双杠,屈臂使身体下降,然后再伸臂把身体撑起。训练熟悉后可在脚上系重物或穿

沙背心负重训练。

训练时要注意,屈臂时尽可能使身体降低,不要借力。

⑥胸大肌练习。胸大肌练习的主要目的是发展胸部肌肉群力量。坐于训练机器械椅上,双脚置于地面,双脚间距略宽于肩,两手扶握横把,前臂和腕部放松;双臂用力推动横把至体前;缓慢还原成开始姿势,重复练习。

训练中要注意抬头、直背。

⑦站姿胸大肌练习。站姿胸大肌练习主要目的是发展胸部肌肉群力量。双脚开立,双脚间距约为肩宽,双臂屈肘上举至与肩同高,双臂间距略与肩同宽,双手握杠铃片(或哑铃),掌心向内;往两侧扩胸展开至动作最大幅度;还原成开始姿势,重复练习。

训练中要注意,扩胸展开至最大幅度时保持2~3秒钟。

(5)腹部力量素质训练方法

腹部力量素质训练的重点是发展腹外斜肌、腹内斜肌、腹直肌和髂腰肌力量,充分利用腹肌的收缩来缩短骨盆底部至胸骨间的距离,具体训练方法如下。

①半仰卧起坐。半仰卧起坐主要目的是发展腹直肌上部力量。具体训练方法为平躺地上或练习凳上,两手持杠铃片置于头后,两足固定。上体向前上方卷起,同时两膝逐渐弯曲。用力吸气,放松呼气,收缩时停2秒钟。也可将负重物放在胸前上部进行训练。

训练时要注意,背下部和髋部不能因上体抬起而离开地面或练习凳。

②仰卧起坐。仰卧起坐主要目的是发展腹直肌、髂腰肌的力量。具体训练方法为仰卧在凳上或斜板上,两足固定,两手抱头,然后屈上体坐起,再还原,一次做10~15个,也可两手于颈后持杠铃片或其他重物负重训练。

训练时要注意收缩腹部,胸部尽量紧贴膝盖。

③仰卧举腿。仰卧举腿主要目的是发展腹直肌、腹外斜肌和骶棘肌的力量。具体训练方法为仰卧于垫子上,两脚并拢,两腿伸直,双手置于头后;或仰卧于斜板上,上体位于高端,两手抓握板端,身体伸展。两腿伸直双脚并拢,慢速上举,腿与上体折叠,脚尖举至头后,然后慢速还原成预备姿势。也可在踝关节处负重训练。

训练时要注意腿上举时不要屈膝,还原下放时不能放松,应有控制地下落。

④悬垂举腿。悬垂举腿主要目的是发展腹直肌、腹外肌、髂腰肌和两手的握力。具体方法为两手握距与肩同宽或稍宽于肩,正握单杠,两臂伸展,下肢自然放松,身体悬垂。然后依靠收腹的力量直腿上举,使脚腕触及单杠后再返回原位,反复练习。刚开始练习时,腹肌差者可稍屈膝。为了增强训练效果,可在脚腕上负重练习。

训练时要注意,举腿速度均匀,放腿速度缓慢,应有控制地下放,不能利用摆动力量,以免引发腰疼。

⑤支撑举腿。支撑举腿主要目的是发展腹直肌、腹外斜肌和髂腰肌的力量。两手直臂

撑在双杠上,下肢放松,身体伸展。两腿伸直双脚并拢,收腹举腿至水平位,与上体成直角,然后放下双腿,还原成预备姿势,反复练习。为了增强练习效果,可在脚腕处负重训练。

训练时要注意,直膝向上举腿,举腿速度均匀,注意放腿动作不要放松,应有控制地下放。

⑥跪立收腹下拉。跪立收腹下拉主要是为了发展腹部肌肉群力量。双膝跪地,抬头,双臂伸直,双手握拉杆置于头正上方,身体正直;双臂伸直,收腹用力向前下拉至动作最大幅度,动作进行时呼气;还原成开始姿势,重复练习。

训练中要注意,下拉时,手臂尽量不要用力,靠腹部发力。

⑦斜板仰卧举腿。斜板仰卧举腿主要目的是发展腹部肌肉群力量。仰卧于斜板上(斜板角度一般为 15°~45°),双腿并拢伸直,双手抓握横杠;直腿上举至动作最大幅度,保持 2~3 秒钟;缓慢还原成开始姿势,重复练习。

训练时要注意,腿上举时,尽量折叠,双腿并拢伸直。

⑧杠铃片侧屈。杠铃片侧屈主要是为了发展腹部肌肉群力量。双脚左右开立,双脚间距约为肩宽,右手置放于体侧,左手持杠铃片(或哑铃)。身体向右侧屈至动作最大幅度,缓慢还原成开始姿势,两侧交换重复练习。

训练时要注意身体必须正直。

⑨负重转体。负重转体主要目的是发展腹部肌肉群力量。肩负杠铃双脚开立,双脚间距约为肩宽,双手间距宽于肩握杠铃,身体正直;慢慢扭转躯干,从一侧转向对侧,两侧交换重复练习。

训练中要注意,双脚不动,身体正直。

⑩健身盘转体。健身盘转体主要目的是发展腹部肌肉群力量。双脚并拢站于健身盘上,双手握扶桶,身体正直;向一侧扭转髋部,还原成开始姿势,两侧交替重复练习。

训练时要注意,动作过程中保持肩部固定,两膝微屈,控制身体的运动。

(6)背部力量素质训练方法

背部力量训练的目的是充分发展人体的背阔肌、大圆肌、斜方肌、冈下肌、小圆肌、前锯肌以及骶棘肌等肌群的力量。大学生在训练过程中应做到动作准确,使肌肉充分收缩,以充分发展背部力量。具体训练方法如下。

①持铃耸肩。持铃耸肩主要目的是发展斜方肌力量。具体训练方法为身体直立,正握杠铃,然后以肩部斜方肌的收缩力,使两肩胛向上耸起(肩峰几乎触及耳朵),直至不能再高时为止,然后还原,反复训练。

训练时要注意,耸肩的高度应结合个人情况尽可能高。

②直腿硬拉。直腿硬拉主要目的是发展骶棘肌、斜方肌、背阔肌、股二头肌、半腱肌、半膜肌、大收肌等伸展躯干和伸髋的肌肉力量。具体训练方法为两腿伸直站立,上体前屈,挺

胸紧腰,两臂伸直,用宽握距或窄握距握住杠铃,然后伸髋、展体,将杠铃拉起至身体挺直。还原后重新开始,反复练习。

训练时要注意,上拉时应注意收紧腰背肌群,杠铃靠近腿部。

③卧抬上体。卧抬上体主要目的是发展伸脊柱的肌群(骶棘肌)、臀大肌、股二头肌等肌肉的力量。另外对发展背肌也有理想的效果。在同伴协助下,俯卧于台面或长凳上。上体从一端探出,两手置于头后屈身向下,快速用力向后向上抬上体,然后有控制地慢速还原成预备姿势,反复进行。为增强练习效果,可在颈后负重进行训练。

训练时要注意,训练过程中上体保持水平,紧靠体侧上拉,肘部不要外翻。

④俯卧上拉。俯卧上拉主要目的是发展背阔肌、斜方肌、三角肌的力量。练习者可俯卧在练习凳上,两臂悬空持杠铃(也可采用哑铃和壶铃),两臂同时将杠铃向上提起稍停再还原,反复进行。

训练时要注意,训练开始时两臂注意保持水平。

⑤俯立划船。俯立划船主要目的是发展背阔肌上、中部以及斜方肌和三角肌的力量。具体训练方法为上体前屈90°,抬头,正握杠铃(也可采用壶铃、哑铃、杠铃片)。然后两臂从垂直姿势开始,屈臂将杠铃拉近小腹后还原,再重新开始。上拉时应注意肘靠近体侧,上体固定不屈腕。

训练时要注意,为了减少腰部负担,可将前额顶在山羊或鞍马上进行练习。

⑥坐立划船。坐立划船主要目的是发展背部肌肉群(背阔肌、大圆肌、三角肌后部)力量。面向训练机坐立,双脚放于地面,膝部抵于海绵固定轴下,身体正直;吸气,反握手柄用力拉动手柄至胸廓下部,将拉柄拉向身体的同时,肘部尽量向后。动作完成时呼气,重复练习。

训练时要注意,腰腹固定,挺胸抬头,运动过程中注意控制拉伸的速度,过快或过慢都会影响锻炼效果。

⑦引体向上。引体向上主要目的是发展背部肌肉群力量。双臂伸直悬垂于器械上,双腿并拢伸直,双手正握杠;双臂上拉引体至动作最大幅度,控制身体缓慢下降,重复练习。

训练时要注意,上拉速度稍快些,缓慢下降。

⑧坐立体前下拉。坐立体前下拉主要目的是发展背部肌肉群力量。面向训练机坐立,双脚放于地面,膝部抵于海绵固定轴下,双臂伸直,双手宽握距抓拉杠,身体正直;双臂下拉拉杆至体前胸部,缓慢还原成开始姿势,动作完成时呼气,重复练习。

训练时要注意,下拉的时候肩部肌群要放松,动作还原时不要耸肩,否则会影响背阔肌的受力。

⑨坐立体后下拉。坐立体后下拉主要目的是发展背部肌肉群力量。面向训练机坐立,双脚放于地面,膝部抵于海绵固定轴下,双手宽握距抓拉杠,身体正直;吸气,从头后上方位

置垂直下拉横杠至颈后与肩平,稍停 2～3 秒钟;然后呼气,沿原路缓慢还原。

训练时要注意,身体不要前后摆动,身体要始终保持与地面垂直的状态。

⑩窄握杠铃臂屈伸。窄握杠铃臂屈伸主要目的是发展背部肌肉群(斜方肌上部,三角肌)力量。左右分腿站立,双脚间距略宽于肩,正手窄握杠铃,身体正直;双臂上提杠铃至锁骨处,上提时吸气,慢慢下降至开始姿势,下降时呼气,重复练习。

训练时要注意,身体正直。

⑪俯卧背屈伸。俯卧背屈伸主要目的是发展背部肌肉群力量。身体俯卧于训练机上,双脚紧贴于海绵固定轴,双手抱头;向后屈至动作最大幅度,保持 2～3 秒钟;慢慢还原成开始姿势,重复练习。

训练时要注意,向后屈时腿不主动发力。

(7)腿部力量素质训练方法

腿部是机体运动的最重要的部位之一,腿部力量是机体从事其他常见运动项目的基础。腿部力量素质训练方法具体如下:

①纵跳。纵跳主要目的是发展伸膝和屈足肌群力量及弹跳力。具体训练方法为身穿沙背心,带沙护腿,成半蹲姿势。两脚蹬地起跳,两臂上摆,腿充分蹬伸,头向上顶,缓冲落地后继续做。连续练习 10～15 次。也可悬挂或标出高度目标,以两手触摸标志线或物体进行练习。

训练时要注意,动作协调,负重以 10～15 千克为宜。

②蛙跳。蛙跳主要目的是发展下肢爆发力及协调用力。训练方法为身穿沙背心,带沙护腿(也可不负重),全蹲。两脚蹬地,腿蹬直向前上方跳起,腾空后挺胸收腹,快速屈腿前摆,以双脚掌落地后不停顿地连续做 6～10 次。

训练时要注意,尽量快速起跳,身体充分伸展开,可逐渐增加远度要求。

③跳深。跳深主要目的是发展伸膝、屈足肌群和腹肌的力量。练习者先将 5～8 个高度为 70～100 厘米的跳箱盖纵向排好,每个跳箱盖横放,间距均为 1 米。练习者面对跳箱盖并腿站立,双脚同时用力跳上跳箱盖,紧接着向下跳,落地后立即跳上第二个跳箱盖,紧接着向下跳,落地后立即跳上第三个跳箱盖,连续跳上跳下 20～30 次。也可在有沙坑的高台处做该练习。

训练时要注意,跳上跳下的动作之间不得停顿。

④下蹲腿后提铃。下蹲腿后提铃主要目的是发展股四头肌、臀大肌和腰部肌群的力量。两脚自然开立下蹲,杠铃紧贴脚后跟处放置。两手正握杠铃,握距同肩宽,两臂和背部充分伸直。蹲起直臂提铃,成站立姿势,挺胸直背,杠铃处于臀部,然后还原成预备姿势。反复练习。

训练时要注意,练习过程中不能弯腰,注意背部挺直。

⑤负重深（半）蹲跳。负重深（半）蹲跳主要目的是发展伸膝和伸髋的肌肉群（如股四头肌、股二头肌、小腿三头肌和臀大肌等）的力量。双脚左右自然开立，肩负杠铃，双手正握杠铃扛于颈后，躯干挺直。屈膝半蹲快速蹬伸，膝踝充分伸展，向垂直方向跳起，落地时保持半蹲（半蹲跳）或深蹲（深蹲跳），紧接着快速蹬伸跳起，反复练习。

训练时要注意，落地时踝关节保持适度的紧张，跳起腾空后下肢肌群尽量放松。

⑥下蹲起立。双脚开立，双脚间距为肩宽，两臂伸直于体侧，两手分别持杠铃；吸气，轻度挺胸收腹，下蹲蹲至大腿与地面平行位置，返回起始位置，动作完成时呼气。

训练中要注意，抬头直视前方，身体直立。

⑦仰卧小腿屈伸。仰卧小腿屈伸主要目的是发展小腿部肌肉群力量。仰卧于训练机凳面上，两腿分开与肩同宽；小腿向上踢出，至膝盖伸直，缓慢回到起始位置，反复练习。

训练中要求，保持臀部紧贴于坐垫上，双臂自然放置不发力。

⑧坐姿腿屈伸。坐姿腿屈伸主要目的是发展大腿部肌肉群力量。坐于腿屈伸机上，两腿屈膝下垂，脚背勾住脚托滚轴，两手握扶把，腰背靠紧靠板；负重用力伸小腿至双腿伸直，保持 10～20 秒钟；缓慢还原成开始姿势，重复练习。

训练中要注意，背部不能离开靠板，臀大肌不宜抬起借力。

⑨俯卧腿屈伸。俯卧腿屈伸主要为了发展小腿部肌肉群力量。俯卧于训练机的垫上，两脚勾住横杠，两手握手柄；向上屈小腿，保持 2～3 秒钟；缓慢还原成开始姿势，重复练习。

训练中要注意，两腿不完全伸直，保持紧张状态，动作用力时臀部不可抬起，避免借力。

⑩拉力器直腿内收。拉力器直腿内收主要为了发展小腿部肌肉群（小腿内侧肌群）力量。单腿站立，将拉力器系于一腿脚踝部，另一腿支撑于地面，对侧手抓握训练机的扶手以支撑身体；连于拉力器的腿伸直用力内收至靠近支撑腿。

训练中要注意，抬头，直背，臀部不可后抬。

⑪站立提踵。站立提踵主要为了发展小腿部肌肉群（小腿三头肌）力量。面向训练机站立，双脚前脚掌站在杠铃片上，双手扶在把杆上，身体正直；快速提踵尽可能提高脚后跟，双腿伸直；还原成开始姿势，反复练习。

训练中要注意，背部挺直站立，脚后跟提到最高处时停顿 2～3 秒。

⑫坐姿杠铃提踵。坐姿杠铃提踵主要为了发展小腿部肌肉群（比目鱼肌）力量。坐于长凳上，双脚置于地面，双脚间距略宽于肩，身体正直，双手握住杠铃放在膝盖上；脚趾用力上推，尽量使脚后跟抬起；还原成开始姿势，反复练习。

训练中要注意，脚踝快速上推，上下幅度尽量最大。

⑬小腿内收拉练习。小腿内收拉练习主要为了发展小腿部肌肉群力量。坐于训练机的椅子上，双脚置于踏板上；双腿用力往外侧展开至动作最大幅度；慢慢还原成开始姿势，重复练习。

训练中要注意,上体保持正直。

(8)臀部力量素质训练方法

①负重弓步。负重弓步主要目的是发展臀部肌群力量。双腿弓步站立,双臂自然下垂,双手持杠铃片;弓步向前移动,弓步腿大腿与地面平行,后面腿尽量伸直,重复练习。

训练时要注意,身体正直,负荷可适当增加。

②站立直腿后拉。站立直腿后拉主要目的是发展臀部肌肉群力量。背对训练机前后分腿站立,双脚间距略宽于肩,一腿踝关节处套拉力器套扣用力拉至脚尖点地,另一腿伸直支撑,身体前倾;慢慢后拉至动作最大幅度,还原成开始姿势,两腿交换重复练习。

训练时要注意,支撑腿尽量伸直,稳定重心。

③俯卧背屈伸。俯卧背屈伸主要目的是发展臀部肌肉群力量。俯卧于训练机的垫上,双腿并拢伸直,双手放于两侧;臀部用力将腿向上抬至动作最大幅度,保持 2～3 秒钟,重复此动作。

训练时要注意,双腿并拢伸直,主动利用臀大肌收缩力量。

④侧卧侧摆腿。侧卧侧摆腿主要目的是发展臀部肌肉群力量。侧卧于长凳上,双腿并拢伸直,双手扶长凳;向上抬外侧腿至动作最大幅度,保持 2～3 秒钟;慢慢还原成开始姿势,保持腿伸直,重复练习。

训练时要注意,双腿伸直。

3.游戏训练方法

(1)发展上肢力量的游戏训练

①推小车。游戏方法:训练应在平坦场地进行。在场地上画两条相距 10～20 米的平行线作为起、终点。将参与者按前后两人一组分成若干组,前后两人一组,站在起点线后,前面人俯撑分腿于地上作为"小车",后边的人站于俯撑者两腿间,两手握其踝关节并抬起,后者作为"推车人"做好准备。当听到"开始"口令后,俯撑者用两手交替向前迅速移动,和"推车人"相配合,尽快到达终点,以先到终点的组为胜,然后两人互换,再按此方法进行比赛。游戏规则:推车人通过终点为完成游戏;中途翻倒或停止,应从原地重新开始。

②持哑铃走迎面接力。游戏方法:训练需准备哑铃两副,并在场地上画相距 10 米的平行线。将参与者分成人数相等的两队,每队再分成甲乙两组,分别成纵队面对面站在两条平行线后。游戏开始后,各队甲组排头两臂侧平举双手持哑铃向前走,走到对面将哑铃交给乙组排头,站到队尾,同时乙组排头手持哑铃,向对面走,再将哑铃交给甲组的第二人,依次交接哑铃行进,直至最后一人完成,先完成的队为胜。

游戏规则:手持哑铃走时必须保持两臂侧平举,不允许跑;不得抢走,否则视为犯规。

③打保龄球。游戏方法:游戏需在空场地上进行,10 个空水瓶,2 个实心球,在场地上画一条线为投掷线,距线 10 米处将 10 个空水瓶摆放成三角形,前后相距 10 厘米。将游戏者

分成人数相等的若干队。参赛者站在线后,用打保龄球的方法,将实心球掷出击打空水瓶,击倒几个得几分,每人掷一次,可每人连续掷几次,统计得分,以得分多少排名次。

游戏规则:实心球只能滚出,不能抛砸空水瓶;掷实心球时必须站在线后。

④掷靶瞄心。游戏方法:在场地上画一条投掷线,距线8米前的地方并排放3个空水瓶,间隔2米。沙包若干个。将游戏者分成人数相等的四个队,面对空水瓶成纵队站在投掷线后,手拿小沙包。游戏开始,各队第一人用沙包投掷自己前面的空水瓶,击倒者得1分,然后把空水瓶竖起;第二人接着投,依次进行,直至每人均投三次后结束,最后得分多的队获胜。

游戏规则:要听口令进行投击和捡包,击倒别人的空水瓶扣1分。

⑤投掷空水瓶。游戏方法:游戏需在平坦场地进行,准备空水瓶、沙包若干。在场地上画两条相距15米的平行线作为投掷线,在投掷线两侧1米处画一条预备线,中间画一条中线,中线上等间隔距离摆放一些空水瓶。将游戏者分成人数相等的两队,每队再分两组,分别站在投掷线与预备线后,面向中线,每人手中拿一沙包。组织者发令后游戏开始,站在投掷线后一方的游戏者,一齐用沙包掷击水瓶,击倒一个得1分。投完后,按口令一起跑去捡沙包,并将水瓶摆好,然后从两侧跑回预备线后,按原队形站好。另一方的游戏者听口令继续进行,每个游戏者投2次后,计算各队总分,积分多的队为胜。

游戏规则:投掷时不得越过投掷线;必须听口令投和捡沙包,超过投掷线则视为犯规,重新投掷。

⑥四面攻击。游戏方法:游戏需在空场地进行,准备沙包4个,小木板1块。在空场地上画一个边长20米的正方形,中间画一个直径2米的圆,将游戏者4人一组分成若干组,先由一组进攻,另一组防守。组织者发令后,攻队每人手持一沙包,按顺时针方向依次向守卫者投掷,防守队出一名游戏者在圆内用小黑板挡沙包,反复进行。如守卫员的身体任何部位被击中,攻队得分,守队换另一人重新防守。在规定的时间内,攻队未击中守卫员,守队得分。每队所有游戏者完成进攻与防守后以积分数量决定胜负。

游戏规则:攻者不得越线投沙包,守者不得出圈;沙包落地时,守卫员可将沙包踢出线外,进攻者可进场地内捡沙包。

⑦打靶。游戏方法:在地上画4个直径分别为1米、2米、3米、4米的同心圆为靶位,距靶25米处画一条投掷线,准备沙包若干。将游戏者分成人数相等的两路纵队,分别站在投掷线后,组织者发令后,两个排头将沙包投向靶心,落在圆心得4分,向外依次3分、2分、1分,每人投3次,最后按各队积分数量评定胜负。

游戏规则:投沙包时不准超过投掷线;投到线上按外线计分,超过投掷线则视为犯规,重新投掷。

⑧投弹掷靶。游戏方法:在空地上画一条直线为投掷线,自投掷线向前15米起,每5米

画一横线为一个区,共画 5 个区,由近而远,分别标明 2、4、6、8、10 的得分号码,准备沙包 10 枚。把游戏者分成人数相等的甲乙两队,排列在助跑道的两边,各队前 5 人手拿沙包做好准备,两队各派 1 人站在落沙包区外作记录员。游戏开始,甲队前 5 人按顺序依次助跑向前投掷,每沙包落地后记录员大声报告得分,5 人均投完后统一拾沙包,并跑步归队,将沙包交给本队后 5 位学生后,排至队尾。当甲队学生拾沙包离区后,乙队前 5 人助跑向前投,方法同前。各队交叉依次进行,每人均投一次后计算累积分,以积分多的队为胜。

游戏规则:必须助跑投掷,其他同沙包投掷规则;投出最远区而有效者得 20 分。

⑨推球。游戏方法:在地面上画两条相距 15 米的平行线,两线之间画若干远度线,准备实心球若干。将游戏者分为人数相等的两组,分别站于投掷线外。其中一组持实心球,游戏开始,持实心球的一组用原地推铅球的方法将实心球推出,落点超过几米线得几分,球压线算低分,组织者将投完的组每人投的得分相加,计下总分。然后另一组用同样的方法进行,两组可进行多轮比赛,最后累计各组得分总和数值。多者为胜。

游戏规则:用原地推铅球的方法推出实心球,不能抛或投;不得越线推,投掷结束后也不能越线。

⑩推铅球掷远计分。游戏方法:游戏要在空场地进行,准备铅球 4 个。画直径 5 米的圆,圆内每隔 1 米再画一个同心圆,在离圆心 14 米处的四边各画一条投掷线。把游戏者分成人数相等的 4 个队,分别站在投掷线后,各队排头手持铅球。组织者发令后,各队排头同时将铅球推向圆内,推到第一圆得 1 分,第二圆得 2 分,依此类推,圆心圈得 5 分。第一个人推完第二人推,各队可进行多轮次比赛,游戏结束后,统计各队得分数,排定各队名次。

游戏规则:听组织者口令推、捡铅球;按指定方法推铅球;球落在线上,以分数少的计算得分。

(2)发展下肢力量的游戏训练

①矮人竞走接力。游戏方法:场地上画 5 条相距 10 米的平行线,并按顺序 1～5 编号,1 为起点线,5 为终点线。线的长度依分队数量而定。把参与者分成 4 人一队,每队学生分别于 1～4 号线后成一路纵队面向终点线站立。游戏开始,第一组各队排头迅速蹲下,以蹲姿向前走,当走到本队第二人身后时站起,同时拍击第二人肩部,第二人立即蹲下,同样蹲着走向第三人,依次接着走,以最后一人到达终点的先后顺序排列名次。

游戏规则:不准抢走;不允许半蹲和站立行走,只许深蹲(全蹲)行走;以最后一人脚过终点线先后顺序判定名次。

②竞速倒退走。游戏方法:准备 30 米长的跑道 2～4 条,距起点 30 米处设一折返点。将游戏者分成 2 路纵队,2 队人数相同。听到"开始"口令后,各队排头背对前进方向,迅速向后倒退走。要求上体直立,不能后仰,摆动腿屈膝向后退步,脚尖先着地,再移动至全脚掌着

地,身体重心随之后移,然后支撑腿变摆动腿重复上述动作,连续后退走。一只脚踩到折返点后,迅速转体,向起点倒退走。到达起点时与第二名学生击掌,第二名学生重复第一名学生的动作,依此类推,直到最后一名学生走完。最先走完的队获胜。

游戏规则:不能出现腾空,即不能后退跑,否则取消比赛资格;必须在自己的跑道内进行比赛,不准抢道,以免互相碰撞出现伤害事故;前面一名完成退走的全部路程之后,下一名才能接着进行比赛,否则算作抢跑,退回重来;如不慎跌倒,可原地站起继续比赛;如离开跑道,以弃权取消比赛;以每队最后一名学生先到达起点的队为获胜。

③脚内侧走接力。游戏方法:需要画两块10米长的场地,标志杆2根。将参与者分成人数相等的两队,各队成纵队站立在起跑线后。游戏开始后,每队排头迅速用脚内侧走至终点绕过标志杆再走回本队,与第二人击掌后,第二人接着再做,以后每人都依此法进行,直至都走完一次,先走完的队为胜。

游戏规则:不准抢走,否则视为犯规;只能用脚内侧走的方法完成游戏,要求直腿走。

④步步高。游戏方法:训练需要准备踏跳板2块,不同高度的跳箱6架。在场地上画一条直线作为起跳线,线前依次并排放置2块踏跳板、2架一节跳箱、2架二节跳箱和2架三节跳箱。将游戏者分成人数相等的两队,分别成一路纵队面向跳箱站立。组织者发令后,各队列队依次双脚跳在踏跳板上、跳箱上,最后向前跳在地上,然后左队从左侧、右队从右侧跑回起跳线,以全部跑回起跳线最快的队为胜。

游戏规则:发令后才能开始跳跃;游戏者必须用双脚同时向前跳,必须依次跳在各个跳箱上,不准漏跳,否则重跳。

⑤穿梭跳远。游戏方法:训练前要在场上画两条相距10米的平行线。将游戏者分成人数相等的两队,各队分成两组,成纵队分别站在平行线后面。发令后,各队排头用立定跳远方式,连续跳到对面拍排头的手后站到排尾,对面排头依次再跳到对面拍下一人的手,依次进行,先跳完的一队获胜。

游戏规则:必须用双脚起跳,双脚落地;拍手后第二人才能开始跳。

⑥火车赛跑。游戏方法:训练需要在平坦场地进行,画两条间隔15米的平行线作为起、终点。将游戏者分成人数相等的两队,各成纵队站在起点线后,游戏开始前每个学生都把自己的左脚伸向前面的人。左手用手掌兜住后面学生伸来的脚,右手搭在前人的肩上。排头不伸脚,排尾不兜脚,组成一列"火车"。听到"出发"口令,全队按照一个节拍向前跳动,排头可以走步,以"车尾"先通过终点线的队为胜。

游戏规则:如遇"翻车"或"脱节",必须在原地接好后方能前进;"列车"完整通过终点才能记成绩。

⑦连续跳横绳。游戏方法:训练需要画一条起跳线,线前每隔1米拉一道橡皮筋,其高度依次为30厘米、40厘米、50厘米、60厘米。把游戏者分成人数相等的2～4个纵队。组织

者发令后,各队排头按规定的方法依次连续跳过每条橡皮筋,全部跳过者得 5 分,每触及橡皮筋一次扣 1 分。当排头跳过第三条橡皮筋时,第二人开始起跳,如此依次进行,最后以累计得分多的队获胜。

游戏规则:必须按规定的方法跳越,犯规重新跳;不得触及橡皮筋和支架。

⑧跳橡皮筋。游戏方法:在平坦空地上成正方形竖立 4 根木柱,柱间拉适当高度的橡皮筋 1 根。将游戏者分成人数相等的两队,各成纵队对角排列在一根木柱边。比赛开始,发令后,各组第一人开始沿着四边的橡皮筋(单、双脚)从外向内跳,然后由内向外跳出,每人跳过四边后,回本队拍第二人的手,第二人也按上述方法继续进行,各组全部完成后,速度快的队获胜。

游戏规则:跳越橡皮筋时,脚不准碰到橡皮筋,如碰到则应从头做起;跳越前可稍加助跑;可以超越对方,超越时不得相互影响。

⑨纵跳摸高。游戏方法:训练要在靠墙的平地上进行,在墙上标出高度,根据高度标出得分号码,高度越高得分越多。将游戏者分成人数相等的 2～4 队,每队依次纵跳摸高(原地双脚起跳),跳至最高点,手指触摸墙上的标号,摸到几号就得几分,最后,全队学生得分累加,以得分多的队为胜。

游戏规则:必须原地双脚起跳,不得单脚起跳,不得助跑起跳;以手指尖触摸最高点的标号为本人得分。

⑩负重蛙跳接力。游戏方法:训练需要准备两副轻杠铃(或两个小沙包、两件沙衣)。在空地上画两条相距 10 米的平行线,分别作为起点线和折返线。将游戏者分成人数相等的两组,成纵队站在横线后,各组第一人肩负重物全蹲。组织者发出口令后,第一人用多级蛙跳前进,到达折返线后,转身跑回,将器材交到本组下一人,游戏继续进行,直到全组完成,最先完成的组获胜。

游戏规则:组织者不发令,不得开始起跳;要全蹲,双脚同时起跳和落地,不合要求者可提醒一次,继续犯规,返回重做。

二、速度素质训练方法

速度素质包含许多种类,这里就选择其中最有代表性的移动速度来进行训练方法的说明。

移动速度在某种意义上说是一种综合运动能力的表现,是速度素质中最为重要的一项,它在多种运动中也有着突出的体现。移动速度与学生的力量、柔韧、速度、耐力和灵敏性都有着密切的联系。发展移动速度可采用以下几种方法。

(一)发展力量练习法

移动速度的快慢取决于学生的灵敏、柔韧、力量等素质,但在这些素质中,力量的作用占据了更多的分量。力量练习是移动速度练习的基本途径之一,练习力量的目的实质上是提高学生的速度素质,但最终的目的是把学生所获得的力量和速度素质用于提高移动速度上来。因此,在通过力量训练达到提高移动速度水平的练习中一般要注意以下几点。

(1)力量练习应本着对学生的力量素质得到全面、均衡的发展的宗旨开展。

(2)力量练习应要求学生以较快的速度并加上一定的负重的重复练习,以促进移动速度的提高。

(3)力量练习应是培养学生预防运动损伤和自我保护的能力,强调科学、安全的力量练习。

(4)发展基本力量的练习应采用适中的强度(强度为40%~60%)进行快速的重复练习,使得肌肉力量和肌肉横断面增大。

(5)力量练习应侧重速度力量的发展,一般可采用超等长的力量练习,如立定跳远、单足跳(跳上跳下台阶)、跳深等。

(二)发展步频、步长的练习法

通常步长和步频是影响移动速度的两个主要的因素,主要在跑动较多的运动项目中有较好的体现。只有将频率较高的步伐速度和每一步的较大步幅相结合,才能够在跑动中表现出出色的移动速度。

而决定步长和步频的共同因素则是力量的协调性。其中,影响步频的因素有肌纤维的类型和神经系统的灵活性;影响步长的因素有柔韧性。灵活性和柔韧性都可以通过后天的练习获得水平的提高,而腿长、肌纤维类型、神经系统灵活性则主要取决于遗传。所以,如果一个学生的步频较慢,那么要想提高移动速度则采取的最有效的措施就应该是加大步幅。

三、耐力素质训练方法

(一)耐力素质的概念及分类

1.耐力素质的概念

耐力素质是指人体在长时间工作或运动中克服疲劳的能力,它是反映人体健康水平或体质强弱的重要标志之一,在人体体能素质中发挥着极为重要的作用。在各项体能素质中,各个素质之间并不是独立存在的,耐力素质可以与其他素质,如力量、速度、柔韧等素质相结合,形成机体的力量耐力和速度耐力。

人体在长时间运动后会产生一定的疲劳,从而造成机体工作能力暂时性下降。这是一种正常的生理现象,机体进行长时间的工作,会使体内的能量物质大量消耗,在得不到及时补充的情况下,必然会产生一定的疲劳。但是,疲劳又是提高有机体工作能力所必需的,它是有机体机能恢复与提高的刺激物,没有疲劳的刺激,机体机能就不会得到提高。因此,提高耐力素质对体能的发展和人体克服疲劳的能力非常重要。

通常我们将疲劳分为智力上的疲劳、感觉方面的疲劳、感情上的疲劳及体力上的疲劳等。而在大学生运动训练的过程中,大部分是由运动带来的肌肉活动而产生体力上的疲劳。这是训练所得到的必然结果,没有疲劳的训练,就不是真正意义上的训练。而当产生运动疲劳后,机体的运动能力会随之下降,运动的时间长短也会受到影响,所以疲劳又阻碍了大学生运动训练的发展,因此大学生必须在运动训练过程中克服自身的疲劳。而大学生这种克服疲劳的过程,也恰好反映出了他们所具备的耐力水平的高低。

2.耐力素质的分类

不同的运动项目对机体体能的要求都不同,而耐力素质作为体能素质中重要的身体素质之一,在各种运动项目中,同样有着自己不同的特征和标准。机体耐力素质可以按照以下标准进行分类。

(1)按运动时间分类

①短时间耐力。通常将运动持续时间在45秒至2分钟的项目所需的耐力称为短时间耐力。完成这类运动项目所需的能量大多是通过机体的无氧代谢过程来提供的,在这些运动过程中,短时间产生较高的氧债。而这类运动的运动成绩受机体力量与速度耐力素质的影响较大。

②中等时间耐力。通常将运动持续时间在2~8分钟的运动项目中所需的耐力称为中等时间耐力。完成这类运动项目的负荷强度一般要比长时间的耐力项目的负荷强度要大。通常机体在运动过程中,氧不能完全满足机体的运动需要,会在运动过程中产生一定的氧债。造成这种情况主要是因为无氧系统与运动速度成正比的关系。例如相关研究证实,在1500米跑的过程中,无氧系统的供能几乎可以达到总供能的50%,而在3000米跑的运动过程中无氧系统的供能只能占到总供能的20%左右。这也就说明了,在运动中机体对氧的吸收和利用的能力,可以对机体的运动能力产生直接的影响。

③长时间耐力。通常将运动持续时间超过8分钟的运动项目所需要的耐力称为长时间耐力。这类运动项目的整个过程都是由氧系统进行供能的,对机体的心血管和呼吸系统进行高度动员。通常在此类运动过程中,运动员的心率可达到170~180次/分钟,心输出量为30~40升/分钟,脉通气量可达到120~140升/分钟。

(2)按氧代谢方式分类

①有氧耐力。有氧耐力是机体在氧气供应充分的情况下,坚持长时间运动的能力。机体的有氧代谢能力是机体对氧气的吸收、运输和利用能力的综合表现。机体想要提高自身输送氧气的能力,就必须要进行一定的有氧耐力训练,只有这样才能提高机体的新陈代谢能力,增强承受运动负荷的能力。例如,大多数的球类运动项目和田径运动中的马拉松、越野跑、长跑、长距离竞走等长时间运动项目都需要有较高的有氧耐力水平。

②无氧耐力。无氧耐力是机体在氧供应不足的情况下,坚持长时间运动的能力。一般情况下,无氧耐力运动项目的氧供应很难满足机体的运动需要,机体会在无氧条件下进行运

动,产生较大的氧债,而这类运动所产生的氧债,一般都需要在运动结束后才能得到偿还。因此,机体进行无氧耐力练习的主要目的是为了提高自身抗氧债运动的能力。而在无氧耐力中,我们还可以将其分为非乳酸供能的无氧代谢和乳酸供能的无氧代谢两种形式。

③有氧与无氧混合耐力。有氧与无氧混合耐力是一种介于有氧耐力和无氧耐力之间的特殊耐力,进行此类运动时,机体的有氧和无氧代谢同时参与供能。通常运动的持续时间长于无氧耐力而短于有氧耐力。例如,拳击、摔跤、柔道、跆拳道等对抗性项目,以及田径运动中 400 米、400 米栏和 800 米等项目都是需要有氧和无氧混合耐力的。

(3)按肌肉工作方式分类

①静力性耐力。通常将机体在长时间的静力性肌肉工作中克服疲劳的能力称为静力性耐力。它在射击、射箭、举重的支撑、吊环的十字支撑等项目中都有所体现。

②动力性耐力。通常将机体在长时间的动力性肌肉工作中克服疲劳的能力称为动力性耐力。它在长跑、滑雪、游泳等运动项目中都有所体现。

(4)按身体活动分类

①身体部位的耐力。身体部位的耐力主要是指机体的某一身体部位在进行长时间运动时,克服疲劳的能力。例如,机体在对上肢或下肢进行较长时间的反复力量训练,使被练习部位的肌肉出现酸胀、疼痛的感觉,如果继续训练,该部位就会出现肌肉活动困难的现象,这种克服肌肉疲劳的能力表现,就是身体部位耐力水平的表现。在体能练习中,这种局部耐力水平的提高取决于一般耐力的发展水平。

②全身的耐力。全身的耐力主要是指整个身体机能在运动训练中,机体克服疲劳的综合能力。它可以反映出机体的综合耐力水平。

(5)按运动项目耐力分类

①一般耐力。一般耐力一般是指机体多肌群、多系统长时间工作的能力。不管运动项目的特点如何,拥有良好的一般耐力,是达到各种训练要求的基础。但是,由于一般耐力是不同形式耐力的综合表现,对不同的运动项目来说,项目特点对它也有不同的要求。因此,在进行一般耐力训练时,应充分考虑一般耐力与专项耐力之间的关系。

②专项耐力。专项耐力是指机体为了获取专项成绩,最大限度地动员机能能力,克服专项负荷所产生的克服疲劳的能力。专项耐力会根据运动项目的不同,而表现出不同的特点。例如,短距离跑、蹬自行车等项目的专项耐力需要有保持较长时间高速度的速度能力;举重、摔跤、拳击、体操等项目的专项耐力都需要有力量性的力量耐力和静力性耐力;球类项目的专项耐力需要有在较长时间内保持带有大量极限强度动作(快速移动、进攻、防守、打击)的抗疲劳的能力。通常专项耐力的训练,机体会承载较大的训练量和负荷强度,并且会随着不同训练阶段的变化,而使身体训练、技术训练的负荷总量有规律地增长。在专项耐力的训练过程中,机体还会建立一定的专项耐力储备,促使机体更好地完成专项训练任务。

（二）耐力素质的评价指标

机体的耐力素质在众多体育运动项目中占据着重要的地位,对这些项目的运动成绩具有极为重要的影响。而对耐力素质的评价,可以通过一定的评价指标来进行评定。例如,一般耐力的评定指标通常是以机体持续完成运动的时间或距离来进行评定的,常用的方法是耐力跑的时间或 12 分钟跑的距离;而有氧耐力通常以个人的最大吸氧量和无氧阈为评定指标;无氧耐力一般则以无氧性运动的成绩结合血乳酸浓度的变化为评价指标来加以评定;肌肉耐力是依据肌肉完成规定强度的练习次数、平均做功能力或者表面肌电信号、平均功率、频率变化、斜率等物理和生理指标进行检测与评价,需要指出的是,这些评价指标也会随着耐力的不同分类,而发生一些变化。

（三）耐力素质发展的敏感期

通常情况下,耐力素质发展的敏感期为:男子 10~20 岁,女子 9~18 岁。由于耐力素质取决于有氧供能系统和无氧供能系统的机能状况,因此,耐力发展敏感期与最大吸氧量、心脏循环率、肺的扩张能力、大脑血液循环的动力学特征及血液成分的机能状况等因素有关。

1. 有氧耐力

女孩在 9~12 岁期间,有氧耐力指标出现较大幅度的增长,而当进入性成熟期 2 年后（即 14 岁以后）,有氧耐力水平呈逐步下降的趋势,16 岁以后下降速度减慢。男孩在 10~13 岁期间,耐力指标呈现出大幅度的提高,出现第一个增长高峰;16~17 岁时有更大幅度的提高,出现第二个增长高峰。特别是 16 岁时,60％强度的有氧耐力指标增长幅度超过 40％。

2. 无氧耐力

男子在 10~20 岁期间,无氧耐力水平呈逐年增加的趋势,并在 10 岁、13 岁、17 岁分别出现三次增长高峰。尤其是在 16~20 岁期间增长幅度最大,说明此时无氧耐力正处在良好发展时期。女子无氧耐力在 9~13 岁期间均逐年递增,14~17 岁有所下降。出现下降的主要原因是女子在此阶段体重增加较快,与最大吸氧量有关的指标在 14 岁时已接近完成,15~17 岁时仍停留在已有水平上。所以在 15~18 岁期间应加强无氧耐力训练。

总之,发展耐力素质应从培养有氧耐力入手,从而为一般耐力的发展打下良好的基础。从 15~16 岁开始进行无氧耐力训练,并逐步加大无氧耐力训练的比例。由于耐力项目出成绩较晚,有其特有的训练规律和成绩增长规律,因此在耐力训练中不能拔苗助长,操之过急,要按部就班地进行。

（四）耐力素质训练的影响因素

1. 生理因素

（1）影响有氧耐力的生理学因素

①氧运输系统的功能水平。机体的呼吸、血液和循环组成了整个氧运输系统,这一系统起到了为机体运输氧气、营养物质和代谢产物的作用,这也是有氧耐力水平的决定性因素。

其中机体血液的载氧能力和心脏的泵血功能,是决定机体氧运输系统的功能水平的重要因素。机体中血液的载氧能力受血液中血红蛋白含量高低的影响,通常情况下,机体中 1 克血红蛋白可以结合 1.34 毫升氧气,血液中的血红蛋白含量越高,血液结合的氧气就越多,其载氧量就越高。研究发现,一般成年男性每 100 毫升血液中血红蛋白含量约为 15 克,每 100 毫升血液中血氧容量约为 20 毫升,而女性和少年儿童血液中的血红蛋白和血氧容量都要略少于成年男性。在一些耐力项目优秀的运动员中,其血液中的血红蛋白含量可以达到每百毫升血液中含 16 克血红蛋白,比一般成人和其他项目的运动员都要高,也正因为如此,其血液的载氧量也会超出一般人。机体的最大心输出量(即心脏每搏输出量与心率的乘积)是心脏泵血功能水平高低的重要表现。机体的最大心输出量越大,外周肌肉组织单位时间内获得的血流量越多,氧气的运输量也越大。运动生理学研究发现,一般优秀的耐力项目运动员的心室腔容积和心室壁厚度都要比非耐力性项目运动员和一般人要大,并且他们心脏每搏的输出量可以达到 150～170 毫升,而普通成人则大多只能达到 100～120 毫升。此外,优秀耐力选手的心肌收缩力也会比非耐力性项目运动员和一般人要大,射血的速度也较快,运动时心率即使高达 200 次/分钟,每搏输出量仍不减少,这些都是其具有较高的氧运输功能的生理学基础。

②骨骼肌利用氧的能力。人体的肌肉组织可以从流经毛细血管的血液中摄取和利用氧气。生理学研究表明,肌肉中的肌纤维类型和它的有氧代谢能力会对肌肉组织摄取和利用氧气的能力产生直接的影响。肌肉中的Ⅰ型肌纤维比例越高,有氧代谢酶活性就越高,而肌肉组织摄取和利用氧气的能力也就越强。一些优秀的耐力型运动员都具有这些特点,他们通常具有较高的慢肌纤维百分比,线粒体数量多,有氧氧化酶活性高,毛细血管分布密度大,这些都使得他们的肌肉具有很强的氧气摄取和利用能力。许多学者认为,机体的心输出量是决定其有氧耐力水平的中心机制,而肌纤维类型的百分构成及其有氧代谢能力则是决定有氧耐力水平的外周机制。

同时,能够对人体骨骼肌运动时的氧利用能力进行整体反映的还有无氧阈。以无氧阈的最大吸氧量相对值表示法为例,其比值越高,反映肌肉的氧利用能力就越强。通常情况下普通成年人的无氧阈最大吸氧量在 65%左右,而一些优秀的耐力型运动员的无氧阈最大吸氧量可以达到 80%以上。

③神经系统的调节能力。大学生在进行耐力运动训练时,对其神经系统提出了较高要求。它需要学生的神经系统能够保持长时间的兴奋状态和抑制节律性转换,并且能够使机体的运动中枢和内脏中枢进行协调活动,以实现保持肌肉收缩和舒张的良好节律以及运动器官和内脏器官活动的协调和配合。经研究,机体神经系统的调节功能可以通过耐力训练进行有效的改善,使机体更能适应耐力运动训练的需要,这一点也是耐力型运动员能够坚持长时间运动的生理学原因之一。

④能量供应及其利用效率。肌糖原和脂肪的有氧氧化为机体进行耐力性运动训练提供了主要的能量。实践训练研究发现,机体中肌糖原含量不足,其耐力性运动训练成绩会受到明显的影响;反之,机体拥有充足的肌糖原储备,并且对有氧氧化产生的能量进行有效的利用,节约肌糖原利用以及提高机体中脂肪的利用比例等,都能使机体的耐力水平得到有效的提高。

机体的能量利用效率是机体在单位耗氧量条件下的做功能力。通过对耐力性运动员运动训练的研究,发现多数的耐力型运动员产生运动成绩差异,有65%是由于机体能量利用效率的不同而造成的。

⑤年龄与性别。人体在发育过程中,其自身的最大吸氧量绝对值表示的机体最大摄氧能力会随着人们年龄的增长而逐渐增加,其中男生发育到16岁、女生发育到14岁时最大摄氧能力达到顶峰。14岁时,男女最大吸氧量的绝对值差异约为25%,16岁时高达50%。但如果以相对值"毫升/(千克·分钟)"表示,在6～16岁,男生的最大吸氧量会稳定在53毫升/(千克·分钟)的水平,而女生则是从52毫升/(千克·分钟)慢慢下降到40.5毫升/(千克·分钟),而造成这一差异的主要原因,可能是女性体内脂肪会随年龄的增长而快于男生。在25岁以后,机体的最大吸氧量会以约每年1%的速度递减;到55岁时,机体的最大吸氧量相比于20岁时平均减少了27%左右。

(2)影响无氧耐力的生理学因素

①骨骼肌的糖无氧酵解供能能力。肌糖原的无氧酵解为机体的无氧耐力提供主要的能量,而机体中肌纤维百分构成和糖酵解酶催化活性会直接对肌糖原的无氧酵解供能产生影响。通过对不同代谢性质运动项目运动员身体结构的研究,可以发现经过这些不同项目的运动训练后,运动员之间的肌纤维百分构成和糖酵解酶活性会出现较为明显的差异,其各个项目的特征表现得非常明显,这也表明了以上两项因素对无氧耐力发展方面起到了决定性的作用。

②对酸性物质的缓冲能力。由于肌肉糖酵解过程中会产生大量的 H^+,它们会大量积累在肌细胞内,并且会向血液中扩散,造成机体肌肉和血液中酸性物质增加,对机体细胞内和内环境的理化性质造成一定干扰。在人体肌肉和血液中,会存在一些中和酸性物质的缓冲物质,它们是一种由弱酸以及弱酸与强碱生成的盐按一定比例组成的混合液,其主要作用就是缓冲酸、碱物质,保持体内 pH 值的相对恒定。经研究发现,一些耐力型运动员的耐酸能力要比其他类型运动员强很多,大学生可以通过无氧耐力训练提高自身的耐酸能力,进而提高自己的无氧耐力水平。但是,目前并没有确切的研究能够证明无氧耐力训练能够提高机体的酸碱缓冲能力。许多人认为,机体在运动训练过程中之所以其耐酸能力增加,是由于"酸性物质引起的心理不适感"得到了强化。

③神经系统对酸性物质的耐受能力。虽然机体内酸性物质的快速积累,会通过肌肉和血液中的缓冲物质得到缓冲,但对于肌肉和血液的 pH 值向酸性方向发展却是无能为力。通常情况,人体在安静状态下,其血液的平均 pH 值为 7.4,骨骼肌细胞液的 pH 值为 7.0 左右。但是,当机体进行相对剧烈或长时间的运动时,其血液和骨骼肌细胞液的 pH 值均可能出现明显的降低。血液的 pH 值可能会降至 7.0 左右,骨骼肌细胞液的 pH 值则可能会降至 6.3。而通过对神经系统的研究,可以发现神经系统对运动肌的驱动和对不同肌群活动的协调作用是影响无氧耐力的一个重要因素,而神经系统的这类功能会受到大量酸性物质的影响,从而对运动过程中运动单位的激活和中枢控制的协调性产生一定影响。如果大学生经常参加无氧耐力的训练,则可以使神经系统对酸性物质的耐受能力得到有效的提高。

2. 个性心理特征

运动员的运动动机和兴趣以及面临运动活动的心理稳定性、努力程度、自持力和意志品质都直接影响到耐力水平的发展,特别是意志品质在耐力训练中起着非常重要的作用。在长时间运动出现疲劳的情况下以及在以强度为主的训练中,意志品质的重要作用体现得尤为明显。如果运动员的意志力不能强迫神经中枢继续工作,甚至提高工作强度(如终点冲刺),便不能保持运动所要求的强度水平。人类具有极大的耐力潜力,这种潜力只有通过充分动员起来的意志力去战胜由于疲劳而出现的软弱,才能得到最大限度的发挥。

3. 运动技能水平

耐力素质是一名运动员从事训练和比赛非常重要的一项基本素质,其耐力素质的高低对能否取得优异的运动成绩有着极为重要的影响。因此,在任何一个运动项目中都应把耐力素质作为基础素质来发展。需要说明的是,耐力素质要想得到很好的发展还必须具备一定的运动技能水平,运动员运动技能水平的高低对耐力素质的发展起到重要的促进作用,运动技能水平高有利于耐力素质的提高;反之,则阻碍耐力素质的发展。

(五)耐力素质训练的基本方法

1. 耐力素质训练基本的训练方法

(1)持续训练法

持续训练法是一种低强度、长时间、无间断的连续训练的方法。学生运用此方法进有一般耐力素质的训练,可以有效地提高有氧代谢系统供能能力以及该供能状态下有氧运动强度。并且可以为大学生的无氧代谢能力和无氧工作强度的提高奠定坚实的基础。

持续训练法具有技术动作可以单一亦可多元、平均强度不大、负荷时间相对较长、以有氧代谢系统供能为主等特点。通常大学生进行一组练习的持续负荷时间应最少保证在 10 分钟以上,负荷强度心率指标控制在 160 次/分钟左右,训练过程不中断。这类训练方法可以有效提高大学生在有氧代谢系统供能状态下所表现出来的专项耐力,有效地提高技术应用稳定性和抵御疲劳的耐久性。

持续训练法能发展一般耐力,提高摄氧、输氧等能力,还可发展专项的力量耐力。

(2)间歇训练法

间歇训练法是一种对多次训练的间歇时间作出严格规定,使机体处于不完全恢复状态下,反复进行训练的方法。在大学生耐力训练中,合理应用间歇训练法,可以明显增强机体的心脏功能,使各机能产生适应性变化;有效提高和发展糖酵解代谢供能能力、磷酸盐与糖酵解混合代谢的供能能力、糖酵解与有氧代谢混合供能能力和有氧代谢供能能力;提高机体抗乳酸的能力,使学生具备在较高强度的情况下还能持续运动的能力。

间歇训练法可以显著提高短距离跑和中长距离跑项目的速度耐力和耐力水平。间歇的方法都是采用积极性休息方式,如采用慢跑或走,也采用一些放松性的练习。当心率恢复到120~130次/分时就开始下一次的练习。

由于大学生在采用间歇训练法训练时,其机体是在未能完全恢复的情况下就进行下一次练习,因此会对机体产生以下几方面的影响:

第一,可以提高学生每分钟的血液输出量,提高心肌收缩力水平和心脏输出量水平。

第二,可以提高学生的呼吸系统功能,特别是其最大吸氧量水平。

第三,可以有效提高大学生在负荷时间较长、负荷强度相对较低的长距离跑或部分距离相对较长的中距离跑项目中的糖原有氧分解能力和有氧耐力水平。

第四,可以有效提高大学生在负荷时间较短,负荷强度相对较高的中距离跑及部分距离相对较长的短跑项目中的有氧无氧混合供能的能力和无氧耐力水平。

训练的时间、距离、练习的强度、间歇的时间与训练的目的构成不同类型的间歇训练法。

(3)重复训练法

重复训练法是一种多次重复同一练习,两次(组)练习之间安排相对充分休息的训练方法。大学生在耐力素质训练中,可以通过多次重复训练,不断强化运动条件反射的过程,有利于掌握和巩固技术动作;可使机体尽快产生较高的适应性机制,有利于发展和提高身体素质。其中单次(组)训练的负荷量、负荷强度及每两次(组)训练之间的休息时间是重复训练法构成的主要因素。通常休息的方式可以采用静止、肌肉按摩或散步。

第一,短距离跑中的较长距离跑(200米、400米),该项目对学生的速度耐力要求较高,可以通过较长距离(300~500米)段落的重复跑,来有效地发展大学生乳酸能供能系统的水平和提高机体负氧债能力。

第二,中距离跑中的较短距离项目(800米),此项目以无氧代谢为主,运动中会产生较大氧债,且乳酸的堆积量也较大。因此大学生可以通过重复跑500~1500米的段落,在提高人体对氧债和大量乳酸堆积耐受力的同时,还可以提高无氧耐力和速度耐力。

第三,长距离跑项目的运动负荷较大,每分吸氧量以及循环系统要全力动员,又因跑的时间较长,使循环系统和呼吸系统有时间克服惰性逐步提高其工作水平。因此大学生在训练时可以通过较长距离的反复跑,对循环、呼吸系统的机能水平进行有效发展,努力提高专项耐力水平。

重复训练法的特点是在心率恢复至 $100\sim120$ 次/分时,再进行下一次训练。其训练的时间、距离、重量及动作等有着明显的专项特点,训练的强度较大,训练的次数较少。

训练的时间、距离、练习的强度、间歇的时间与训练的目的构成不同类型的重复训练法。

(4)循环训练法

循环训练法是以训练的具体任务为根据,设置多个训练站,练习者按照既定顺序和路线,依次完成每站训练任务的训练方法。大学生在进行耐力素质训练时,可以运用循环训练法进行训练,这样可以有效地激发自己的训练情绪、累积负荷"痕迹",对身体的不同体位进行交替刺激。循环训练法的结构因素主要包括每站的训练内容、每站的运动负荷、训练站的安排顺序、训练站之间的间歇、每遍循环之间的间歇、练习的站数与循环练习的组数等。学生运用循环训练法在有效地提高自身训练情绪和积极性的同时,也可以合理地增大运动训练过程的训练密度。运动循环训练法还可以防止局部负担过重,延缓疲劳的产生,非常有利于自身耐力水平的提高。

循环训练法特点鲜明,它的各训练站之间是有机联系的,各个训练站的平均负荷强度相对较低,各组循环内各站之间无明显中断,一次循环的持续负荷时间较长,负荷强度高低交替搭配进行,循环组数相对较多,上下肢练习、前后部练习顺序的配置或集中安排或交替进行。其常用的训练组织方式可以采用流水式或轮换式。大学生运用此方法可以提高自己在疲劳状态下连续运动的能力以及有氧运动强度,并且在提高有氧代谢系统供能能力的同时,还可以提高机体在有氧代谢供能状态下的力量耐力。

(5)变换训练法

变换训练法是通过对运动负荷、训练内容、训练形式以及条件的变化,来促进练习者积极性、趣味性、适应性及应变能力提高的训练方法。在运动训练过程中,对运动负荷进行变换,可以使机体产生一定的适应性变化,帮助机体提高自身承受运动负荷的能力。而对训练内容的变换,则可以促进机体不同运动素质、运动技术和运动战术得到系统的训练和协调发展。

根据所变换内容的不同,可以将变换训练法分为负荷变换训练法、内容变换训练法和形式变换训练法三大类。

负荷变换训练法在降低训练负荷强度时,可以帮助机体学习和掌握运动技术;在提高训练负荷强度及密度时,则可以提高机体的适应能力,使机体能够在较大运动强度的情况继续运动。另外,可通过变换练习动作的负荷强度、练习次数、练习时间、练习质量、间歇时间、间歇方式及练习组数等变量方式,促使运动素质、能量代谢系统的发展与提高。

内容变换训练法可以对训练内容的动作结构进行固定组合和变异组合,使训练的负荷性质符合专项特点,训练内容的变换符合体能发展的需要,练习动作的用力程度符合专项的要求。

形式变换训练法的运用,主要是通过对场地、线路、落点和方位等条件或环境的变换来进行反映的。大学生在进行耐力素质训练时,通过此方法对训练环境、训练气氛、训练路径、训练时间和训练形式的变换,将各种技术更好地串联和衔接起来,对学生产生新的刺激,使学生拥有更高的训练情绪,由此也帮助学生的神经系统处于良好的准备状态,提高学生的表现欲,使耐力训练的质量大大提高。

(6)高原训练法

高原训练法是机体在海拔较高,空气中氧含量较少的高原地带进行训练的方法。这种方法多被一些专业运动队所采用,例如在我国的青海多巴、云南昆明等地都设有高原训练基地。这是一种提高机体耐力水平非常好的训练方法。通过在海拔高度2000米左右的地带进行高原训练,可以有效发展机体的有氧代谢能力,提高机体回到平原后承担大负荷训练和参加大强度比赛的能力。

大学生在进行高原训练时,由于身处高原中,其空气中的含氧量要比平原少,这对学生的心血管系统和呼吸系统都提出了较高的要求,通过一段时间的训练和适应过程,学生的肺通气量和呼吸效率会得到明显提高,其呼吸、循环系统的机能得到很好的改善。

通过高原训练,学生血液中的红血球数量和血色素量都会增加,机体的血液输氧能力得到很大的提高;同时还能使肌肉中的毛细血管增生变粗,使肌细胞的新陈代谢有氧供能能力得到显著提高。

2.耐力素质训练常用的训练手段

(1)有氧耐力训练

有氧耐力训练是一般耐力的基础,运动员有氧耐力的发展水平主要取决于三方面的因素,即供给运动中所必需的能源物质的储存,为肌肉工作不断提供ATP所必需的有氧代谢能力以及肌肉、关节、韧带等支撑运动器官对长时间耐力工作的承受能力。因此,通过提高运动员的摄氧、输氧及用氧能力,保持体内适宜的糖原和脂肪的储存量以及提高肌肉、关节、韧带等支撑运动器官对长时间负荷的承受能力,是发展有氧耐力的基本途径。

①有氧耐力训练的指标。最大吸氧量是指在运动过程中,人体的呼吸和循环系统发挥出最大机能水平时,每分钟所能吸取的最大吸氧量。最大吸氧量是反映耐力水平的一个重要指标,最大吸氧量越大,有氧耐力水平也就越高。在有氧过程为主的运动项目中,运动员的最大吸氧量明显高于一般人(一般人的最大吸氧量为2~3升/分钟,运动员的为4~6升/分钟)。同时,最大吸氧量水平越高,耐力性运动的成绩就越好。

最大吸氧量在很大程度上受遗传因素的影响。除此之外,最大吸氧量与肺的通气机能、氧从肺泡向血液弥散的能力、血液结合氧的能力、心脏的泵血功能、氧由血液向组织弥散的能力、组织的代谢能力等也有十分密切的关系。在以上因素中,具有明显可量化的指标是血液结合氧的能力,血液结合氧的能力可通过血液中血红蛋白的含量来反映。血液中血红蛋白含量越高,血液结合氧的能力越大。

②有氧耐力训练的参数。负荷强度:单纯发展有氧耐力水平的训练强度相对要小,训练强度应低于最大速度的70%,并以有氧系统供能为主。强度可以通过完成一定距离的时间、每秒速度、心率来评定。如以心率控制负荷强度,对一般运动员可控制在140~160次/分,对训练有素的运动员可控制在150~170次/分。根据这个强度进行长时间工作,可使有氧系统供能得到有效的改善,心肺系统的机能水平、肌肉供血和直接吸收氧气的能力会得到提高。计算发展有氧耐力的适宜心率公式为:训练强度-安静时心率+(最大心率-安静时心率)×70%左右。

心率控制在这个水平,可使输出量增加,吸氧量达到最大值的80%左右。训练结果还可使心脏容量增大,有利于促进骨骼肌、心肌的毛细血管增生。如果负荷强度超过此限度,心率达170次/分以上,就要产生氧债,从而使训练向无氧方向转化。如果训练强度低于此限度,心率在150次/分以下,则不能有效地提高有氧能力。

在发展单纯有氧耐力水平的同时,为了有效地提高耐力项目的专项成绩,还应穿插无氧性质的练习,即在短时间里加大训练强度,使心率达180次/分以上,这对发展有氧耐力的效果会更好些。因为在进行短时间加大强度的练习后,会使机体的最大吸氧量和心输出量出现即刻增加的短时训练适应性现象,形成一个较高的“波浪”。这个波浪对提高运动员呼吸能力和改善循环系统功能是一个良好的刺激,有利于提高机体输送氧气的功能,对提高有氧耐力水平是极为有利的。

无氧阈:每个运动员都有与其适应并且随着运动能力的提高而变化的合理负荷范围。其中,负荷强度要时时与每个人的竞技能力相一致,过低过高都会影响练习效果。所以寻找适宜的负荷范围就显得尤为重要。国内外有关“无氧阈”(即无氧代谢阈,简称AT)的研究,为探讨有氧负荷的最佳化提供了科学依据。无氧阈是指人体逐渐增加工作强度时,由有氧代谢供能开始大量动用无氧代谢供能的临界点(转折点),常以血乳酸含量达到0.004摩尔/升时所对应的强度或功率(瓦)来表示。超过这个临界强度(无氧阈)时,血乳酸浓度将急剧增加。

有氧—无氧混合代谢区域是指把所有有氧代谢和无氧代谢结合起来进行训练的有效代谢区域。例如:在第一个快跑段落(200~100米)结束时心率为27~28次/10秒钟,而慢跑段落时心率为24~26次/10秒钟。快跑段的时间、距离及其反复的数量取决于运动员的训练水平和该训练阶段的任务。这种训练手段对提高耐力项目的最大有氧能力非常有效。俄罗斯运动训练专家马特维耶夫认为,过去有氧—无氧混合代谢训练量的比重只占总量的20%,而现在达到60%~70%,也就是说高质量游泳的训练量与过去相比有大幅度的提高。

持续时间应根据专项的特点、运动员的需要以及训练阶段的不同要求进行安排。练习持续时间应有一定的变化幅度。有时为了提高比赛开始阶段发挥作用的无氧耐力，可采用60~90 秒钟的训练持续时间，为了提高有氧耐力，则必须采用较长时间的多次重复(3~10分钟)或 20 分钟以上至两个小时的持续负荷。只有坚持较多的负荷数量，练习时间长，才能使全身血量和红血球增加，提高每搏输出量，达到发展有氧耐力的目的。

重复次数应根据维持高水平氧消耗的生理能力来确定。如果不能维持高水平氧消耗，有氧系统就不能满足能量需要。其结果会使无氧系统开始工作，给机体造成紧张，并较早出现疲劳。心率是表示运动员疲劳状况的有效指标。随着疲劳增加，重复同等强度负荷时的心率也会增加。一旦心率超过 180 次/分钟，心脏的收缩能力就会降低，导致负荷肌肉的供氧不足，这时就应调整训练计划和减少重复次数。

间歇时间的基本要求是在运动员机体处于尚未完全恢复时再进行下一次的练习。有氧耐力训练的间歇时间一般不能超过 4 分钟，因为间歇时间过长，就会出现毛细血管收缩，从而引起后面运动的最初几分钟内血液受阻。为了控制好间歇时间，可采用测量心率的方法。即当运动员心率恢复到 120~130 次/分时，就应该进行下一次练习。这样运动员在休息时可摄取大量氧气，使整个练习与间歇时的摄氧量都保持在一个较高水平上，也使心搏量保持在一定水平上，从而实现对运动员呼吸和心血管系统不间断的刺激。另外，在间歇时间内，为了促进机体恢复，走或跑都是一种较好的活动方式。

③具体的有氧耐力训练方法。变速跑：在场地上进行。快跑段、慢跑段距离也根据专项任务与要求决定。一般常以 400 米、600 米、800 米、1000 米等段落进行。例如，中距离跑运动员常用 400 米快跑，200 米慢跑的变速或 600 米快跑，200~400 米慢跑等变速。

定时走：在场地、公路或其他自然环境中按规定时间做自然走或稍快些自然走。一般走30 分钟左右。

定时跑：在场地、公路或树林中做 10~20 分钟或更长时间的定时跑。

定时定距跑：在场地或公路上做定时跑完固定距离的练习。如要求在 14~20 分钟内跑3600~4600 米。

重复跑：在跑道上进行。重复跑的距离、次数与强度也应根据专项任务与要求而定。发展有氧耐力重复跑强度不应大，跑距应较长些。一般重复跑距为 600 米、800 米、1000 米、1200 米等。

法特莱克跑：在场地、田野、公路上做自由变速的越野跑或越野性游戏。最好在公园、树林中进行，约 30 分钟，也可跑更长时间。

大步走、交叉步走或竞走：在场地、公路或其他自然环境中做大步快走、交叉步走或几种走交替进行。每组 1000 米左右，做 4~6 组。

越野跑：在公路、树林、草地、山坡等场地进行。距离要求一般在 4000 米以上，多可达10000~20000 米。

沙地竞走:海滩沙地上竞走练习,每组 500~1000 米,做 4~5 组。

(2)无氧耐力训练

①乳酸供能无氧耐力的训练。强度:应比发展有氧耐力的强度大得多,一般应达到本人可以承受的最大强度的 80%~90%,心率可达到 180~190 次/分钟。练习中必须使机体处于无氧糖酵解状态,并产生乳酸。

负荷持续时间:负荷持续时间应长于 35 秒钟,一般可控制在 1~2 分钟,若以游泳为训练手段,游程应控制在 50~200 米;若以跑为训练手段,跑距应控制在 300~600 米。训练实践证明,乳酸供能无氧耐力对提高田径中距离跑(800 米、1500 米)项目极为重要。跑 300~600 米段落,特别是 400 米段落后,血乳酸值最高可达 36 毫摩尔/升以上,所以,采用 300~600 米段落的训练,对于提高糖酵解能量供应是最适宜的。

练习次数、组数和间歇时间:练习次数与组数应根据训练水平、跑速、段落长度和组间间歇时间而定。如采用 200~400 米段落,则每组可有 3~4 次重复跑,共练习 3~4 组,若采用 500~600 米段落,则可重复 2~3 组。每组练习的间歇时间和组间间歇时间应该很短,使之不带有任何有氧代谢性质。总的原则是段落短、间歇时间也短。如英国著名的中跑选手奥维特跑 300 米×4 组,300 米之间的间歇仅 15~30 秒钟,跑完全程用 37~38 秒钟,组间休息 5 分钟。只有高水平运动员才能采用这种间歇训练方法。

练习的顺序:练习顺序的安排直接影响到练习的效果。如先跑短段落(200~300 米)再逐渐增长段落,则运动员体内血乳酸浓度不断提高;相反顺序的安排,血乳酸浓度在前 2~3 个段落已达到最大值,然后随着段落的缩短而降低。因此,为了提高运动员机体迅速动员无氧糖酵解的能力,则应先从跑长段落(500~600 米)开始,然后再跑短段落(200~300 米);若为了提高有机体长时间维持糖酵解的高度活性,以利于血乳酸累积和训练效应积累,则应采用相反顺序。采用长段落跑的手段时也可用变速方法,有时可在段落开始用快速跑,中间减速,后 1/3 跑段再加速;或把一个长段落分为三部分,后一部分的速度比前一部分快;或者跑一个长段落时经常按固定长度变换速度,目的是培养运动员根据比赛环境变换速度的能力。

②非乳酸供能无氧耐力的训练。间歇训练法是发展非乳酸供能无氧耐力水平的主要训练方法。发展非乳酸供能无氧耐力主要涉及以下几个因素:

强度与练习持续时间:主要采用大强度,即采用本人可以承受的最大强度的 90%~95%的强度进行练习,以保证机体动用 CP 能源物质。练习持续时间一般为 5~30 秒钟。

重复次数与组数:重复次数以不降低训练强度为原则。重复次数可保持在每组 4~5次。练习组数应视运动员具体情况而定,对训练水平高的运动员,练习组数可多一些,反之宜少一些。训练中最好采用多组方式,如每组练习 4~5 次,重复 5~6 组。

间歇时间:间歇时间有两种具体做法。第一种是短距离(如 30~70 米的赛跑)的间歇安排,间歇时间为 50~60 秒钟。这种间歇安排的目的在于保证机体动用 CP 为能源。第二种是较长距离(如 100~150 米)的间歇安排,时间 2~3 分钟。这样做的目的在于保证机体 CP

能量物质通过间歇时间的休息能得到尽快恢复。练习的组间间歇时间则应相对长一些,如5~10分钟,这样可使 CP 能量物质通过间歇时间的休息得到尽快恢复,以便进行下一组练习。

③具体的无氧耐力训练的方法。原地或行进间间歇车轮跑:原地或行进间做车轮跑。每组 50~70 次,6~8 组,组间歇 2~4 分钟。强度为 75%~80%。

间歇后蹬跑:行进间做后蹬跑。每组 30~40 次或 60~80 米,重复 6~8 次,间歇 2~3 分钟。强度为 80%。

高抬腿跑转加速跑:行进间高抬腿跑 20 米左右转加速跑 80 米。重复 5~8 次,间歇 2~4 分钟。强度为 80%~85%。

原地间歇高抬腿跑:原地做快速高抬腿练习。发展非乳酸性无氧耐力,做每组 5 秒钟、10 秒钟、30 秒钟快速高抬腿练习,做 6~8 组,间歇 2~3 分钟。强度为 90~95%。发展乳酸性无氧耐力,做 1 分钟练习,或 100~150 次为一组,6~8 组,每组间歇 2~4 分钟。强度为 80%。

间歇接力跑:跑道上,四人成两组,相距 200 米站立,听口令起跑,每人跑 200 米交接棒。每人重复 8~10 次。

间歇行进间跑:行进间跑距为 30 米、60 米、80 米、100 米等。计时进行。每组 2~3 次,重复 3~4 组,每一次间歇 2 分钟,组间歇 3~5 分钟,强度为 80%~90%。

反复跑:跑距为 60 米、80 米、100 米、120 米、150 米等的反复跑。每组 3~5 次,重复 4~6 组,组间歇 3~5 分钟。心率控制,短于专项的距离,练习时心率应达 180 次/分钟。间歇恢复至 120 次/分钟时,就可以进行下次练习。若发展乳酸耐力,距离要长些,强度要小些。

反复超赶跑:在田径场跑道或公路上,10 人左右成纵队慢跑或中等速度跑,听口令后,排尾加速跑至排头。每人重复循环 6~8 次。强度 65%~75%。

反复起跑:蹲踞式或站立式起跑 30~60 米。每组 3~4 次,重复 3~4 组,每次间歇 1 分钟,组间歇 3 分钟。

变速跑:变速快跑与慢跑结合进行。快跑段与慢跑段距离应根据专项而定。如发展非乳酸性无氧耐力,则常采用 50 米快、50 米慢、100 米快、100 米慢或直道快、弯道慢或弯道快、直道慢等。发展乳酸性无氧耐力,常采用 400 米快、200 米慢,或 300 米快、200 米慢,或 600 米快、200 米慢等。强度为 60%~80%。

计时跑:可做短于专项距离的重复计时跑或长于专项距离的计时跑。重复次数 4~8 次,间歇 3~5 分钟。强度为 70%~90%。

反复加速跑:跑道上加速跑 100 米或更长距离。跑完后放松走回再继续跑。反复 8~12 次。强度为 70%~80%。

变速越野跑:在公路、树林、草地、山坡等地进行越野跑,在越野跑中做 50~150 米或更长距离的加速跑或快跑段落。加速或快跑的距离为 1000～1500 米,强度为 60％～70％。

反复变向跑:在场地上听口令或看信号做向前、后、左、右的变向跑。变向跑的每一段落均为往返跑,即跑出去后,返回起跑位置,每一段落至少 50 米。每次进行 2 分钟,重复 3～5 组,组间歇 3～5 分钟,强度为 65％～70％。

反复连续跑台阶:在每级高 20 厘米的楼梯或高 50 厘米的看台上,连续跑 30～40 步台阶,每步 2 级,要求动作不间断。重复 6 次,每次间歇 5 分钟,强度为 65％～70％。

法特莱克跑:在场地、田野或公路上,用不同的速度跑 3000～4000 米,可以采用阶梯式变速方法,如 50 米快、100 米慢、100 米快、150 米慢渐加式等。强度为 60％～70％。

连续侧滑步跑:跑道上,身体侧对前进方向,做侧向滑步跑 100～150 米。重复 5～6 组,组间歇 3～5 分钟,强度为 60％～70％,每次心率达 160 次/分钟。

球场往返跑:篮球场端线站立,听口令起跑至对面端线后再转身跑回。每组往返 4～6 次,重复 4～6 组,强度为 60％～70％。

综合跑:在跑道上,做向前跑、倒退跑及左右滑步跑,每种方式跑 50～100 米,每次跑 400 米,重复 3～5 组,组间歇 3～5 分钟,强度为 60％～70％。

水中短距离间歇游:50 米、100 米或更长段落的反复,或不同距离组合的间歇游。做 3～4 次为一组,3～4 组,每次间歇 2～3 分钟,每组间歇 10 分钟。强度为 60％～70％。

(3)混合耐力训练

①反复跑。每组反复跑 150 米、250 米、500 米距离,4～5 次。每组练习之间休息约 20 分钟。要求以预定的时间跑完全程。也可以采用专项的 3/4 距离进行练习。要求学生在训练时采用 80％以上的强度。

②间歇快跑。以接近 100％强度跑完 100 米后,接着慢跑 1 分钟,间歇练习。快慢方式对照组成一组。反复训练 10～30 组。要求根据练习者实际情况增减和调整训练负荷。训练中要求尽全力完成训练。

③短距离重复跑。采用 300～600 米距离,每次练习强度为 80％～90％,进行反复跑。学生在训练时,要注意速度分配的准确性,可以采用全程或半程的速度分配计划。

④力竭重复跑。采用专项比赛距离,或稍长距离,以 100％强度全力跑若干次,每次之间充分休息。短跑大学生运动员可采用 30 米。中距离跑大学生运动员可以采用 800 米或 1500 米距离。

⑤俄式间歇跑。固定练习中间休息时间,随着训练水平提高逐渐缩短中间休息时间。训练时要求学生在 400 米练习中,用规定速度跑完 100 米后,休息 20～30 秒钟,如此循环反复训练。当学生的能力可以缩短练习中间休息时间时,调整休息时间为 15～25 秒钟。

⑥持续接力。以 100～200 米的全力跑,每组 4～5 人轮流接力。要求学生在训练时注意安全和练习过程中的协调配合。也可以将所有学生分成若干组进行训练比赛。

(4)专项耐力训练

专项耐力训练是最大限度接近比赛动作的专项练习,其任务是充分利用专项运动负荷的增长来发展专项耐力,建立必要的专项耐力储备,为建立稳定的比赛能力打下良好的基础。不同的运动项目对专项耐力有不同的要求,不同的运动项目专项耐力的表现又具有不同的特点。因此,为了发展专项耐力,就必须根据各个项目的专项特点,选择适宜的训练内容、方法和手段。下面就以学校校园中常见的运动项目为例来分析各运动专项耐力素质训练的方法。

①篮球专项耐力训练。弹跳耐力训练:

第一,用本人绝对弹跳80%的高度连续跳 20～30 次为一组,跳若干组(组间休息 2～3 分钟)。

第二,5 分钟跳绳练习:双脚双摇跳 30 秒钟,左脚单跳 1 分钟,右脚单跳 1 分钟,完成两个循环正好 5 分钟(可根据训练水平调整运动负荷的量与强度)。

第三,连续原地或助跑单手摸高,连续助跑起跳摸篮板。

第四,双脚连续跳阶梯,跳 8～10 个高栏架。

第五,原地或沙地连续直膝跳、蹲腿跳、跳起抱膝。

速度耐力训练:

第一,多组 200 米或 400 米全速跑,每组间歇时间为 1.5～2 分钟。

第二,1500 米变速跑,直道时全速跑,弯道时慢跑。

第三,30 米冲刺:10 次,每次间歇 15～20 秒钟。

第四,60 米冲刺:10 次,每次间歇 30 秒钟。

第五,长距离定时跑。3000 米、5000 米或越野跑。

移动耐力训练:

第一,看教练员手势向各个方向移动,2～3 分钟为 1 组。

第二,单人全场防守滑步。

第三,30 秒钟 3 米左右移动 5～8 组。

第四,全场、半场篮球赛,或小场地足球赛,要求人盯人防守。

②足球专项耐力训练。足球有氧耐力的训练:

第一,3000 米、5000 米、8000 米、10000 米等不同距离的定时跑或越野跑。要求运动员在空气清新、相对松软、有弹性的地面练习,跑的速度可以适当变化,心率控制在 150～170 次/分钟。运动时间 1.5～2 小时。

第二,12 分钟有氧低强度训练。

第三,400～800 米变速跑。要求运动员根据自身能力控制速度和距离。负荷强度由低到高,心率控制在 130～150 次/分钟、170～180 次/分钟。训练持续时间在半小时以上。

第四，半场 7 对 7 控球对抗训练。要求每队传控好本方球，并全力破坏对方的传控。练习时可限制触球次数；可视情况调整场区或人数。

第五，100～200 米间歇跑。要求整个训练的持续时间尽可能延长，至少半小时以上。练习之间采用积极性休息方式，如放松走和慢跑。训练负荷量较小，训练中每一次练习的持续时间不长。负荷强度较大，心率达到 170～180 次/分钟。在身体尚未完全恢复的情况下进行下一次练习，心率在 120～140 次/分钟。

第六，跳跃—传球循环训练。在半个足球场地上进行，10 名队员，4 个栏架，足球若干。从第一名队员开始，跳过栏架接守门员长传，然后按顺时针方向进行传球和跑动接应，最后由最后一名队员接长传后完成射门。时间为 15 分钟。

第七，5 对 5 传抢对抗训练，将足球场分为 A、B 区，运动员在 A、B 区交替转移传抢，每次换区后，传球队员留下。练习类型为间歇式，如做 5 分钟休息 1 分钟。练习要求是：2～3 次转移成功得 1 分；传够一定次数才可转移；听一定的信号方可转移。

足球无氧耐力的训练：

第一，重复多次的 30～60 米冲刺。

第二，1 分钟内 1 对 1 追拍或 1 对 1 过人。

第三，进行 5 米、10 米、15 米、20 米、25 米折返跑训练。

第四，100～400 米高强度的反复跑和 1～2 分钟极限训练。

第五，往返冲刺传球，队员甲往返冲刺在限制线之间（间距 10 米），在限制线附近回传乙、丙分别传来的球，乙、丙离限制线约 5 米。

第六，100～400 米逐渐缩短间歇时间跑。采用 80%～90% 的训练强度，心率达到 180～190 次/分钟。一次训练的持续时间和距离稍长，练习的重复次数不宜过多。要求运动员间歇时间逐渐缩短，可采用段落相等或不等的练习。如果段落不等，练习顺序由短到长，在最后一组训练时基本保持规定的强度。

第七，编组训练。内容可以是折线快跑 20 米—仰卧屈体 5 次—冲刺 10 米—突停转身铲球—向左右做旋风腿各 1 次—快跑中跳起头顶球 3 次—冲刺射门 2 次—三级蛙跳。

第八，100 米、110 米栏、100 米栏、200 米短段落间歇跑。可采用 30～60 米距离，间歇时间 1 分钟左右。采用 95% 以上的大强度训练，持续时间 10 秒钟左右。要求运动员保持高训练强度。较多的练习重复次数，组数根据练习者情况而定。

第九，追逐游戏训练。每队各 10 人面对站立，教练向其中 2 人抛球。红方得球，红追蓝；蓝方得球，蓝追红，阻止对方跑进标志线。练习时间为 10 分钟。

第十，争球射门训练。12 人分为 2 组，每组占用半个足球场地，每组 1 名守门员，2 人一组，争教练发出的球，得球者攻，无球者防，交替进行。练习时间为 15 分钟。

③排球专项耐力训练。排球移动耐力的训练方法：

第一，连续地跑动滚翻或鱼跃救球。

第二,20～30 米冲刺跑 7～8 组。

第三,队员连续移动接教练员抛出的不同方向、不同弧度的球。

第四,个人连续地跑动传球或垫球 10～15 次。

第五,单人全场防守,要求防起 15 个好球为一组。

第六,通过观察教练员的手势连续向右前、前、左前方进退移动,2～3 分钟为一组。

第七,队员连续移动接教练员掷出的不同方向、不同距离的地滚球。

第八,跑动滚翻或鱼跃救球;全场移动单人依次防守 10～20 个球;"8"字防守 30～50 个球;连续地跑动传球或垫球 20～30 次;连续大强度地防守或三人防调练习。

第九,36 米移动。学生站在进攻线后看信号起动,前进时必须用双手摸到中线,后退时双脚必须退过进攻线,前进、后退两个来回后接侧身滑步或交叉步移动(不许转身)两个来回,用单手摸线,然后做钻网跑。单手摸对方场区进攻线,折回时单手摸出发线。

排球弹跳耐力的训练方法:

第一,连续小负荷多次数的力量训练。

第二,3～5 人一组,连续滚翻救球,每人 30～50 次。

第三,连续收腹跳 8～10 个栏架。

第四,连续原地跳起单或双手摸篮板或篮圈。

第五,规定次数、时间、节奏的跳绳,如 5 分钟跳绳练习。双脚双摇跳 30 秒,左脚弹跳 1 分钟,右脚弹跳 1 分钟,完成两个循环正好 5 分钟(可根据训练水平调整运动负荷)。

第六,30 米冲刺跑 10 次,每次间歇 15～20 秒钟。

第七,用本人弹跳 80% 的高度连续跳 20～30 次为一组,跳若干组,组间休息 2～3 分钟。

第八,个人连续扣抛球 10～20 次为一组,扣若干组,组间休息 3 分钟。

第九,连续移动拦网。队员先在 3 号位原地跳起拦两次,落地后移动至 4 号位拦一次,最后回到 3 号位拦一次,移动到 2 号位拦两次,再回到 3 号位拦两次。如此重复 2～3 个循环为一组。

第十,单人连续扣球 20～30 次,组间休息 3 分钟;三人连续扣球 90～120 次,组间休息 2～3 分钟;4、3、2 号位连续各扣 5 球;连续扣防练习:扣球后下撤防守,再上网扣球,20 次一组,做若干组;单人连续拦网 10 次,要求不能犯规;3、4(2、3)号位连续左右移动拦网×10 次;2、4 号位连续左右移动拦网×6 次;拦网结合保护练习,拦一次后下撤保护一次,做 10 个组合,若干组。

排球综合耐力的训练方法:

第一,身体训练以后再进行排球比赛或比赛以后再进行身体训练。

第二,象征性排球比赛模仿练习。队员先从 1 号位防起一个扣球之后,前移防起一个吊球,然后移动到 6 号位调整传球一次,移动到 5 号位防一个扣球,再移动到 4 号位扣一个球,移动到 3 号位做一次拦网动作,后撤上步扣球,最后移到 2 号位。一次单脚起跳扣球为一组,连续做若干组。

第三,连续打 5～7 局或 9～11 局的教学比赛,可训练比赛耐力。

第四,按场上轮转顺序,在 6 个位置上做 6 个不同的规定动作,连续进行若干组。

④羽毛球专项耐力训练。冲刺跑加移动步法训练:

200 米、300 米或是 400 米全力冲跑后,立刻进行 45 秒钟或 1 分钟全场移动步法练习,完成两项内容为一组,中途没有间歇,组与组之间可间歇 3 分钟左右。依据选手的具体情况,可采用 2 组、3 组、5 组不等的练习负荷。

跳绳训练:

可以进行长时间的单、双脚跳绳训练。

多球速度耐力训练:

第一,多球后场定点连续击高吊杀练习。

第二,多球连续被动接吊杀练习。

第三,多球连续全场杀球上网练习。

第四,多球双打后场左右连续杀球练习。

第五,多球全场封杀球练习。

第六,多球全场跑动练习。

单打持续全场进攻防守训练:

运用 5～6 个球,一人专门负责捡球,失误出现时,不间断地立即再次发球,使练习者没有间歇,在规定时间内保持较高速度反复移动击球。

第一,二一式 20 或 30 分钟不间断持续全场进攻练习。

第二,三一式 30 分钟不间断持续全场接四角球和接吊杀球练习。

第三,三一式、四一式单打全场或是双打半场、全场防守练习。

(5)肌肉耐力训练

肌肉耐力练习的内容与力量练习大致相同,只是负荷的强度较小,练习持续的时间要长些、反复次数要多些,具体练习应针对各运动专项的特点、要求,选择不同的练习、持续时间(或重复距离、次数)以及强度的要求。常用的训练手段有以下几种。

①仰卧起坐。仰卧两手抱头起坐,连续做 50 次为一组。起坐时要快,仰卧时要缓和,连续不间断进行。也可在起坐同时两腿屈膝上抬,收腹。

②1 分钟立卧撑。由直立姿势开始,下蹲两手撑地,伸直腿成俯撑,然后收腿成蹲撑,再还原成直立。要求动作规范,必须站起来才算完成一次练习。也可以穿上沙背心或做立卧撑接蹲跳起,则强度稍大。

③俯卧撑或俯卧撑移动。在垫上连续做俯卧撑 30 次为一组,4～6 组,或成屈臂俯卧

姿势,用双臂双脚力量左右移动,每组 20～30 次,4～5 组。俯卧撑时身体要保持伸直。移动时始终保持屈臂俯卧撑姿势。

④重复爬坡跑。在 15°的斜坡道或 15°～20°的山坡上进行上坡跑,重复 5 次或更多些,跑距 250 米或更长些。

⑤连续半蹲跑。成半蹲姿势,向前跑进 50～70 米,不规定速度,走回来时尽量放松。

⑥收腹举腿静力练习。在双杠、吊环或垫上做收腹举腿(直角支撑)动作,每次静止 1～2 分钟。静止时躯干与大腿间的夹角不能大于 100°,静止时间由 30 秒开始,逐渐增加。

⑦原地间歇高抬腿跑。原地或前支撑做高抬腿跑练习。要求动作规范,不要求时间,但动作要不间断完成。

⑧连续跑台阶。在高 20 厘米的楼梯或高 50 厘米的看台上,连续跑 30～50 步。跑 20 厘米高的楼梯,每步跑 2 级。要求动作不能间断,但不规定时间,向下走时尽量放松,心率恢复到 100 次/分钟时可开始下一次练习。

⑨后蹬跑。做后蹬跑,每次 100～150 米,或负重后蹬跑,60～80 米。

⑩沙滩跑。在沙滩上做快慢交替自由跑,每组 500～1000 米,也可穿沙背心跑。

⑪逆风跑。遇有风天气(风力不超过五级)可在场地或公路上做持续长距离逆风跑,也可做 1000 米以上的重复跑。

⑫长距离多级跳。在跑道上做多级跳,每组跳 80～100 米,约 30～40 次,3～5 组,组间歇 5 分钟。如果规定完成时间,强度会大大提高,注意组间的恢复情况。

⑬连续深蹲跳。原地分腿站立,连续做原地深蹲跳起或在草地上向前深蹲跳。要求落地即起。

⑭连续换腿跳平台。平台高度 30～45 厘米,单脚放在平台上,另一脚在地上支撑,两脚交替跳上平台各 30～50 次。要求两臂协调配合,上体正直。

⑮沙地负重走。沙滩上,肩负杠铃杆或背人做负重走。

⑯沙地竞走。沙滩或沙地上做竞走,每组 500～1000 米。要求动作规范,尽可能提高速度。

⑰沙地后蹬跑或跨步跳。沙滩或沙地上做后蹬跑或跨步跳,每组后蹬 80～100 米。

⑱半蹲连续跳。在草地上做连续向前双脚跳,落地成半蹲,落地后迅速进行第二次。

⑲负重连续跳。肩负杠铃杆等轻器械做连续原地轻跳或提踵练习。

⑳水中支撑高抬腿。在 40～50 厘米深的浅水池中,两手扶池壁前倾支撑做高抬腿练习,每组 50 次。也可与在水中行进间后蹬跑穿插进行。

四、灵敏素质训练方法

(一)反应能力训练

(1)正向反应练习。根据指令快速做出动作。例如,指令为上举,则做上举动作。

(2)反向反应练习。根据指令快速做出相反的动作。例如,指令为上举,则做下举动作。

（3）在多种初始状态下听指令做动作练习。初始状态可以是原地，也可以是在跑动中。

（4）限定范围内的一对一追逐练习。

（5）限定范围内的一对一抢后背号码游戏。

（6）听指令或看手势做不同状态的跑与停练习。

（7）听指令做多种姿势的起跑练习。

（8）跳绳。安排两人负责摇绳，练习者在恰当的时机跑入中间做转身跳过等练习。

（9）掌心相对做打手背练习。

（10）多种类型的体育游戏练习。常见游戏有叫号追人、贴人、抢空位等。

（二）平衡能力训练

（1）两人相对单腿站立，双臂互相搭在一起，尝试破坏对方平衡，使其抬起的那只脚着地。

（2）两人相对弓箭步站立，双臂互相搭在一起，尝试破坏对方平衡。

（3）做各种姿势的平衡练习。

（4）做头手倒立练习。

（5）做听指令急停练习。

（6）站在平衡木上做横跳或向下跳练习。应特别关注向下跳落地后的身体平衡保持。

（7）站在平衡木上做多种平衡动作。

（三）协调能力训练

（1）两人背对挽臂，做蹲姿下的跳进和跳转练习。

（2）动作模仿练习。

（3）徒手操练习。

（4）两人做头上拉手同向连续转练习。

（5）不同方向和步法的脚步移动练习。

（6）做跳起空中体前屈摸脚练习。

（7）两人一组，一手扶对方肩，另一手握住对方脚腕，然后尝试做各种方向的蹦跳及转向跳。

五、柔韧素质训练方法

（一）颈部柔韧素质训练

1.前拉头

取站姿或坐姿，双手交叉在头后，然后头向前下方下压至下颌贴胸部，以此给头部施加一个牵拉力，此时双肩也要配合下压。该动作应在最大幅度下维持 10 秒左右的时间，然后复原。

2. 后拉头

取站姿或坐姿,缓慢向后仰头,双手置于前额,缓慢向后拉颈。该动作应在最大幅度下维持 10 秒左右的时间,然后复原。

3. 侧拉头

取站姿或坐姿,左臂在背后屈肘,右臂从右肩上向下抓住左臂肘关节,缓慢向右牵拉左臂肘关节。该动作应在最大幅度下维持 10 秒左右的时间,然后复原。

(二)肩部和背部柔韧素质训练

1. 单臂开门拉肩

学生站于门框中间,两肩侧对门框,两脚分开,一前一后,右臂肘关节抬起后外展,高度与肩同高,小臂向上,掌心对墙。然后上体向另一侧转动给予肩部一个牵拉力。两臂交替练习。

2. 向后拉肩

取站姿或坐姿,双手在背后合掌,手指向上。然后两掌向上移动至最大限度,再向后拉肘。如此反复练习。

3. 助力顶肩

取跪立姿,双臂上举,双手交叉于同伴颈部。同伴站在练习者身后,一手扶髋,另一手扶练习者肩胛部位。然后同伴身体后仰,髋部上顶练习者肩胛部位以给予练习者肩部一个牵拉力。如此反复练习。

4. 背向压肩

学生背墙而站,双臂后抬扶墙,双手慢慢向上爬至与肩同高。然后两腿屈膝来降低肩部高度,以此给予肩部一个牵拉力。该动作应在最大幅度下维持 10 秒左右的时间,然后复原。

5. 坐立拉背

取坐姿,上体前压贴于大腿上部,双手抱腿,肘关节低于膝关节。然后上体继续前倾,两臂向前拉伸背部,过程中两脚始终要接触地面。该动作应在最大幅度下维持 10 秒左右的时间,然后复原。

(三)臂部和腕部柔韧素质训练

1. 上臂颈后拉

取站姿或坐姿,左臂上举后屈肘,肘部位于头部侧方,左手垂至肩胛处。右臂上举屈肘,右手抓左臂肘关节后向右拉。两臂交替练习。该动作应在最大幅度下维持 10 秒左右的时间,然后复原。

2. 背后拉毛巾

取站姿或坐姿,左臂上举后屈肘,右臂从身后屈肘小臂上抬,两手握住一条毛巾,然后两手逐渐靠近。两臂交替练习。该动作应在最大幅度下维持 10 秒左右的时间,然后复原。

(四)腰部柔韧素质训练

1. 俯卧转腰

取俯卧位,俯卧于台子上,躯干上部要在台子边缘之外悬空,在肩上搭一木棍,两臂搭在木棍上。然后左右转动躯干至最大幅度。该动作应在最大幅度下维持 10 秒左右的时间,然后复原。

2. 站立体侧屈

取站姿,两脚一左一右站立,双臂头上伸,然后做向一侧的体侧屈,侧屈时确保耳朵贴在肩上。两侧交替练习。该动作应在最大幅度下维持 10 秒左右的时间,然后复原。

3. 倒立屈髋

取仰卧姿势,然后缓慢成头手倒立,双手扶腰两侧。然后缓慢弯曲双腿,直至脚接触地面,如此反复练习。该动作应在最大幅度下维持 10 秒左右的时间,然后复原。

(五)腹部和胸部柔韧素质训练

1. 俯卧背弓

取俯卧姿势,两腿屈膝,两脚上抬,双手后伸抓脚踝,然后胸部和双膝同时提起成背弓。该动作应在最大幅度下维持 10 秒左右的时间,然后复原。

2. 上体俯卧撑起

取俯卧姿势,双手在髋部上方撑地。然后用力撑起上体,头部后仰,成背弓。该动作应在最大幅度下维持 10 秒左右的时间,然后复原。

(六)髋部和臀部柔韧素质训练

1. 弓箭步压髋

取站姿,然后两腿一前一后成弓箭步站立,位于身体后方的脚脚背着地。然后缓慢屈膝降低重心,直到后腿的膝也贴地。两腿交替练习。该动作应在最大幅度下维持 10 秒左右的时间,然后复原。

2. 坐立反向转体

取坐姿,两腿向前伸展,双手支撑在髋部的地面上。两腿交叉,屈膝使脚跟向臀部方向滑动。然后转体,头部要转到身体后方,使身体对侧的肘关节顶在屈膝腿的外侧,同时缓慢推动屈膝腿。该动作应在最大幅度下维持 10 秒左右的时间,然后复原。

(七)大腿柔韧素质训练

1. 体侧屈压腿

学生侧向站立在一个约与髋高度齐平的台子旁。将一脚搭在台子上,身体向台子一侧缓慢下压。两腿交替练习。该动作应在最大幅度下维持 10 秒左右的时间,然后复原。

2. 直膝分腿坐压腿

取坐姿,双腿最大限度分开,然后上体缓慢向一侧腿下压下去。两腿交替练习。过程中要注意将腰部充分伸展。该动作应在最大幅度下维持 10 秒左右的时间,然后复原。

3. 坐压脚

取跪姿,脚背贴地,脚趾朝后,臀部坐于脚跟上,以此拉伸腿部。该动作应在最大幅度下维持 10 秒左右的时间,然后复原。

4. 站立拉伸

取站姿,后背贴墙,抬起一腿由同伴把持,然后同伴逐渐向上抬举,以此拉伸腿部。该动作应在最大幅度下维持 10 秒左右的时间,然后复原。

(八)小腿柔韧素质训练

1. 坐拉脚掌

取坐姿,两腿分开,一腿屈膝,脚跟向内抵住腹股沟。然后上体前倾,用手抓住伸展腿的脚掌向后拉。过程中,伸展腿应始终保持伸直状态。该动作应在最大幅度下维持 10 秒左右的时间,然后复原。

2. 扶墙拉伸

面墙而站,双手扶墙,两脚脚趾朝墙。然后屈肘两前臂贴墙,身体前压,给予小腿以一定的牵拉力。过程中身体和头颈等部位始终应保持伸直状态。该动作应在最大幅度下维持 10 秒左右的时间,然后复原。

(九)脚部和踝部柔韧素质训练

1. 脚趾上部拉伸

两脚分开,前后站立,前腿微屈,脚趾搭在低矮台阶上,身体逐渐前倾给予脚趾一个牵拉力。两脚交替练习。该动作应在最大幅度下维持 10 秒左右的时间,然后复原。

2. 跪撑后坐

取跪姿,两手在身体两侧撑地,双脚并拢脚面触地,脚尖朝后,然后臀部逐渐向后下方移动直至最大限度。该动作应在最大限度下维持 10 秒左右的时间,然后复原。

第二节　青少年常见心理问题及处理

一、淡漠心理

(一)心理形成分析

淡漠心理是由于青少年因频繁接受外界刺激,致使大脑皮层兴奋过程下降、抑制过程加强而形成的。其一般出现在参与训练或比赛活动之前。

(二)处理方式

常用的对淡漠心理问题的处理方法主要有以下几个。

第一,在教师的正确引导下端正青少年对运动训练或比赛的态度。

第二,教师在分析学生心理淡漠问题的原因后努力找出应对方案,重建学生对运动训练的信心。

第三，运动训练的安排要确保科学合理，避免频繁安排大负荷训练，在观察到学生的负面情绪后要予以留意和重视，因此确保学生能以较好的态度投入训练当中。

二、厌倦心理

(一)心理形成分析

厌倦心理是由于青少年长期参加运动训练后产生的难以再受到新刺激的影响的心理问题。在实际中往往表现为学生对训练感到厌烦和惧怕，如此非常影响正常运动计划的完成。这种心理问题一旦出现，就要及时予以干预，以使学生尽早摆脱这种心理的干扰。

(二)处理方式

1. 制订合理的目标

为了缓解学生的厌倦心理，在制订运动计划时就应考虑到目标设定的合理性，即目标是否设定在了学生的最近发展区中。此外，在运动过程中还要辅以教师乃至家长的引导，力争使学生能循序渐进、由小到大地完成运动目标，从而建立起良好的自信。

2. 对训练动机进行适度强化

动机是驱使人做出某种行为以及延续这个行为更长时间的原动力。为此，在妄图解决学生对运动训练的厌倦心理上，教师和家长应积极予以引导，这种引导应以成功案例为基础，再辅以理论传授，最终激发学生的运动动机，由此削弱厌倦心理对学生的影响。另外，在组织训练活动时教师要尽力营造好的训练氛围，一旦在训练中发现了学生的亮点要及时点出并表扬，但在发现问题时也应及时指出和适当批评。

三、强迫心理

(一)心理形成分析

自己能意识到这些表现不合理、不必要，但不能控制和摆脱，深为焦虑和不安。它对同学的学习、生活和在校适应有很大的不良影响，应及时接受辅导。具体表现如下所示。

1. 强迫观念

如脑内反复回旋某歌曲的旋律、别人对自己说的话；作业或考试后总觉得写错了字或做错了题，上学路上总疑惑忘带书或文具；总是担心考试失败、挨老师批评，担心自己会发胖；看到小刀就会想到会割破手；脑中总是出现一些如"1＋2为什么等于3""先有鸡还是先有蛋"等无实际意义的想法。

2. 强迫冲动和强迫动作

如在考试时，总觉得想要大小便，但并不去上厕所；看到老师或父母总是想辱骂、吵闹或打架，但表面上却顺从平静；反复检查自己任何一次作业或试卷；总是在路上数石块数或步数。

（二）处理方式

强迫症的形成并非一朝一夕，青少年心理强迫症患者无一例外与家庭教育过于严格、刻板和自身追求完美无缺的生活模式有着重大关系。

所以，应当双管齐下预防青少年心理强迫症：一是家庭努力营造宽松的氛围；二是及早发现、纠正可能引发孩子强迫症的不良习惯。

家长方面，家长与孩子沟通时，最好能站在与孩子平等的立场上，少指责孩子，多挖掘、放大孩子的优点，多鼓励、接纳他们，避免思维和行为偏激。许多家长要求孩子从小养成认真细致的生活习惯，这无疑是正确的，但是切记：千万不要过分和极端。

青少年自身，明白什么是强迫性格缺陷并主动进行强迫性格的自我控制，能够使防治心理强迫症的工作事半功倍。那么，青少年朋友该怎么做呢？

首先，青少年要切记不要过分在乎自我形象，不要过于追求完美。不要老是问自己：我做得好吗？这样做到底行不行？别人又会怎么看我？

其次，要学会顺其自然。青少年心理强迫症的一大特点是喜欢琢磨，一个芝麻大的事情常常会想出天大的事来。因此青少年在思考问题时，要学会接纳他人，不要钻牛角尖，要明白：适应环境远比改变环境重要。

最后，就是要学会享受过程，不过分看重结果。做事情都抱着一种欣赏、感受和体验快乐的心态。牢记一条生活准则：凡事只许想一次、做一次，力戒重复和不放心。

第三节　青少年社会适应能力的促进

一、社会适应的相关概念

（一）社会适应的概念

社会适应是指个体或群体调整自己的行为使其适应所处社会环境的过程。社会适应有两种方式：一是个体通过调整、改变自己的观点、态度、习惯、行为以适应社会条件和要求，这属于生存适应；二是尽最大可能改变环境使之适合自己发展的需要。社会适应过程实质上是个体不断社会化的过程。

（二）社会适应能力及社会化

社会适应能力，又称社会健康，指个体与他人及社会环境相互作用、具有良好的人际关系和实现社会角色的能力。社会化是把一个生物的人塑造成一个合格社会成员的过程。在这一过程中，个体必须适应自己生活于其中的社会变化，在与他人的交往与互动中逐渐形成自我观念，协调人际关系；学习和体验不同社会角色，学会承受各种挫折；在个体社会化进程中必须面对各种冲突并学会妥协和顺应、合作与竞争。

二、学校体育对促进学生社会适应力的作用

学校体育除对学生的身体健康和心理健康两方面起到重要作用之外，还对学生的社会适应能力的提升有着较大作用。

（一）有利于建立和谐的人际关系

和谐的人际关系都是通过与他人的交流获得的。所谓的人际交往，是指人在各种社会活动中与他人进行信息交换或情感沟通的过程。学校中开展的各项体育活动为学生的人际交往提供了更加广阔的空间，这是以体育作为主要内容，增加学生之间的交流话题，为他们创造更多的交流机会。这显然有助于学生彼此互相了解和学会如何协调人际关系。

相对于其他学科来说，体育运动给学生创造的话题无疑更加轻松，且让学生的沟通更加便利和直接，场景也更多，也就是说学校体育更能创造出好的交流氛围。更重要的是，学校体育的形式多样，总是能够凝聚更多有着相同体育爱好的学生共同参与，让他们能真切感受到激烈竞争中的身体对抗以及集体协作中的默契配合。这些都有助于学生之间增进感情、巩固友谊，而他们的社会适应力也在其中潜移默化地获得了提升。

（二）有利于培养学生的竞争意识及抵抗挫折的能力

学生在学校体育活动中总是能遇到新的挑战。学校体育活动形式多样，不仅有对个人运动能力的挑战，也有对自己所属的团队的考验，且任何体育活动都有胜败之分，对于大多数参与体育的学生来说，面对失败的概率远高于胜利。如此一来，具备众多元素的体育运动既能激励学生追求胜利的心，又能磨炼学生强大的毅力和抗挫能力，这也是提高学生社会适应能力的必要过程。

（三）有利于培养学生良好的体育道德规范

任何体育活动的开展都要在规则的限定范围内进行，这也是体育运动的基本特点之一。当学生参与体育活动后，其就要学会接受规则，做与规则相符的行为，由此也就使学生在活动中逐渐培养遵守纪律、尊重裁判，学会自我约束和秉持公平竞争的精神。长此以往，良好的体育道德便形成了。

（四）有利于培养学生的社会适应性

通过参加多种体育活动，学生有机会体验和扮演不同的社会角色，使自己的品行符合一定规范，成为一个遵纪守法、有公德的好公民，这对提高学生的社会适应性极为有利。

三、学校体育对促进学生社会适应力应达到的要求

（一）营造民主的体育氛围，建立融洽的师生关系

学校体育活动促进了学生的社会化，这是其他学科不可替代的。营造良好的、宽松的学校体育氛围，建立和谐的师生关系，有助于学生生动活泼地进行体育学习、锻炼、训练及

竞赛。

（二）优化学校体育环境，创造良好的体育锻炼空间

体育场地器材条件是开展学校体育活动的重要物质基础，良好的体育锻炼环境可以吸引更多的学生参与体育锻炼。要努力优化学校体育环境，为学生提供良好的体育锻炼空间，以便激发学生参加体育锻炼的热情，增加学生之间的交往，提高学生的社交能力。

（三）组织丰富多彩的课外体育活动，提高社会适应能力

组织开展与学生年龄相适应的、丰富多彩的体育活动，加强同学间的友谊，提高群体意识，使人际关系变得更加和谐、融洽，锻炼学生克服困难的精神，提高适应外界自然环境的能力。

（四）广泛开展学校体育竞赛，培养竞争与协作意识

在学校体育活动中要积极鼓励学生在体育竞赛过程中团结一致、奋力拼搏，既培养学生的竞争意识，又增强学生的集体荣誉感、责任感及集体协作意识。

四、社会适应能力的测量

对人的社会适应能力进行测量，主要视为对被试者在自然环境条件中所表现出来的对社会的成熟度、与学习能力有关的行为等进行了解。其具体的测量方法主要包括临床谈话法、实验法、社会测量法和问卷调查法。

第七章 青少年体育锻炼
与体质健康促进

第一节 体育锻炼对青少年体质健康促进的价值

经常参加体育运动锻炼对于青少年的体质健康具有重要的价值,这些价值突出表现在以下几个方面。

一、促进呼吸系统功能的改善

青少年在参加体育运动锻炼的过程中,呼吸加深,吸进的氧气和排出的二氧化碳都比较多,这就大大增加了肺活量,增强了肺功能。青少年长期坚持参与体育健身活动,能够不断提高身体适应能力,匀和而平稳地呼吸。

二、促进消化系统功能的改善

青少年在参加体育锻炼的过程中,会消耗体内的一些营养物质,增强机体代谢,从而使人的食欲得到改善。不仅如此,青少年参与体育运动锻炼,胃肠蠕动更加通畅,也会快速分泌消化液,从而使肝脏功能得到改善。这对于青少年消化系统功能的增强具有非常大的帮助。

三、促进神经系统功能的改善

青少年参加体育锻炼,主要是受神经系统的支配。长期坚持锻炼,肢体越来越协调,身体越来越灵活,思维越来越清晰,并能以充沛的精力学习,提高学习效率。

四、控制体重,塑造健康体形

随着现代社会的不断发展,出现了大量的社会文明病,其中肥胖症就是一个重要的方面。肥胖是青少年群体中普遍存在的健康问题之一,肥胖会对人体的正常生理功能造成不良影响,会加重心脏负担,如果皮下脂肪过多,则死亡危险率也会增加,影响寿命。体育健身运动能够帮助青少年去除多余脂肪,使肌肉力量更强,关节更加柔韧。青少年只有长期参与体育锻炼,才能达到控制体重,保持健康体形的目标。

五、有效预防各种运动伤病

青少年长期坚持参加体育锻炼对于预防各种运动疾病还有显著的效果,这主要体现在以下几个方面。

第一,有助于降低心血管疾病发生的概率。

第二,能有效控制血糖,减少糖尿病发生的可能性。

第三,有利于提高骨质密度和强度,预防骨裂。

第四,有助于预防癌症。

总之,坚持长期参加体育锻炼,能有效预防运动伤病,起到延年益寿的作用。

第二节　青少年体质健康促进的科学体育锻炼理论

青少年参加体育锻炼,除了需要掌握必要的手段与方法外,还要学习和掌握一定的科学理论。这样才能保证体育锻炼实践的科学性和合理性。本节主要阐述体育锻炼的生理学与心理学基础。

一、生理学基础

(一)体育健身与肌肉活动

1.肌肉概述

肌肉是人体运动系统的基本组成部分,肌纤维是肌肉的基本组成单位,若干肌纤维排列成肌束,若干肌束聚集起来构成肌肉。

人体肌肉主要有骨骼肌、平滑肌和心肌三种类型,其中骨骼肌数量最多,有 600 多块,主要附着在骨骼上。根据骨骼肌外形的不同,可以将骨骼肌分为长肌、短肌、扁肌和轮匝肌四种类型。

2.运动中肌肉的工作形式

人体在参与工作或体育锻炼的过程中,肌肉的工作形式主要以收缩运动为主,通常主要包括以下几种形式。

(1)向心收缩

向心收缩是指运动过程中人体肌肉长度缩短,这种收缩形式主要出现在人体力量训练中。

(2)等长收缩

等长收缩是指当肌肉收缩产生的张力与外力相同,或某一身体姿势维持不变时,虽然肌纤维有收缩迹象,但肌肉总长度不发生变化的收缩形式。

（3）超等长收缩

超等长收缩是指肌肉先进行离心收缩,再进行向心收缩的形式,又被称作"离心向心收缩"。

以上三种肌肉工作形式对于青少年的身体发展都具有重要的意义,经常参加体育锻炼对于肌肉力量的增强具有明显的效果。

（二）体育锻炼过程的生理监控

青少年的体育锻炼并不是盲目的,要讲究一定的科学性和合理性,而对运动生理负荷的严格监控能大大提高体育锻炼的科学性与实效性。在监控的同时能够对青少年的生理学反应有所了解,从而根据实际情况适当调整运动负荷,以适应青少年体育锻炼的需求。

一般来说,体育锻炼的生理监控是动态发展的,要选择合理的监控指标,这样才能获得可观而准确的监控结果,为青少年参加体育锻炼提供科学基础和保障。过程中要对相关的生理学方法及生理学指标进行合理筛选与运用,以充分发挥监控的积极作用。

1.体育锻炼生理监控的原则

（1）简便性原则

实施体育锻炼的生理监控,要尽可能采用简单的、可操作性强的检测方法,筛选的检测指标不要太多,对检测器材的要求也不要太高,否则就会影响生理监控的效率。

（2）可靠性原则

在体育锻炼生理监测的过程中,要保证检测的数据真实可靠且稳定,这样才能很好地调控青少年的生理负荷。为保证监测数据的可靠性,应在监控前及时排除对数据的可靠性会造成不利影响的一系列因素,并认真检查器材,按照规范的步骤采集数据。

（3）连续性原则

连续性指的是连续采样,以保证采集的数据连续而统一,保证数据误差最小。通过连续采样可以系统了解体育健身过程中的生理负荷变化规律和健身者的生理反应。

（4）不干扰性原则

体育锻炼生理监控的过程是实时性的,有时候会干扰到青少年的正常锻炼,如器材的干扰、监测人员的干扰等。受到干扰的健身者很难在健身过程中正常发挥,这样会对运动生理负荷监测数据的准确性与连续性造成影响。为避免出现这类问题,就要采取必要的措施和手段进行一定的干预,以免对青少年造成不必要的干扰。

2.体育锻炼生理监控的检测方法

（1）实验室测试法

实验室测试法主要是针对受试者的实际情况为其制订一个个性化的运动方案,受试者在实验室按照为其量身打造的运动方案进行练习,便于测试者观察其生理机能指标的变化,这能为受试者的科学锻炼提供客观的事实依据。

（2）运动现场测试法

在运动现场直接观察青少年在整个运动过程及恢复阶段的生理机能特征，以了解其在运动状态下生理指标的变化及各种生理反应。运动中检测青少年的心率就是这样一种方法。

二、心理学基础

（一）青少年心理发展的规律与表现

1.青少年注意的发展

注意是心理活动对一定对象的指向与集中，是进行信息加工和认知活动的条件与保证。注意不仅包括对目标的指向，还包括对分心信息的抑制。

总的来说，青少年期的注意发展主要呈现出以下几个方面的发展规律。

第一，从最初的以无意注意为主向以有意注意为主过渡。

第二，抑制分心的能力有很大提高，更能将注意力集中到目标事物上。

第三，注意品质不断改善，表现为注意的稳定性增强，初中阶段的青少年的注意广度已经接近成年人水平。

第四，一般来说，引起青少年无意注意的原因由以外部为主转变为以内部为主。有意注意逐渐向有意后注意转化，即转变为自觉的自动注意。

2.青少年思维的发展

（1）青少年思维发展的基本特点

青少年可以说正处于一个形式运算阶段，他们的思维正从形象思维、抽象思维向辩证思维过渡。在这一阶段中，青少年的思维呈现出以下发展规律。

①在头脑中可以将事物的形式与内容进行分离，即思维可以脱离具体的事物，根据假设进行逻辑推演。

②他们可以同时注意事物的多个维度，思维更加全面。

③思维的概括能力、反省性和控制性明显增强。

（2）青少年思维的具体发展

①青少年假设—演绎推理能力的发展。假设—演绎推理是形式运算的重要标志之一。对于青少年而言，当他们面对一些智力方面的问题时，通常会首先做一下假设，通过挖掘隐含在问题材料中的各种可能性，再运用逻辑和实验的方法对各种可能性进行检验，最后确定事实。对他们来说，在这个过程中，可能性比现实性显得更为重要。

②青少年辩证思维的发展。辩证思维可以说是个体通过概念、判断、推理等思维形式对客观事物辩证关系的反映，是在形式思维的基础上，将事物的个别性、差异性与普遍性统一起来，在思维中恢复事物的本来面目，反映事物的矛盾运动，达到充分认识事物的目的。

3.青少年记忆的发展

（1）记忆的基本能力发展

记忆的基本能力是指个体对信息的基本识记、存储和提取的能力。一般来说，人的记忆能力主要分为以下两种。

①工作记忆。工作记忆是指在执行认知任务过程中，暂时储存、加工信息的资源有限的系统。大量的实践与事实表明，工作记忆与个体认知加工能力之间有着密切的关系。在培养和提高工作记忆能力的过程中一定要注意这方面。

②长时记忆。青少年记忆的整体水平处于人生的最佳时期。在这一时期，对于外显记忆，青少年的有意记忆日益占主导地位，机械记忆和意义记忆所占比重发生逆转，尤其是高中阶段；从记忆内容上看，进入青少年期后个体对抽象材料的记忆能力也得到了明显的增强。

（2）记忆策略的发展

记忆策略是指促进信息进入长时记忆的方式。记忆策略对于青少年的发展而言非常重要。通过这一策略，青少年能科学有效地提高记忆效率，促进自身自主解决问题能力的提高。

①记忆策略的类型。青少年的记忆策略一般包括以下几种类型。

复述：复述是指通过言语在大脑中重现所需的信息。这种言语主要包括出声的外部言语和无声的内部言语两种形式，它们都是人在头脑中反复重现的信息。复述策略能有效促进人的长时记忆的发展，因此青少年一定要重视这一记忆策略的运用。

组织：组织指将记忆的内容分组或形成有意义的类别，其功能在于使每项信息和其他信息联系在一起，从而加强记忆的效果。

精细加工：精细加工是指对识记项目增加细节内容，或者将识记项目与有意义的内容建立尽可能多的联系。

以上三种记忆类型对于青少年而言都具有重要的影响，在提升记忆力的过程中要合理使用这三种策略，逐步提升自己的记忆力水平。

②青少年使用记忆策略的特征。青少年使用记忆策略的特征主要体现在以下两个方面。

第一，复述策略的应用增加。通常情况下，年幼儿童的记忆效率不如年龄较大的儿童，伴随策略使用的外部行为逐渐消失。有研究发现，10岁时，部分被测试者不出声，但可以观察到明显的唇部动作。16岁以后的被测试者的策略已经不能够从外显行为中观察到了，但通过访谈可以发现他们使用的策略。

第二，运用记忆策略的变化性。青少年的记忆策略会随着年龄的增长而不断变化，这是一个明显的特征和规律。具体而言，这些变化体现在以下两方面。一方面，高级的策略形式开始替代原始策略;另一方面,策略的高级形式与简单策略是相互共存,共同发展的。

4.青少年创造力的发展

(1)创造力发展的影响因素

①生理因素。神经系统是人体发展的重要因素,其发展对青少年创造力的发展具有直接的影响。具体来说,就是人体神经系统中神经元的构造和功能对创造力水平的高低产生重要影响。

②年龄因素。青少年在年龄不断增长的条件下,创造力也会不断提高,这是心理和智力发育的一个重要表现。在幼儿阶段,儿童就出现了创造力的萌芽,小学阶段愈加明显,发展到青少年阶段,他们的创造力更加深刻而具体,表现出现实性、主动性和有意性的特点。但需要注意的是,创造力的发展并不会一直随着年龄的增长而增长,发展到一定程度后就会逐步放缓并开始逐渐减弱。这是人体发育的一个基本规律。

③性别因素。人的创造力发展还呈现出一定的性别差异,这也是青少年心理发展的一个重要特征。在富有创造力的名人中,男性可以说占据着绝大部分。这与人的生理、心理以及社会与文化都有着一定的关系。相关研究表明,在主张男女平等的民主开放的文化环境中,儿童的创造力普遍发展较好,男女差异也较小;在男女地位悬殊的条件下,男女创造力的发展呈现出较大的差异。

④知识因素。知识可以说是青少年创造力发展和提高的重要前提,青少年一定要在学校中学习和掌握扎实而丰富的文化课知识。因为知识结构的欠缺会在很大程度上影响人的创造力的发展。但需要注意的是,具有丰富的知识并不一定意味着就具有较强的创造力,只有学会灵活运用知识才能有利于创造力的发展和提高。

⑤动机因素。青少年创造力的发展和提高还需要有一定的动机,这样才能激发青少年进行创造的欲望。一般来说,动机主要有内部动机和外部动机两种。相关研究表明,人的内部动机更有利于创造力的发挥和发展。因此一定要想方设法地激发青少年的内部动机,促使其积极主动地培养和提升自己的创造力。

⑥环境因素。家庭环境:一个良好的家庭氛围对青少年创造力的培养具有重要的作用。家庭环境因素主要包括父母的知识结构、父母的教养方式、家庭气氛、家庭成员的榜样等多个方面。

学校环境:学校环境也是影响青少年创造力发展的一个非常重要的因素。学校教育环境因素主要包括教师的态度、课堂气氛、课程设置教学模式,教学方法等多个方面。其中,最核心的因素就是教师,其他因素主要起辅助作用。

社会文化环境:大量的实践与事实表明,在和谐开放的社会文化环境中,青少年的创造力能得到很好的培养与发展。而在强制、封闭的社会条件下,青少年的创造力就显得非常匮乏,难以获得大的发展。

（2）青少年创造力发展的特点

具体而言，青少年的创造力主要表现出以下几个方面的特点。

①创造性思维结构逐渐完整。随着年龄的不断增长，青少年的创造性思维能力获得了较大的提升，这主要体现在以下三个方面。

第一，聚合思维和发散思维协同发展，其中主要以发散思维为主。

第二，发散思维呈现出显著的流畅性、变通性和独特性特点。

第三，抽象逻辑思维愈加成熟，辩证思维开始获得发展。

②创造力呈现现实性和主动性的特点。一方面，青少年的创造力具有一定的现实性，他们的创造力、想象力和思维大多是在面临困难和挫折的情景下被激发的，努力进行创造的主要目的就是解决这些困难。另一方面，青少年的创造力还具有一定的主动性和有意性。青少年在面对困难和挫折时，一般情况下能积极主动地去寻求解决的策略，能靠自己的能力去克服困难。

③创新意识不断发展和提高。伴随着年龄的不断增长，青少年的创新意识更加高涨，创造能力也逐步提高。通常情况下，青少年热情奔放，充满对新世界、新事物的好奇，不畏艰难，他们的思维敏捷而灵活，充满了探索的欲望，这种创新意识与能力的提高对于青少年创造力的发展具有重要的意义。

（二）青少年心理健康的标准

1. 身心感觉良好

青少年健康发展主要表现在身体健康和心理健康两个方面。在心理健康方面，主要表现为精力旺盛、身心愉悦、心理满足等方面。现代社会竞争异常激烈，对于学生而言，他们面临着一定的学业压力。因此在日常生活和学习中不可避免地会出现一些负面情绪。那些自我心理感觉较差的人，通常在心理上多少存在一些问题，而自我身心感觉良好的人则精神饱满，能正确地面对和处理学习和生活中出现的各种问题。

2. 智力表现正常

智力是人的一项重要能力，智力水平如何将在很大程度上影响青少年的健康发展。人的智力结构是非常复杂的，包含各方面的要素。一般来说，能够考上大学的青年人，其智力都在常规水平之上。但需要注意的是，仅仅依靠智力，人是无法取得成功的，青少年不仅要具备智力，还要付出巨大的努力，这样才有可能取得成功。另外，人的智力还会受到一些非智力因素的影响，需要引起重视。

3. 情绪积极稳定协调

一般来说，人们对周围发生的事情或新鲜的事物都会产生一定的情绪反应，这些情绪反应有时存在着较大的差别，如喜、怒、哀、乐等。有时候人的表现是积极乐观的，有时候又是犹豫的，有时还会出现惊慌失措、急中生智等应激反应。正因为这样，人们才拥有了丰富多彩的生活,在生活中获得了丰富的情感体验。人的情绪有积极情绪和消极情绪两种,一个心理健康的人通常表现出积极的情绪,如愉快、满意、乐观等;而在出现一些心理问题时,人通常就会表现出忧、愁,悲等消极情绪。对于具有良好心理素质的青少年而言,要合理地控制自己的情绪,做到不以物喜不以己悲,知足常乐,以积极乐观的心态看待这个世界和发生的事情。在平时的生活和学习中,如果青少年出现了消极的情绪和不良的情感,就需要找出症结所在,及时调整自己的情绪,让自己回到正常轨道上。

4.价值观和人生观与社会主导基本一致

对于青少年而言,一定要树立正确的人生观、世界观和价值观,这样才是心理健康的表现。人们对于人生意义和生活都有自己的追求和看法。一个时常持有消极态度的人,通常难以具备健全的心理素质。总的来说,健康的人生观应是符合社会公认道德取向的价值观,每个人在成长的过程中都形成了自己的人生准则,以积极、乐观的心态对待每一个人和每一件事物。这才是心理健康的突出表现。

5.自我意识健康

青少年具有强烈的自我意识,这是由其年龄特征及发展规律决定的,作为一个心理健全的青少年要做到以下几点。

第一,能充分认识到自己的机体状态和行为表现,了解自己的气质和能力。

第二,能充分了解自己的学业成就与志向水平是否切合。

第三,尊重自己,悦纳自己和关心自己,时刻充满着自信。

第四,能正确认识自己的优点和缺点,能自己处理各种困难和问题。

6.人际关系良好

拥有一个良好的人际关系对于青少年的心理健康以及自身的未来发展都具有重要的意义。青少年要在平时的学习和生活中注意提高自己与人交往的能力。

第一,青少年要乐于同人交往,提高与人沟通与交流的能力。

第二,不断提高自己,悦纳别人,取人之长,充实与完善自己。

第三,进行世界观、价值观、人生观教育,建立正确的学习动机。

第四,富有同情心和友爱心,尊重他人,信任他人。

第五,努力培养和提高自己的团队合作意识,形成团结协作的集体主义精神。

第六,独立思考问题,能听取他人的意见和建议。

第七,与异性交往时保持热情和理智,加强沟通与交流。

(三)青少年心理素质培育的原则

1.差异性原则

由于每一名青少年都是不同的,都有自己的个性和特点,因此心理素质的培育要遵循青少年的个性特点和需求,严格遵循差异性的原则对其进行培养,这样才能有效提升青少年的心理健康水平。具体而言,就是在平时的教学活动中,要以学生心理发展特点和规律为依据制定心理健康教育方案,实施有差别化的教育。

2. 主体性原则

主体性原则也就是以人为本原则,这一原则要求体育教师在教学过程中要善于激发学生学习的积极性,提高学生学习的兴趣,加强师生彼此间的沟通与交流,满足学生的各种心理需求,培养和提高学生的心理健康意识,这样才有利于实现心理健康教育的目标。

3. 系统性原则

青少年的心理健康教育不是可有可无的,也不是一件简单的事情,它是一项大的系统工程,在学校教育中扮演着十分重要的角色。要想实现青少年心理健康教育的目标,教师和学生要密切配合,更新教育观念,优化心理健康教育的环境,建立一个健全合理的育人体制。总之,在心理健康教育的过程中要严格遵循系统性的基本原则,促进学生心理健康水平的提高。

4. 目标性原则

心理健康教育是学校教育的一项重要内容,加强青少年的心理健康教育是尤为必要的。只有具备健全心理的青少年才能获得健康全面的发展。一般来说,青少年的心理健康教育主要包括人生观与价值观教育、人格培养、意志力培养等多方面的内容。

第三节　青少年体质健康促进的体育锻炼实践

一、提高青少年反应力的体育锻炼实践

提高青少年反应力的运动项目有很多,青少年可以根据自己的喜好进行选择,受篇幅所限,下面主要阐述垒球、拔河和武术这些能有效提高青少年反应力的运动项目的锻炼方法。

（一）垒球锻炼

1. 握球

（1）食指、中指分开,把球放在指根部,两指与球线垂直相交握在球上方,指端压在球缝线上。

（2）拇指放在球的侧下部,第一指关节压在球缝线上。拇指、食指、中指的握点看起来是一个等腰三角形的形状。

（3）无名指与小指自然弯曲放在球侧,虎口与球之间要有空隙。需要注意的是,握球时要注意力度,以球不掉下去为准,不要把球握得太紧。

2. 传球

（1）两脚与肩同宽,分开而立,稍屈膝,双手于体前持球,身体与目标方向正对,目视传球

方向。

（2）传球时，身体以右脚为轴向右转，左肩与传球方向相对，两臂一前一后，右手持球，掌心向下，同时左脚踏向传球方向。

（3）身体重心放在左脚，左臂屈肘放在胸前，右臂经体侧向上摆到右后方，上下臂垂直，上提肘关节，高于肩，腕关节后屈，高于右耳的水平高度。

（4）转肩、顶肘，用力甩臂扣腕，在身体前上方将球鞭打传出。

（5）右臂继续随摆，上体下压，伸踏腿支撑重心，目视传球目标。

3. 接球

（1）接平直球

身体与来球方向正对，两脚以与肩同宽的距离左右分开而立，微屈膝，上体前倾，重心稍下降、前移，稍屈肘并下垂，合手将手套放在胸前高度，手指向上，目视来球，稍微提起脚跟做好移动准备。面对不同高度和方向的来球，接球时有所区别。

①来球偏右，接球时两臂旋内向右前方伸出，手指朝右与来球相对。

②来球偏左，接球时两臂向左前方伸出，同时手指朝左，掌心向前与来球相对。

③高于腰部的来球用戴手套的掌心去接。

④低于腰部的来球，手指朝下、掌心向前去接。

（2）接腾空球

①与来球方向相对，左脚在前，右脚在后，距离略宽于肩，微屈膝，上体前倾，两臂在膝关节保持放松，目视来球，做好移动接球的准备。

②观察来球的路线，对其落点进行预测，随后移动到位面对来球，屈肘，向上举起手臂，高于额头，掌心向前。

③来球靠近时，主动伸臂迎球，在右上方接球，接球后两臂后引缓冲，为下一个传球做好充分的准备。

（3）接地滚球

①身体与来球方向相对，两脚以稍宽于肩的距离左右分开而立，屈膝下蹲，上体向前倾，两脚前脚掌支撑身体重量，两臂在膝关节前放松下垂，目视来球。

②观察来球的路线，准确判断球的落点，随后移动到位面对来球。

③双手靠拢伸向前方，手套张开贴地，手指向下与来球相对。在球刚从地面弹起的瞬间，在体前距离两脚连线中心 30 厘米的位置去接球。

④双手护球稍后引，垫步，调整身体姿势，准备传球。

4. 击球

（1）以触击球为例，投手投球离手前的刹那，击球员的身体迅速转向前导臂一侧，同时右手沿棒快速向中部上移，拇指在上，其余四指在下，用虎口将棒握住，左手在体前控制球棒，棒头比棒尾稍高,身体与投手正对,身心重心向下移,上体稍向前倾,成触击的触发准备姿势。

(2)投手投出球后,击球员判断来球轨迹,及时移动到位,调整身体姿势,将球棒中部与来球对准。球靠近时,双手轻推球棒向本垒板前击球,然后双臂后收缓冲,跑向一垒方向。

需要注意的是,触击球的方向和路线以场上跑垒员、出局人数等实际情况为依据而定。

5.跑垒与滑垒

(1)跑垒

进攻队员主要是通过击球取得上垒,然后在队员的配合下发挥主观能动性从场上各垒通过最后回到本垒的进攻活动就是跑垒。

整个跑垒的过程主要由离垒和返垒、起动和冲跑、踏垒和停在垒上三个环节组成。跑垒技术非常关键,青少年要认真学习。

(2)滑垒

跑垒员在接近垒位时,突然扑向前或向后倒成侧卧姿势,借惯性向垒位滑进并停在垒上的进攻行动就是滑垒。

滑垒属于进垒的一种方式,在高奔跑中,跑垒中的进攻者为顺利踏垒和停在垒上,避免被大面积触杀而采取该方法,这能在一定程度上帮助参与者取得更好的比赛成绩。

(二)拔河锻炼

拔河在我国的民间非常流行,这一运动趣味性比较浓厚,能很好地锻炼人的反应能力,比较适合青少年参与。拔河的形式有很多,主要有两人对抗、多人对抗等形式。下面主要介绍拔河运动基本技术方法。

1.基本站位

两脚一前一后分开,前腿伸直,膝盖不要弯曲,脚掌内扣,后腿膝盖弯曲,上体向后仰,身体约与地面保持60的夹角,双手紧紧握住绳子,目视前方。

2.握绳方法

前臂要伸直,肘部不要弯曲,后臂肘部弯曲,双手紧握绳放在后臂腋下夹住,使绳子与身体贴在一起。

3.用力方法

听口令与指挥,全体队员一起发力,前脚向前下方用力蹬,后脚伺机后移发力,两手握绳集中发力,重心要低,上体后倾,保持稳定,不要晃。

(三)武术锻炼

1.基本手形

(1)拳

除拇指外,其余四指并拢蜷握,拇指与食指第二指节紧贴。拳分平拳和立拳,前者是拳心朝上或朝下;后者是拳眼朝上或朝下。

（2）掌

以柳叶掌为例。除拇指外其余四指并拢伸直,拇指弯曲紧扣于虎口。

（3）勾

手腕弯曲,五指指尖捏拢,勾尖向下。还有一种反勾手,勾尖向上。

2.基本腿法

（1）踢腿

正踢腿:两脚并立,两臂侧平举,双手立掌。左脚向前移动半步,重心落在左腿,右腿向前额猛踢,脚尖勾起,目视前方。

侧踢腿:两脚并立,两臂侧平举,双手立掌。右脚向前移半步,脚尖外展,上体向右转90°;左臂伸向左前方,右臂举到身后。随即左腿踢向左耳侧,脚尖勾紧;右臂举过头顶成亮掌,左臂屈于胸前,左手于右肩前立掌;目视正前方。

（2）劈腿

竖叉:两腿前后直线式分开,两臂侧平举。左脚脚尖朝上,右脚脚内侧着地。挺胸立腰。

横叉:两腿左右直线式分开,两臂侧平举,脚尖向上翘。挺胸立腰。

（3）压腿

正压腿:面向肋木,两脚并立,左腿上抬,脚跟落在肋木上,勾脚尖,双手按在膝关节处。上体前屈,向前、向下压振。

侧压腿:侧对肋木,右腿蹬直,左腿举起,脚跟搭在肋木上,右臂尽可能上举,左掌放在右胸前;上体向左压振,使头部尽量靠近左踝。

（4）扳腿

正扳腿:右腿蹬直,左腿屈膝提起,右手握住左脚踝外侧,左手置于左膝处,然后右手握住左脚向上扳,左腿用力向前上方举,左手压住左腿膝关节。

后扳腿:手扶肋木,左腿蹬地支撑重心,右腿向后举,由同伴用力向上扳。

（5）后扫腿

两脚并立,左脚向前跨一步,左腿屈膝下蹲,右膝伸直;两掌从体侧向前平推,目视手掌。左膝继续弯曲,身体全蹲,上体向右转,向前俯身,两掌同时下移落到右腿内侧,随着两臂下移和身体转动,右脚紧贴地向后扫转一圈。

二、不同季节体育锻炼的安排

在体育运动锻炼中,有一些运动项目对气温等环境有一定的要求,有一些项目适合在春季运动,有一些项目适合在冬季运动,但不论如何,在各个季节参与体育运动锻炼都需要以季节的特点为依据合理地安排锻炼计划,这样才能保证锻炼的效果和质量。

（一）春季体育锻炼

在春季，一般情况下，人体各器官功能水平都比较低下，肌肉和韧带都比较僵硬，这是因为经历了一个冬季缺乏充足的体育锻炼的缘故。青少年在春季参加体育锻炼时，要尽可能地选择那些能加速人体新陈代谢的运动项目，这样能有效地促进人体各器官机能水平的恢复。除此之外，还可以选择一些以有氧代谢供能为主的运动项目，青少年要依据自身的特点及身体发展规律合理安排运动负荷，这样才能保证体育锻炼的科学性和有效性。另外，在春季参加体育锻炼尤其要注意做好运动前的准备活动和运动后的整理活动，以避免运动损伤。

（二）夏季体育锻炼

由于夏天比较炎热，在参加体育锻炼的过程中，人体会消耗大量的水分，运动机体也会感到不适，受此影响，在夏季青少年都不愿意参加体育锻炼，缺乏体育锻炼的欲望和兴趣。尽管有一部分青少年能参加体育锻炼，但很难保持锻炼的持续性，这对于青少年体育健康发展是非常不利的。

夏季天气炎热且多雨，受这种不良环境的影响，很多学生很少参加体育锻炼。但要想提升自身的体质水平，青少年要努力克服这些困难，结合自身实际情况合理安排锻炼的方法和运动时间、运动负荷等。同时，要选择那些富有趣味性且具有较大锻炼价值的运动项目，如羽毛球、乒乓球、网球等。另外，锻炼的时间尽可能选择在早晚气温相对较低的时间，以免发生中暑，在参加锻炼的过程中要及时补充水分。

（三）秋季体育锻炼

秋季可以说是一个最适合参加体育锻炼的季节，这一季节气候温度都非常适宜，青少年参加体育锻炼的积极性和兴趣都较高。青少年可以根据自己的兴趣和爱好选择适合自己的运动项目。一般来说，球类运动、健身跑、自行车等都可以成为青少年的选择。

通常来说，秋季早晚温度相对较低，昼夜温差较大，因此青少年一定要注意适当地增减衣物，避免发生感冒，影响体育锻炼的顺利进行。除此之外，秋季天气相对干燥，参加体育锻炼一定要注意补充充足的水分，以满足机体参与运动的需要。

（四）冬季体育锻炼

冬季可以说是一个比较适合参加体育锻炼的季节。只要不是特别寒冷的天气，青少年都还是十分愿意参加各项体育活动的。通过参加各种形式的体育锻炼，青少年能有效增强自身的身体素质。鉴于冬季气候的特殊性，冬游、滑冰、滑雪等都是深受青少年喜爱的运动项目。

需要注意的是，在冬季气温较低的情况下参加体育锻炼，身体机能的惰性较大，如果不注意保暖就容易导致肌肉组织受伤。因此青少年一定要做好必要的防护工作，除了选择适当的衣物外，还要注意运动锻炼中呼吸的方式，采用鼻吸口呼的方式或口鼻同时呼吸的方式,这样能有效避免呼吸道发生感染,有利于体育锻炼的顺利进行。

三、不同体质青少年的体育锻炼安排

每个人的体质是不同的,概括来说,青少年的体质类型主要有健康型、一般型、体弱型、消瘦型和肥胖型等。针对不同的体质类型要安排不同的锻炼方案,这样才能有效地提高青少年体育锻炼的效果。

(一)健康型人群的体育锻炼安排

健康型青少年的特点是身体健壮,对参加体育运动锻炼充满了欲望,且在运动锻炼的过程中能承受较大的运动负荷。这一类型的青少年可以结合自身实际选择一两项运动项目作为重要的锻炼手段。在具体的锻炼过程中,可以采用循环法、重复法等多种锻炼方法,以有效提升自身的身体素质。

(二)一般型人群的体育锻炼安排

一般型体质的青少年比较常见,在青少年群体中占据着较大的比例,这一部分青少年身体素质一般,但也没有什么不良的疾病。正因如此,其中很多的青少年都认为自己不需要参加体育锻炼,他们的这种观念是不对的。在平时的生活和学习中,教师应该将终身体育理念贯穿于教学之中,让青少年彻底地理解终身体育锻炼的重要性,认识到体育锻炼是伴随人的一生的,通过正确的锻炼意识与观念的培养,青少年才能积极主动地参与体育锻炼。另外,在安排体育锻炼项目时,要尽可能地选择那些趣味性较强的运动项目,以激发青少年参与锻炼的兴趣和积极性。

(三)体弱型人群的体育锻炼安排

体弱型的青少年一般身体都非常虚弱,经常生疾病。而大量的实践与事实表明,经常参加体育锻炼能有效增强体质、战胜疾病。对于体质较弱的青少年而言,在选择运动项目时一定要结合个人的实际情况合理选择,尽可能地选择那些运动强度不大、运动量可大可小的运动项目,如慢跑、太极拳、健身操等。这些项目的运动强度都不大,坚持参加这些项目的锻炼都能取得理想的锻炼效果。

(四)消瘦型人群的体育锻炼安排

消瘦型是指体重低于正常标准,身体看上去偏瘦的青少年,总体来看,具有消瘦体型的青少年还是占据着一定的比例的。这一部分青少年要想改善自己的形体,使自己的身体看上去更加壮实和丰满,就需要制订一个科学的锻炼计划,选择合理的锻炼方式与手段,其中游泳、骑自行车是比较好的运动项目。经常参加这些项目的锻炼,体型能得到很好的改善,需要注意的是,青少年体型的改善并不是短时间内就能改变,需要经历一个长期的过程,只有循序渐进、持之以恒地进行锻炼才能实现预期的效果。

（五）肥胖型人群的体育锻炼安排

肥胖型是指体重超过正常标准，随着社会经济水平的不断提高，人们的生活水平也得到了很大的改善，人们的物质需求得到了极大的满足，在这样的成长环境下，青少年的各种营养需求都出现了过剩的现象，因此当今社会患有肥胖症的人越来越多，这在青少年中也是比较常见的。青少年要想减轻体重，改善自己的形体，就需要进行科学的体育锻炼，可以根据自己的特点和实际选择一些有氧运动或者有氧无氧混合运动，如游泳、跑步、骑自行车等。这些有氧运动项目对于减肥有比较好的效果，患有肥胖症的青少年一定要坚持参加锻炼。

第八章　青少年体质健康促进的保障

青少年在参加体育锻炼的过程中,受各种因素的影响,难免会发生一定的意外情况。在发生意外情况时需要采取合理的措施和手段及时处理,否则将会导致不良的后果,影响体育锻炼的顺利进行。由此可见,青少年体质健康促进与锻炼需要建立一个科学的保障机制,需要事先制定完善的保障手段与措施,这样才能顺利安全地参加体育运动锻炼。

第一节　养成良好的生活方式

一、养成良好的膳食行为习惯

良好的生活方式形成的一个重要方面就是养成良好的膳食行为习惯,这对于青少年身体健康发展及科学的体育锻炼都具有重要的意义。在平时的学习和生活中,青少年要养成合理的膳食习惯,做到以下几点要求。

第一,摄取的食物数量要充足和多样,能满足机体参与体育锻炼的需要。

第二,要注意摄取食物的质量,选择摄取的食物要营养且健康,要有合适的营养素配比,要注意脂肪的控制。

第三,平时要注意多吃蔬菜和水果,以补充丰富的维生素、矿物质和膳食纤维。

第四,减少脂肪的摄入,尽量少吃多油脂以及油炸食品。

第五,养成良好的膳食习惯,注意三餐的合理搭配。少吃盐、糖,以降低患高血压(病)的可能性;少饮酒,保护好消化系统及神经系统功能。

第六,食物摄取不能单一,要保持多样化,如谷类(主食)蔬菜和水果、奶豆类及其制品、动物性食物等都要均衡摄入,这样才能保证合理的营养膳食。

二、保持心理稳定与平衡

要想建立一个良好的生活方式,青少年还应维持好积极健康的心态,保持心理的稳定与平衡发展。这就要求在平时注意青少年的心理健康教育。通常来说,青少年的心理健康教育主要包括以下内容。

第一,做好心理咨询工作,为青少年提供各种心理咨询服务。

第二,实施心理危机干预。当青少年发生一些心理问题时,及时采取各种措施和手段缓解和消除危机。

第三,对青少年进行心理普查活动,充分了解青少年的心理特征。

第四,开展心理健康教育知识的培训活动及各种心理健康讲座。

第五,开展各种心理素质训练营活动。

第六,建立心理健康月,大力宣传心理健康教育。

三、坚持参加体育运动锻炼

青少年在平时的生活和学习中要坚持参加体育锻炼,将其看作是日常生活的重要内容。同时,青少年在参加体育锻炼的过程中,还要坚持适量运动的基本原则,根据个人的身体状况、场地、器材和气候条件等选择适合的运动项目,制订合理有效的锻炼手段与方法,安排适当的运动负荷,这样才能保证良好的体育锻炼效果。

第二节　科学合理的膳食营养

合理的膳食营养是青少年参加体育运动锻炼必不可少的一项重要举措。这能为参加体育运动锻炼提供良好的营养保障。

一、人体所需的营养素

(一)水

青少年坚持参加体育锻炼对体质的增强具有重要的意义,如长时间参加运动锻炼,体温会随着运动锻炼的进行而逐渐升高。在这样的情况下,会出现较多的排汗,水、盐和维生素都会有一定程度的丢失,长此以往,对青少年的身体能力发展是极为不利的。因此,青少年在参加体育锻炼的过程中要及时补充水分,以维持机体的需要。

运动性脱水是青少年在参加体育锻炼时会发生的一种现象,导致这一现象的主要原因在于运动而引起的体内水分和电解质丢失过多,而青少年又未能及时地补充水分,因此运动中补水是尤为重要的一件事情。

(二)糖类

糖类也是人体所需的一种重要的营养素。能为人体参与各种运动提供必要的能量,因此糖类的补充是非常重要的。在平时的运动锻炼中,青少年摄入糖类的反应存在着一定的差别,这就需要依据因人而异的原则针对实际情况进行合理的调整。总之,青少年参加体育锻炼需要补充充足的糖类,可以通过饮用不同类型的、不同浓度的饮料来补充,这样才能维持机体的需要。

（三）脂肪

脂肪也是人体所需的重要的营养素，缺少脂肪不仅影响机体参与运动，还会影响人体健康。相关研究表明，青少年坚持长期参加体育锻炼能有效增加机体对脂肪的氧化利用能力，能在一定程度上节约人体内的糖原和蛋白质，从而促进人体素质的发展，为人体参与运动提供良好的保障。

（四）蛋白质

蛋白质也是人体所需的重要营养素，它直接影响着人体运动能力的发展。如青少年在参加体育运动锻炼的过程中，耐力性运动能使蛋白质分解加强，合成速度减慢，机体尿氮和汗氮排除量增加。而力量性运动则能使活动肌群蛋白质的合成增加，促使人体肌肉不断发展壮大。

在平时的体育运动锻炼中，青少年一定要结合具体实际合理地补充蛋白质，在补充蛋白质的过程中要注意补充的量，不能盲目补充，否则会影响到身体的正常成长与发展。

蛋白质的营养价值非常大，人体参与运动离不开蛋白质的参与，因此只有补充充足的蛋白质，才能保证运动锻炼的顺利进行。但需要注意的是，蛋白质的补充要合理，切忌过量补充。

（五）维生素

维生素属于一种微量元素，但也是人体所必需的一种营养素。如果缺乏维生素，人体的发展就会出现紊乱，导致出现各种问题，因此青少年一定要注意维生素的合理补充。

青少年在参加体育运动锻炼的过程中，物质代谢不断加强，对维生素的需要量也随之增加，因此及时补充维生素是尤为必要的，如此能保障机体运动的正常进行。

大量的实践与事实表明，维生素的缺乏对人体具有不良影响。在维生素缺乏的情况下，人体运动能力会下降，整个锻炼活动难以顺利进行。缺乏维生素后，运动者通常会感到倦怠、无力，出现头晕、便秘和疲劳等症状。因此，青少年参加体育锻炼一定要注意补充足量的维生素，但不能过量补充，否则会给机体带来不良影响。

（六）矿物质

矿物质的种类非常多，其中钙、铁、锌是对人体健康发展最为重要的三种。下面主要阐述这三种矿物质的补充。

1. 钙

青少年长时间地参加体育运动锻炼，会出现大量的出汗现象，在这样的情况下，钙就会不断流失。如果不注意钙的补充就会对人体机能的发展产生不良的影响。因此，需要及时合理地补充钙。如果钙缺乏就会引起肌肉抽搐，骨密度也会降低，不利于青少年的健康成长。

2.铁

长期参加体育运动锻炼，人体组织内储存铁的含量会出现明显下降的趋势，从而导致机体对铁的吸收率降低。青少年在参加体育锻炼的过程中，铁元素也会随着汗液的流失而流失，长此以往会对红细胞造成一定的破坏。因此，及时、合理地补充铁元素是非常重要和尤为必要的。

3.锌

相关研究和实践表明，人体在参加各种形式的无氧运动锻炼时，体内的锌含量会呈现出逐渐升高的趋势；而长时间的有氧运动则会促使人体锌含量逐渐下降。这是锌元素在人体不同运动中的具体表现。对于青少年而言，一定要充分了解体育运动锻炼的原理和规律，合理地补充锌元素，从而满足机体参与活动的需要。

二、青少年不良的膳食行为

青少年要想促进自身的健康成长与发展，就需要建立一个良好的膳食行为，在平时的生活中注意科学的饮食与合理营养。但目前一个现实情况是，很多青少年都对膳食营养的认识不够，养成了一些不良的饮食习惯，这需要今后逐步改善。总体而言，青少年的不良膳食行为主要有以下几种。

（一）挑食或偏食

绝大多数的青少年都能认识到偏食或挑食的坏处，尽管如此，这种现象还是普遍存在。青少年常见的挑食或偏食行为主要有不喜欢喝牛奶、不爱吃蔬菜、没有吃时令水果的习惯等。长期如此，青少年体内的营养物质就容易失衡，对于身体健康是十分不利的。

（二）喜欢吃零食和快餐

在当今社会背景下，很多青少年喜欢吃快餐和零食。多数青少年对高盐，高糖、高脂和高味精零食"情有独钟"，这些零食中的添加剂比较多，营养价值也不大，容易导致肥胖。

伴随着全球一体化，外国饮食文化对我国产生了重要的影响。很多青少年喜欢吃快餐，而这些快餐食品中含有比较多的脂肪，热量高，矿物质和膳食纤维含量很少。以一份含有汉堡、薯条的麦当劳快餐为例，总热量大约是 1185～1466 千卡，其中 40%～59% 的热量是脂肪提供的，而维生素含量、矿物质含量远远没有达到合理膳食推荐标准。所以说这些快餐营养价值低，长期食用对于青少年的健康发育是非常不利的。

（三）就餐时玩手机或电脑

随着现代社会的不断发展，手机和电脑成为人们日常生活的必需品，而青少年更是对这些电子产品感兴趣。一天中的很长时间都在玩手机或电脑，甚至在吃饭时也会玩手机，这非常不利于食物的吸收与消化，不利于机体肠胃功能的发展。长此以往就容易导致出现胃肠道疾病。有一部分青少年沉迷于手机游戏,甚至达到了废寝忘食的地步,这容易导致营养不足或营养不良,严重影响青少年的健康成长。

(四)过多摄入烧烤类食物

每一座城市都有很多的烧烤摊点,卖各种烧烤食品,如熏肉、熏鱼、烤羊肉串、烤肠等,这些食物风味独特,非常好吃,深受众多青少年的欢迎和喜爱。但需要注意的是,这些烧烤类食品营养价值并不大,其中甚至还含有一些有害物质,危害人体健康发展,因此这一类食物不宜长期食用。

(五)用饮料代替白开水

目前,市场上销售的饮料多种多样,琳琅满目,吸引了大量的人群参与消费,青少年就是其中重要的消费群体。有很多的青少年仅仅依靠饮料解决口渴问题,用饮料代替白开水是有很大的危害性的,这主要表现在以下几个方面。

第一,饮料的含糖量相对较高,长期饮用大量的饮料会在一定程度上损坏牙齿,并且容易导致糖尿病。

第二,过量饮用碳酸饮料会在一定程度上阻碍骨骼的生长,容易发生骨折。

第三,过量饮用饮料还会在一定程度上影响食欲和肠胃功能。

第四,很多饮料中含有大量的防腐剂或香精,长期饮用会导致机体肝肾功能的衰弱。

三、合理的膳食营养

(一)膳食营养的原则

第一,维持糖类、蛋白质和脂肪的适当比例:即糖类占总能量的 $60\%\sim70\%$、蛋白质占总能量的 $10\%\sim15\%$、脂肪占总能量的 $20\%\sim25\%$。大量的研究与实践表明,这样的营养搭配才是科学合理的,才有利于人体健康发育。

第二,青少年的一日三餐要合理搭配,注意多样化的选择,动物性食物与植物性食物可以相混合在一起食用,这样能有效促进食物的消化和吸收。

(二)膳食营养的需求

1.对热源营养素有特殊需求

经常参加体育锻炼的青少年对营养素的补充有着较高的要求,在平时的膳食中应以谷类和动物性食物为主,同时还可以多食用一些水果和坚果,这样能充分满足机体参与体育锻炼的需求。

2.蛋白质的补充

青少年在长时间参加大运动量的锻炼情况下,应适当增加蛋白质的补充量,尤其是要补充优质蛋白。这样能有效防止人体产生疲劳感,有利于青少年体育运动锻炼的顺利进行。

3.无机盐的补充

无机盐的缺乏会导致青少年运动无力和运动能力下降。因此一定要注意运动中多补充无机盐。一般来说,经常参加体育锻炼的青少年最好每天补充食盐 6～10 克,钙 1000～1200 毫克,铁 20～25 毫克,这样才能维持机体对无机盐的需求。

4.维生素的补充

经常参加体育锻炼,对维生素的补充也有一定的要求。青少年在进行大强度的运动锻炼后最好服用适量的维生素 E 补充剂和富含维生素 E 的食品,这一类食物具有良好的消除疲劳的作用,有利于青少年顺利地参加体育锻炼活动。

5.水分的补充

青少年参加长时间的体育锻炼,身体会丢失大量的水分,及时合理地补充水分也是非常重要的。及时补水能有效杜绝脱水现象,避免造成心血管负担,从而有利于青少年体育运动锻炼的顺利进行。

四、日常膳食营养注意事项

(一)食物多样,谷类为主,粗细搭配

每一种食物的营养成分都存在着一定的差异,因此要保证食物的多样化才能实现合理膳食营养的目的。在我国传统饮食中,谷类食物占据着人们日常主食的大部分。如面、米、杂粮等能为人体提供足量的蛋白质、糖类、B 族维生素和膳食纤维等。在食用的过程中,人们要注意粗细的搭配,常吃一些杂粮、粗粮和全谷类食物,这样能很好地维持营养的均衡,有利于身体健康发展。

(二)多吃蔬菜水果和薯类

蔬菜水果中含有大量的矿物质、维生素和膳食纤维等营养素,这些营养素都是人体所必需的,因此在日常膳食中,多吃蔬菜水果是尤为必要的。

另外,薯类含有大量的膳食纤维、矿物质和维生素等营养素,经常食用薯类能帮助青少年很好地维持肠道正常功能,提高人体免疫力,降低疾病发生的概率,在平时的膳食中也可以适当食用一些。

(三)每天吃奶类、大豆或其制品

奶类中含有大量的钙、蛋白和维生素等成分,是钙质的最佳来源,青少年时期正是骨骼发育的良好时期,因此每天吃一些奶类制品是非常重要的,这非常有利于青少年的骨骼健康。

另外,大豆中还含有丰富的蛋白、维生素、脂肪酸和膳食纤维等,在平时的膳食中适当地食用这些豆制品也有利于青少年体质的健康发展。

(四)常吃适量的鱼、禽、蛋和瘦畜肉

鱼、禽、蛋和瘦畜肉等食物中含有丰富的蛋白质、脂类、脂溶性维生素、B 族维生素等,这些元素都是人体所必需的营养素,一定要注意合理的补充。

我国青少年摄入的动物性食物较多,如猪肉、牛肉等,禽肉和鱼肉相对较少,可以在今后的生活中适当地摄入这些食物,以保证营养的均衡性。

(五)减少烹调油,吃清淡少盐膳食

脂肪是人体所需的重要营养素,它能为人体提供必需的脂肪酸,有利于脂溶性维生素的消化和吸收,因此要注意脂肪的摄入。但需要注意的是,青少年脂肪的摄入量要适当,不能过多,否则就容易引起肥胖症、高脂血症等多种疾病。实际上,我们经常会看到有很多的青少年患有肥胖症,其中一个非常重要的原因就在于摄入了过多的脂肪。因此在平时的膳食营养中,要尽可能地养成吃清淡少盐膳食的良好习惯,不要摄食过多的动物性食物和油炸、腌制等食物,这样才能有效避免肥胖症。

(六)食不过量,天天运动,保持健康体重

食物中含有大量的能量,人体在摄入能量后,在运动的过程中会消耗大量的能量,因此摄入的能量一定要充足。但也要把握进食的量,否则多余的能量会以脂肪的形式存储下来而增加体重,长此以往,就容易导致肥胖症。因此,青少年在平时的生活和参与体育锻炼期间要做到食不过量,保持健康体重。

第三节　及时有效地防止损伤与疾病

青少年在参加体育锻炼的过程中,或因为准备活动不足,或因为锻炼环境或器材存在问题,有时候会发生一些运动伤病,这是比较常见的现象。为更好地预防运动伤病,发生运动伤病时能及时有效地治疗,青少年就需要学习和掌握运动伤病的基本知识与处理方法。

一、运动伤病的特点

(一)运动损伤的特点

与一般的损伤相比,运动性损伤具有自身独特的特点,这主要表现在以下几个方面。

第一,不同运动项目,技术特点不同,训练方法不同,因此发生的运动损伤也表现出一定的差别。

第二,慢性小损伤是最为常见的运动损伤,一般多在软组织、骨、神经以及血管等部位发生,局部部位过度疲劳是导致这一类运动损伤的主要原因。

第三,为预防运动损伤,青少年要充分了解运动项目的技术动作与受伤机制。

第四,发生运动损伤后,青少年要暂时停止参加体育锻炼,否则会加重运动损伤。

(二)运动疾病的特点

发展到现在,运动疾病的特征研究成为一个重要的课题,在运动医学、体育保健学等学科的研究中,运动疾病的研究都是非常重要的内容。总的来看,运动疾病主要有以下几个特征。

1.运动性疾病与体育运动的关系非常密切

发生运动疾病的主要原因在于运动负荷量与运动强度过大,长时间参加这样的体育运动锻炼难免就会发生运动性疾病。运动疾病与普通疾病诱发的原因是不同的,因此二者有着较大的区别。运动疾病与运动有着极为密切的关系,如果在运动中突然承受过重的运动负荷,就会出现过度疲劳、过度紧张的症状,这都是运动疾病的重要特征。

要判断参与体育锻炼的青少年是否患有运动疾病就需要对其进行一定的诊断,诊断的内容主要包括以下几个部分。

第一部分,青少年的过往运动史。

第二部分,青少年日常锻炼内容。

第三部分,青少年的日常锻炼日记。

第四部分,青少年在运动锻炼过程中表现出的心理状态。

第五部分,青少年的运动锻炼效果等。

大量的实践充分表明,在运动性疾病的预防和治疗方面,体育运动发挥着重要的作用。因为很多运动疾病都是因为运动量或运动负荷不合理而导致的,因此合理安排运动负荷,控制运动强度是预防和治疗运动疾病的着眼点。据调查分析,不管是发病原因,还是诊断治疗以及预防等,体育运动都在其中扮演着十分重要的角色。

2.运动疾病的临床特征

普通人与专业运动员之间在生理机能方面有着较大的区别,其原因主要在于专业运动员长期参加运动训练,如高水平耐力运动员经过科学而系统的专项训练,与一般人相比,在生理机能上表现出了心脏肥大或窦性心律过缓的特征。体育运动者的生理机能变化有些是正常的变化,有些是病理变化,具体是哪种类型,就需要从体育运动者的具体运动水平出发来判断,并区别对待,体育指导员、教练员及体育卫生工作者等相关人员必须具备这方面的基本能力。

3.运动疾病和一般内科疾病容易被混淆

如果不注意,内科疾病与运动疾病就容易使人产生混淆,但实际上二者之间有着本质的区别。例如,青少年在参加体育锻炼的过程中,有时候会感到腹部疼痛,此时要先检查、判断并明确这是否是"急腹症"的症状或问题,如果不是,则是典型的运动疾病——"运动腹痛",而如果不先检查和判断,在不明确的情况下就认定是运动腹痛,就容易造成误诊,这就会对后续的治疗带来非常大的难度。

因此,青少年要充分掌握运动疾病的相关知识和一般疾病的基本常识,具备诊断常见疾病的能力,这样才能针对体育运动者在运动中出现的不适症状进行准确判断,从而对症下药,治疗疾病。

二、运动损伤的防治

(一)发生运动损伤的原因

1.欠缺对运动损伤预防的认识

在参加体育锻炼的过程中,对于运动损伤的防范意识不够,这就会带来较大的运动风险。据相关数据统计,大多数运动损伤的出现都与安全意识欠缺有着密切的关系。因此青少年一定要树立起防范运动损伤的意识,并将之贯彻到运动的始终。

2.运动安排不合理

(1)缺乏合理的准备活动

大量的实践表明,准备活动对于青少年参加体育锻炼而言是十分有必要的。青少年在参加任何体育活动时都要做好充分的准备活动。它的重要意义在于通过一定的小负荷活动提高中枢神经系统和运动系统的兴奋性,使人体从相对的静止状态过渡到紧张的活动状态,以适应正式运动的需要。但需要注意的是,有很多的青少年都没有引起重视,缺乏参加准备活动的意识,即使有准备活动,也是应付一下,准备活动不系统、不全面,这非常容易导致运动损伤。

(2)运动负荷过大

青少年参加体育运动锻炼要有合理的运动负荷,只有如此才能保证锻炼的效果。但是运动负荷的安排一定要合理,不能为了求大求多,一味强调大运动负荷的训练,这样容易使得青少年的身体难以承受而引发运动损伤。另外,由于运动负荷过大还会导致一些间接性增加运动损伤的情况,如在大负荷运动后身体没有得到彻底的恢复又开始了下一次运动,这样容易导致运动性疲劳,进而引发运动损伤。由此可见,青少年在参加运动锻炼的过程中一定要注意运动负荷的合理安排。

(3)运动项目选择不当

青少年参加体育运动锻炼,可以根据自己的兴趣和爱好自由选择多种形式的运动项目。对于那些明显超出自身能力范畴的运动则应该谨慎参与,这些项目对人的体能及技术要求都相对较高,没有良好体能和技术能力的青少年最好不要选择此类运动项目,以免发生运动损伤。

(4)运动组织方法不当

一个良好的运动组织也会对青少年的体育锻炼产生非常重要的影响。良好的运动组织主要表现为正确的组织原则、合理的组织步骤、严谨的过程管理以及全面的总结。青少年在体育锻炼的过程中尤其要注意维护好运动锻炼的纪律,明确运动规则,严禁做出有违体育道德的粗野行为。

3.身体状态和心理状态不良

大量的实践表明,人的身体和心理状态也会在一定程度上影响其运动水平的高低。这里所谓的身心状态主要包括睡眠不足、睡眠质量不高、患病受伤或伤病初愈阶段。身心状态不佳直接会导致肌肉力量不足、动作变形、身体协调性和平衡性出现下降、注意力涣散、反应较迟缓等现象,如果青少年在这种状态下参加运动锻炼就容易导致运动损伤。

4.慢性劳损

慢性劳损是一种运动员因身体局部过度活动、长期负重,或者某部位受到持续、反复的外力作用而造成的慢性积累性损伤。青少年长期参加体育锻炼,是容易导致慢性劳损的。

慢性劳损主要发病于人体主要的活动枢纽部位,如腰部、髋骨等部位。这种损伤的特点为顽固、不易治愈。对于青少年而言,发生慢性劳损的概率还是比较低的,其发生与缺乏科学的体育锻炼有着密切的关系。

5.肌肉收缩力下降

相关研究和实践表明,人体肌肉收缩力下降时就容易引发运动损伤。导致肌肉收缩力下降的原因多为技术动作僵硬、动作不合理、肌肉收缩不协调等。当发生这些现象时,就容易导致运动损伤。

6.环境因素

对于生活在学校中的青少年而言,很多学校的体育场馆与设施面临着老化和缺乏维修的窘境。例如,足球场地坑洼不平、篮球场地为石灰地、游泳池中水质不达标、塑胶跑道胶粒被磨平等。此外,运动场地周边的卫生环境以及运动时佩戴的必要护具等,都需要提前管理和检查妥当,同时还要注意在不同的季节合理安排体育锻炼内容。

7.缺乏医务监督

青少年在参加体育锻炼的过程中要讲究科学合理的基本原则,确保锻炼活动的顺利进行,选择的运动项目一定要符合自身具体实际。从理论上来说,当青少年选择某项运动项目时,首先应该进行体检及运动功能评定,以为其提供科学的身体数据,使其能够做出针对性的运动计划,这样也能有效地避免运动损伤。

(二)运动损伤的预防

1.运动损伤预防的原则

(1)提升意识原则

青少年要想有效地预防运动损伤,首先就要建立良好的预防损伤的意识,要在平时积极地开展预防运动损伤的宣传教育工作,提高青少年的预防损伤知识水平,培养他们良好的防护技能。

(2)合理负荷原则

合理的运动负荷对于青少年预防运动损伤具有重要的作用,因此青少年在参加体育锻炼的过程中一定要结合自身的具体实际合理安排运动负荷。适当的运动负荷能帮助青少年有效减小损伤发生的概率,而大负荷运动则会相应增加损伤发生的概率。但需要注意的是,青少年在参加体育锻炼的过程中,适当地进行大负荷运动还是有必要的,这样能有效地提升身体素质与运动技能。但总体上来看,还是要遵循循序渐进的基本原则进行锻炼。

（3）全面加强原则

全面加强原则是指全方位地促进青少年身体素质的提升。只有全面地发展青少年的身体素质,其身体才不会出现"短板",身体各方面的适应力提高了,发生运动损伤的概率才会变小。因此,青少年在参加体育锻炼时一定要注意把握全面加强的基本原则,促进自身素质的全面提高。

（4）严格医务监督原则

加强医务监督对于青少年参加体育运动锻炼而言是非常重要的,这能有效缓解青少年的身体不适,有效预防运动损伤。除此之外,还要定期检查运动场地、器械和护具等硬件设施,以免出现安全隐患。

（5）自我保护原则

青少年在参加体育锻炼的过程中,还要遵循自我保护的基本原则,提升自身的运动安全意识。这要求青少年首先要建立起足够的自我保护意识,其次要掌握一些运动中的自我保护动作,以有效预防运动损伤。

2.运动损伤预防的措施

体育运动都带有一定的风险性,因此青少年在参加体育锻炼的过程中一定要做好运动损伤的预防措施,以降低运动损伤发生的概率。

第一,力量素质在人体各项体能素质中占据着重要的地位,良好的肌肉力量可以在运动中展现出足够的爆发力与协调力、可以有效降低运动损伤的发生率及严重程度,如在同等条件下发生身体对抗的两名球员,身体力量占优势的一方无疑受伤的概率更低。除此之外,青少年还要针对不同的运动项目,加强薄弱环节的身体锻炼,以促进身体素质的全面发展。

第二,运动者在运动的前、中、后阶段都有必要进行较为全面的体格检查,特别是对那些有过往运动伤病史的运动员更要检查详细。检查的重点在于专项运动特点下的易损伤部位,这可以尽早发现各种劳损性损伤,并为接下来的训练负荷和方式的安排提供参考。

除此之外,运动者自身也要提升自我监督的意识,对一些基本症状有所了解。

第三,可供青少年参加体育锻炼的项目有很多,不同的运动项目有不同的预防方法,青少年要根据运动项目的特点学会自我保护的方法,要做好各种防护措施以避免运动损伤。

第四,建立青少年、医生和体育活动组织者三结合的制度,针对运动损伤问题展开探讨。还可以举办一些关于运动损伤防护、急救的知识讲座,培养青少年丰富的运动安全知识。

除此之外,青少年在参加体育运动锻炼时还要注意观察体育场馆和设备的卫生及其他环境问题。尤其是注意运动器材是否符合标准,是否存在安全隐患,将运动损伤发生的概率降到最低。

(三)运动损伤的处理

1.擦伤

(1)症状

擦伤是指皮肤被粗糙物体摩擦而引起的损伤。擦伤大多数为皮肤受损,严重的擦伤还会出血及有组织液渗出。

(2)处理方法

①小面积的擦伤可用清水,生理盐水等冲洗干净。不需要额外的包扎和上药,能很快得到恢复。

②较大面积的擦伤可以用碘酒或者酒精涂抹。处理完毕后盖上凡士林纱布,并妥善包扎,避免受到感染。

③关节周围发生擦伤时要清洗干净伤处并进行消毒,可以在伤口处涂敷青霉素软膏,以加快伤口处的恢复速度。

2.拉伤

(1)症状

拉伤,是指肌肉受到强烈牵拉而引发的肌肉纤维损伤。一般情况下主要分为部分拉伤和完全拉伤两种。青少年在参加体育锻炼的过程中,大腿或小腿肌肉处较容易发生肌肉拉伤现象。

青少年在参加体育锻炼时,如果发生拉伤,拉伤部位会感到疼痛、肿胀、有压痛感、肌肉功能障碍等。如果肌肉完全断裂则会失去正常功能,断裂处可摸到明显凹陷及周边异常隆起的肌肉断端。

(2)处理方法

①采用氯乙烷镇痛喷雾剂喷涂损伤处,然后冷敷并加压包扎。

②肌纤维轻度拉伤及肌肉痉挛者可使用针刺疗法。

③如伤者的肌肉、肌腱部分或者完全断裂则需要局部加压包扎并固定患肢,然后送往医院及时救治。

④如果要按摩,需要在拉伤 48 小时后进行,按摩手法一定要掌握好,不能过轻或过重,否则就难以获得理想的锻炼效果。

3.撕裂伤

(1)症状

撕裂伤是指皮肤受物体打击导致的裂口损伤。例如,拳击比赛中由于眉弓位置频繁遭受击打而导致眉弓开裂,就是撕裂伤。撕裂伤有开放性和闭合性两种。开放性撕裂伤会伴随出血,撕裂处周围肿胀等症状;闭合性撕裂伤没有出血,但伤处在触及时有凹陷感和剧烈疼痛症状。

青少年在参加体育锻炼时,撕裂伤并不经常发生,撕裂伤主要包括眉际撕裂伤和跟腱撕裂伤两种。青少年要针对不同的撕裂伤采取不同的治疗方法。

(2)处理方法

①较轻的撕裂伤可先消毒,然后用云南白药等止血,再用消毒纱布覆盖加压包扎。

②如撕裂处流血不止,则应在靠近伤口处缚以止血带后送往医院。

③如撕裂处的伤口较大、较深,则非常容易被感染。此时应立即将伤者送往医院进行治疗。

4.挫伤

(1)症状

挫伤是指受钝性外力作用导致伤处及其深部组织的闭合性损伤。发生挫伤时,如果受伤部位出现疼痛、肿胀、皮下出血等现象,需要及时做处理。

(2)处理方法

①青少年在参加体育锻炼的过程中,如果发生挫伤,要立即局部冷敷、外敷创伤药等,并进行适当的加压包扎。

②肱四头肌和小腿后群肌肉容易发生挫伤,发生挫伤时通常伴有肌肉的损伤或断裂等现象,还比较容易形成血肿,在对患处进行包扎固定后送往医院进行救治。

③挫伤严重者可能会发生休克症状,发生休克时要注意周围环境的通风、保温,帮助患者止血,在做简单的处理后及时送往医院进行诊治。

5.关节、韧带扭伤

(1)髌骨劳损

①症状

经常参加体育锻炼的人或者运动员容易发生髌骨劳损的现象,其原因主要在于膝关节长期承担运动负荷所致,在受到外部强烈的撞击时也容易发生髌骨劳损的现象。

②处理方法

第一,可以采用针灸、按摩、中药外敷等治疗方法。

第二,恢复期间,可以做膝关节肌群的力量练习,以促进机体的尽快恢复。

(2)肩关节扭伤

①症状

肩关节扭伤的发生主要是由于肩关节用力过猛、反复劳损或技术错误导致的,其症状主要有疼痛、肿胀、关节活动受限等。

②处理方法

第一,轻度扭伤可采用冷敷和加压包扎的方法处理。受伤24小时后可适当采用针灸按摩等方法治疗。

第二,肩关节扭伤如果伤及韧带,导致韧带断裂,则需要立刻送往医院进行缝合治疗。

第三,部位疼痛或肿胀症状减轻后,可开始尝试功能性锻炼。

(3)急性腰伤

①症状

发生急性腰伤的主要原因在于身体重心不稳或肌肉收缩不协调,在这样的情况下,腰部受力过重或者脊柱运动时超过了正常的生理范围。急性腰伤出现后通常伴随疼痛,以及会有腰部肌肉痉挛和功能受限等症状。

②处理方法

第一,首先让患者取平卧位。

第二,如果疼痛较为剧烈,应立即将患者用担架送往医院。

第三,在经过处理后,患者应卧硬床或腰后垫枕头,以此使腰部肌肉保持松弛。

第四,后期可采用针灸、按摩及外敷伤药等方法治疗。

6.膝关节侧副韧带损伤

(1)症状

膝关节侧副韧带部位的损伤主要是由膝关节弯曲时小腿突然外展外旋或当脚和小腿固定时大腿突然内收内旋导致。发生这一运动损伤后,患者受伤部位会出现疼痛、肿胀、压痛、功能受限等症状。

(2)处理方法

①轻度膝关节侧副韧带损伤只需要患处外敷药,内服消肿止痛药即可。后可配合按摩和理疗。

②中度膝关节侧副韧带损伤应首先进行伤处局部冷敷,并加压包扎,限制膝部活动。

③重度膝关节侧副韧带损伤主要是韧带发生了断裂,如此应尽快送往医院进行诊治。

7.踝关节扭伤

(1)症状

青少年在参加运动锻炼的过程中,踝关节容易出现运动损伤的现象,这主要是由于跳起落地失去平衡或踝关节过度内外翻导致的,其症状主要有患处肿胀、疼痛、皮下瘀血等。

(2)处理方法

①冷敷,并做固定包扎。

②发生运动损伤后必要时可打封闭治疗。

③严重的扭伤应使用石膏固定。

④损伤情况有所好转后可进行一些功能性练习。

8.指间关节扭伤

(1)症状

指间关节扭伤是手指受到侧向外力冲击而造成的扭伤。指关节扭伤后往往伴有关节肿胀、疼痛、功能受阻等症状。如果扭伤较为严重甚至会出现关节变形的情况,此时的痛感更为强烈,应立刻送往医院进行进一步的治疗。

（2）处理方法

①轻度指关节扭伤可采取冷敷或者轻度拔伸牵引的方式处理,然后用粘膏、胶布等将患指固定在旁边手指上,第三天开始做手指屈伸活动。

②发生重度扭伤时立刻送往医院进行治疗。

9.骨折

（1）症状

骨折可以说是较为严重的运动损伤。一般来说,骨折有不完全性骨折和完全性骨折两种。造成骨折的原因通常是运动中身体某部位受到外力撞击,骨折后伴随的症状为剧烈疼痛、皮下出血损伤位置肢体部分或完全丧失功能,严重的骨折甚至还会损伤体内脏器和神经,甚至致人休克。

（2）处理方法

①骨折后谨慎移动伤肢,找工具尽快固定伤肢,特别是要限制骨折断端的活动。

②如果是开放性骨折则应首先采用止血带法和压迫法止血,包扎后立刻送往医院。应特别注意不要对可能暴露在身体外的骨骼断端还纳,也不要任意去除,以防止发生感染现象。

③伤肢固定稳妥后要注意伤者的保暖,每过一段时间就要检查一下固定情况。如果是对四肢的固定,务必要定时观察肢端情况,询问伤者是否有麻木、发冷的情况,如有则证明包扎过紧,影响了血液流通,要适时放松一些。

④如伤者出现了休克或大出血等情况,应首先予以抢救,并让伤者服用止痛药、针刺人中等。

三、运动疾病的防治

（一）发生运动疾病的原因

1.运动锻炼安排不当

青少年长时间地参加体育锻炼,由于运动负荷量较大,缺乏必要的休息时间,就容易发生运动疲劳而导致器官系统的功能紊乱或病理改变。青少年运动员运动负荷量增加过快,或运动员伤病后过早开始训练或比赛,或连续参加重大比赛导致运动员身心疲惫也可能导致运动疾病。

2.心理状态不佳

当青少年情绪低落、心浮气躁参加比赛时也会容易引发各种运动疾病。这是已被大量的实践证明了的事实。

3.运动项目自身特点所致

青少年在参加一些耐力性项目锻炼时,由于运动负荷量过大,就容易发生过度训练综合征,出现肌肉痉挛、晕厥、运动性贫血等症状。而在一些对抗性项目中,由于运动员的身体经常遭受到重创,因此很容易发生运动性腹痛、晕厥、运动性蛋白尿和运动性血尿等。

4.生活习惯不规律

青少年一定要养成良好的生活习惯,按时起床按时睡觉,同时要注意适当娱乐,不能破坏正常的生活规律。否则就会引起各种病症,不利于体育锻炼的顺利进行。

5.营养不合理

营养不合理也是导致青少年发生运动疾病的一个重要原因。对于青少年而言,营养不合理主要表现为吃饭不规律、挑食,人体所需的各种营养素得不到及时有效的补充,导致代谢速度较慢,能源储备短缺等问题,进而造成运动性贫血,晕厥等病症。因此,在平时的体育锻炼中,青少年一定要注意各种营养素的合理补充。

(二)运动疾病的预防

1.制订科学的体育锻炼计划

制订科学的体育锻炼计划是有效预防运动疾病的一个重要措施。在制订计划时,首先要充分考虑运动员的性别、年龄和运动基础,制订出具有针对性的体育锻炼计划;依据青少年的实际情况合理安排体育锻炼活动,从而实现体育锻炼的基本目标。

2.遵守基本的体育锻炼原则

青少年在参加体育锻炼的过程中,要严格遵守全面发展、循序渐进、持之以恒和安全性等基本原则。对于青少年而言,其参加体育锻炼的主要目的在于促进身体素质的发展,在安排运动负荷时不要过重,以免影响机体的发展。

3.避免运动疲劳积累

运动疲劳的产生与发展的机制有着一定的科学依据,青少年要认识与了解运动疲劳的产生机制,这样才能更好地消除疲劳,促进机体的正常发展。避免和消除运动疲劳的手段有很多,青少年在参加体育锻炼时可以采用以下几种手段。

(1)保证充足的睡眠,养成良好的生活习惯。

(2)尽量不要在休息时间内做大量的娱乐活动。

(3)合理的膳食营养,促进机体的恢复与发展。

(4)适当采用针灸、按摩、理疗等手段消除运动疲劳。

4.加强训练的医务监督工作

第一,定期对青少年的身体情况进行检查,以便及时发现器官系统中存在的问题隐患,做到早发现,早诊断,早治疗。

第二,加强体育锻炼的医务监督工作,及时了解青少年的身心发展状态,得出客观的反馈信息,根据反馈信息合理地安排体育锻炼,这样能有效保证体育锻炼中的安全,避免发生运动疾病。

（三）运动疾病的处理

1.过度紧张

长时间未参加体育锻炼的青少年突然参加体育锻炼活动时就容易出现过度紧张的情况,其主要原因在于机体短时间内难以适应运动负荷强度。

青少年在出现过度紧张症状时,其身体和心理会出现各种不适症状,如恶心、呕吐,头痛及头晕等;更有甚者会出现呼吸困难,神志不清等症状,需要及时给予治疗。

在发生过度紧张时,可以采用以下处理手段。

第一,停止参加体育锻炼,保证充足的休息。

第二,急救时,使患者平卧或半卧(心功能不全者),松解衣物,同时注意保暖,然后点掐其内关和足三里穴。

第三,昏迷者,可掐人中、百会、合谷、涌泉等穴。

第四,呼吸、心跳停止者,先做人工呼吸和胸外心脏按压处理,然后送往医院进行及时的救治。

2.肌肉痉挛

肌肉痉挛也就是我们通常所说的"抽筋",发生的主要原因在于运动过程中由于肌肉过度紧张和紧绷或技术动作超出肌肉承受范围而引起的肌肉不自主收缩。发生抽筋后多表现为抽筋部位肌肉疼痛、肢体僵硬,有一定的运动障碍。

青少年在发生抽筋现象时,可以采取以下处理手段。

第一,症状较轻者,均匀地牵引痉挛的肌肉可有效缓解病情。

第二,腿部肌肉抽筋,应尽力直膝、伸踝、拉长痉挛肌肉。

3.运动性腹痛

运动性腹痛一般是运动引起的腹部生理性疼痛,多由于运动前和运动中活动不充分,胃肠痉挛,腹直肌痉挛,呼吸紊乱等引起。青少年在参加体育锻炼的过程中,如果发生运动性腹痛,可以采取以下处理手段。

第一,了解腹痛性质和部位,判断是运动性生理疼痛,还是由运动引起或突发性的病理性疼痛,如果是病理性疼痛应及时去医院进行治疗。

第二,当出现运动性腹痛时,应降低运动负荷,按压疼痛部位慢跑,以缓解症状。

4.运动性低血糖

青少年在空腹参加体育锻炼或长时间地参加剧烈运动,体内糖消耗过多而又不能得到及时地补充时就容易出现运动性低血糖的现象,发生这一现象时,其症状表现为面白、心烦、焦虑,严重者甚至出现昏迷的现象。

青少年在参加体育锻炼的过程中,如果出现运动性低血糖症状,可以采取以下处理手段。

第一,平卧,注意保暖,饮浓糖水或吃少量食品,昏迷者可静脉注射 50％葡萄糖 40～100 毫升。

第二,晕倒昏迷者,可针刺人中、百会、涌泉、合谷等穴使患者清醒,并及时送往医院进行诊治。

5.运动性高血压

青少年长期未参加体育锻炼或者突然参加高强度的体育运动锻炼时就容易引发运动性高血压的现象,其症状主要表现为头晕、头疼。

青少年在参加体育锻炼时,如果出现运动性高血压现象,可以采取以下处理手段。

第一,运动中如有不适,应及时休息。

第二,避免剧烈运动,养成良好的生活习惯和运动习惯。

第三,给予药物治疗。

第四,有高血压病史者参加体育锻炼应遵医嘱,做好必要的预防措施。

6.运动性贫血

运动性贫血指正常男子的血红蛋白含量为 0.69～0.83 克/升,正常女子的血红蛋白含量为 0.64～0.78 克/升。运动性贫血是由于运动不当导致的血液中红细胞数和血红蛋白量低于正常值的情况。贫血发生时,可有眩晕感,乏力感。

运动中发生贫血,应及时减少运动量,必要时应停止运动。

7.运动性血尿

运动性血尿是指青少年在参加体育锻炼的过程中,由于运动过量,可引起显微镜下血尿,并无其他疼痛和不适。

青少年在出现运动性血尿现象时,可以采取以下处理手段。

第一,少量血尿表现者,减少运动量,注意观察。

第二,出现肉眼可见血尿,应立即停止运动,送往医院进行诊治。

8.运动性中暑

在炎热的夏季参加体育锻炼时,人的身体热量不能及时散发,就容易导致出现中暑的现象。在发生中暑后,通常人会感到乏力、头晕头痛,并出现呕吐,体温升高等现象。严重者还会出现痉挛,心律失常、昏倒等现象。

青少年在参加体育锻炼的过程中,如果发生运动性中暑现象,可以采取以下处理手段。

第一,当发现有中暑先兆时,可以将患者移至通风阴凉处休息,适当地饮用一些解暑药物。

第二,出现痉挛症状时,牵伸痉挛肌肉,并服含盐清凉饮料。

第三,出现衰竭症状时,服用含糖、盐饮料,对四肢进行按摩。

第四,出现昏迷症状时,可针刺人中、涌泉、中冲等穴位,然后送往医院救治。

9.运动性昏厥

运动性昏厥是指暂时性的知觉和行动能力丧失,也就是我们通常所说的休克。发生休克时,一般会出现头昏,无力,眼前发黑,恶心等症状。

青少年在参加体育锻炼过程中,如果出现运动性昏厥,可以采用以下处理措施。

第一,平卧,头放低,足垫高,松解衣带,热毛巾擦脸,嗅氨水或点掐其人中、百会、合谷等穴位,做向心推摩。

第二,未恢复知觉前或有呕吐现象时切忌饮食。

10.延迟性肌肉酸痛

在进行长时间的体育锻炼后,青少年可能在第二天会出现肌肉酸痛现象,这就是所谓的延迟性肌肉酸痛,发生这一症状时可以采取以下治疗措施。

第一,热敷或按摩酸痛肌肉。

第二,口服维生素 C 以缓解症状。

第三,做局部针灸和电疗处理。

第四节　构建体质健康促进的服务体系

构建一个促进体质健康的服务体系对于青少年参加体育锻炼具有重要的意义。

一、体质健康服务体系的概念

体质健康监控服务指的是为满足青少年体质健康需求并对其过程实施监控指导而提供的产品和行为的总称。体质健康监控服务体系可以说是一个满足青少年体质健康需求并对其过程实施监控指导的要素构成的有机整体。建立这一体系能为青少年参加体育锻炼提供有效的指导和帮助。

二、青少年体质健康服务体系构建的对策

(一)以指导思想为根本宗旨

在健康中国背景下,构建一个健全和完善的青少年体质健康监控服务体系,对于青少年的健康发展具有重要的历史意义。构建这一体系,首先要明确基本指导思想,然后依次为根本宗旨。青少年体质健康监控服务体系构建的指导思想是关注健康,关注学生,为建构青少年体质健康监控服务体系,服务广大青少年学生,须本着发扬"一切为了学生,为了一切学生"的奉献精神,坚持面向全体学生,以增进学生健康,强健学生体魄,增强学生体质为根本

目标,立足于现实,着眼于学生终身体育发展的需要,高度重视对学生终身体育意识、兴趣、习惯和能力的培养,为提高全体青少年身体、心理与社会适应等整体健康水平服务。在这一思想的指导下,政府和学校有关部门要积极探索对青少年体质健康进行干预的科学手段,加强青少年体育锻炼意识与习惯的培养。

(二)以政策法规为基本保障

政策法规在青少年体质健康方面发挥着十分重要的作用,它能保障健康监控工作的顺利开展。因此,构建一个青少年体质健康监控体系需要以政策法规为基本保障。只有政府从政策上加以干预,加强监督与管理,才能更好地落实体质健康监控服务。需要注意的是,政府政策在青少年体质健康管理中主要起间接调控的作用,而发挥直接调控作用的是各级教委,他们是青少年体质健康的管理主体,但直接调控也要以政府的权力为依托。

政府出台的政策只有真正落到实处,才能发挥其作用,学校要积极响应政府的号召,充分落实相关政策法规,并以政府政策为依据而制定具体的体质健康监控措施,培养学生的终身体育观念,为学生的健康提供良好的服务。

总之,加强政府的政策干预,加大政府部门的监管力度,对青少年体质健康监控的内容不断加以深化与完善,这是健全青少年体质健康监控服务体系不断健全与完善的长效机制。

(三)以考核评估为核心内容

青少年要想顺利地参加体育锻炼,为确保运动锻炼的科学性,还需要对其体质健康进行一定的评估,这也是对青少年体质健康监控服务体系成果进行检验的核心手段。要使青少年体质健康监控服务的开展得到保障,就要满足仪器设施准确、项目测试合理、考核评估方式科学、数据上传真实等几个基本条件。在青少年体质健康考核评估中,需要解决的首要问题就是完善学校软硬件设施,硬件方面主要是统一测试仪器和评判标准,软件方面主要是挑选道德素质好、专业水平高的测试人员对青少年进行考核评估。对青少年体质进行考核与评估,要做到公平、公正、公开,针对不同年龄和性别的学生选择不同的测试项目,评估标准也要合理,这样才能得出准确客观的评估信息,从而为制订科学合理的运动锻炼计划或方案提供重要的依据。

(四)以网络平台为未来动向

现代社会已进入一个网络信息时代,因此我们要充分利用互联网资源,构建网络管理平台,加强信息化管理,这对于青少年健康服务体系的建设是非常有帮助的。

在构建青少年体质健康网络信息平台时,需要注意平台的多功能性特点,以准确采集数据、全面分析数据、快速上传数据,提高监测的专业性与效率。此外,构建青少年体质健康监控网络平台,离不开政府出台政策以及青少年、家长、教师等的积极配合,这样才能提高网络平台的运作效率,为青少年参加体育锻炼提供良好的保障。

第五节　国内青少年健康促进与干预策略

一、我国促进青少年锻炼行为的政策及其目标

当前我国所制定有助于促进青少年锻炼的相关政策集中体现为:保证学生在校期间1小时的锻炼时间。通过比较发现,这些政策仅仅对锻炼时间有明确要求,而对于锻炼目标没有具体要求,即对于青少年锻炼过程中的运动项目、运动强度及运动应达到的成绩没有做太多的要求,缺少具体的激励措施。还有,对于不同身体素质的学生没有提供一个可供选择的具体目标,如短期目标、中期目标和长期目标,这很容易导致哪些缺乏体育兴趣的青少年参加锻炼仅仅是走过场,虽然有1小时的锻炼时间,却因缺少运动强度和兴趣导致失去效果。如何在有限的时间内提高效率是政策制定的关键因素。因此,未来政策的制定应对锻炼要求做到更加完善和详细,应根据青少年生理、心理阶段发展特征,有针对性根据不同项目制定锻炼标准、评价和激励机制。保证每个青少年在不同阶段都有一个可选择的参与目标或计划,实现锻炼过程的阶段性、针对性和有效性,提高锻炼效果。在持续锻炼中使青少年提高体育意识、兴趣和技能,获得更多运动体验,使参与体育锻炼成为日常生活方式中重要的组成部分。

二、国内不同学科视角下青少年健康促进理念及干预策略

(一)健康促进理念

从表8-1可知,不同学科领域对于青少年锻炼行为的健康促进理念有其各自特征。健康教育学的相关研究中强调全社会各部门共同努力来提高健康水平和生活质量,即强调以人为本、以健康为中心,从社会、经济、环境全方位解决健康问题的新理念。解决健康问题主要在于政府主导、社会支持、跨部门合作和社区参与,对于解决因青少年锻炼行为不足引起的各类健康问题同样遵循这一原则;学校体育学的相关研究中强调体育在教育评价体系中的位置,提出应提高各级部门对于体育课程的关注程度;运动心理学的相关研究中强调锻炼行为的阶段特征,主观态度、自我效能等心理因素对锻炼行为有一定影响,但不是锻炼行为形成的主要因素;社会学的相关研究中强调家长在青少年锻炼行为形成中的关键作用。

表 8-1　各学科对于青少年健康促进理念的比较

学科类型	健康促进理念
健康教育学	①运动是医药,健身运动与体力活动是疾病预防和治疗的组成部分,体质健康是生命体征之一 ②政府和社会各部门要把健康和幸福作为共同的社会目标,解决健康问题的根本出路在于政府主导、社会支持、跨部门合作和社区参与 ③强调以人为本、以健康为中心,从社会、经济、环境全方位解决健康问题理念
学校体育学	①突出以课程设计为中心,可包括课程内容选择、课外组织形式、教学方式等 ②继续加大《国家学生体质健康标准》的施行力度,发挥《标准》的导向作用,通过提升中考体育考试的比重,引导与鼓励青少年别忘记锻炼身体
社会学	提高家长对青少年参加体育锻炼重要性的认识,呼吁家长不仅要在态度上支持青少年参加体育锻炼,促使其锻炼意识与行为的形成,而且行动上做青少年的榜样
运动心理学	①以跨理论模型为理论基础,认为多数青少年学生锻炼明显不足,变化过程呈现显著的锻炼阶段特征,6个变化过程因素对锻炼阶段的判别效果明显,不同阶段转变过程中采用不同的变化过程 ②将 HAPA 模型应用到中国青少年健康锻炼行为中,不同行为阶段的个体具有不同的内在心理状态,面临不同问题或困难,个体行为意向水平不同,锻炼行为各异 ③以态度、主观规范、行为控制感、意图和锻炼行为等5个因素为潜变量,建立 TPB 一阶相关测量模型。认为行为控制感是影响青少年锻炼意图和锻炼行为的最重要因素,而态度和主观规范对意图解释力较弱

(二)干预策略及主要成效

表 8-2 可知,不同学科对于青少年锻炼行为干预的探索虽然取得一定成效,但是局限性很明显:对于青少年锻炼行为干预的研究主要还停留在理论探索阶段,如何制定有效运动方案、增加体育参与率来提高体育在青少年生活中的位置,促进健康生活方式的形成将是艰巨、复杂的过程。

表 8-2　各学科对于青少年锻炼行为的干预策略、主要成效与局限

学科类型	干预策略	主要成效与局限
健康教育学	强调综合型干预模式即发展健康的公共政策、创造健康的支持性环境、发展个人技能、加强社区行动、卫生服务重新定向等方面的结合与促进	缺乏体质状况、锻炼行为及健康危险行为等相关领域的基础数据,以及运动量的大小与健康收益之间关系的量化研究。同时,由于青少年生长发育和青春期的影响,青少年个体差异大、体力活动不规律、各种慢性疾病发病率低,运动干预对其健康直接效应不明显

续表

学科类型	干预策略	主要成效与局限
学校体育学	①课程按项目分类、课程时数合理、教学方法多元化因 ②尽快建立学校教育质量评价体系,加大学校体育工作和学生体质健康状况在教育评价体系中的比重	①学校体育健康功能淡化、学生运动技能掌握不足、未养成体育锻炼习惯、缺乏体育锻炼兴趣是造成中学生体育锻炼行为缺失的主要因素 ②如何建立相应的政策以保障和提高学校体育教学中健康促进的实施。学校健康促进如何与学校体育有效结合
社会学	开办家长学校、家庭体育培训班;构建和谐的家庭体育锻炼环境;有意识增加家庭网络结构中体育爱好者的数量;主动建构具有一定体育资源的家庭社会资本,着力排除家庭社会资本对青少年参与体育负面影响	①家长良好的意识和行为是促进青少年参与锻炼的重要因素 ②家庭电子网络资本、家庭网络结构及家庭体育环境等因素如何对青少年参与体育锻炼产生影响还需检验
运动心理学	①应根据不同锻炼阶段采用匹配阶段干预,帮助青少年实现锻炼阶段递进 ②对前意向阶段,危险认知、锻炼积极预期及自我效能是显著变量;对意向阶段自我效能、行动计划及消极预期是锻炼行为的关键预测变量;行动阶段者自我效能及行动计划是锻炼行为的关键预测变量 ③意图是青少年锻炼行为的有效预测因素,但行为控制感的预测效力更强,这可能与青少年群体的学习和生活特征有很大关系	①我国青少年锻炼态度与锻炼行为之间存在行为意向这一变量,行为意向对锻炼行为起着重要的直接作用,但需要有情感体验、主观标准、行为控制感等因素的共同作用 ②锻炼态度不是锻炼行为形成的根本原因,存在其他因素还需要实践去检验

三、对我国青少年健康促进与干预的启示

(一)全社会协同努力是首要条件

当前,缺乏运动锻炼已成为影响青少年身心健康发展的最重要因素之一,受到越来越多教育工作者的重视,如何实施有效干预已成为社会关注的焦点和难点。单靠某一部门努力很难改变青少年锻炼行为不足的现状,需要建立政府主导,学校、家庭与社区多部门合作及全社会参与的工作机制,这是一项需要家长参与、教师引导、社会配合的系统工程。政府部门可以设立国家体质奖,表彰获得最高健康百分比的学校或社区组织;设立个人体质奖,奖励从事体质健康工作的管理者或体质比较突出的青少年。

（二）家庭体育、学校体育与社区体育有效结合是关键因素

家庭体育应注重家长的引导与参与，家长不仅关注孩子学习的进步，更要关心孩子的身心健康成长，发挥家长在青少年锻炼行为形成中的先锋作用。学校体育应拓展课内外体育活动的空间、形式和内容，注重趣味性、多样性、技巧性的结合，发挥学校体育在青少年锻炼行为形成中的主力作用；社区体育是城市体育文化的集中体现，更应充分利用各种社会资源。活动开展侧重娱乐性、健身性、自由性相结合，培育形成良好的体育健身文化氛围，发挥社区体育在青少年锻炼行为形成中的设施及舆论保障作用。学校、家庭、社会三者应有机结合，提供便捷的体育参与途径，满足青少年多样化、多元化的体育需求，提供便利和服务，积极倡导体育生活化理念，目的是使体育融入青少年日常生活。

（三）建设科学健身示范校是发展趋势

对于青少年锻炼行为不足的干预将是长期的过程，而建设科学健身示范校是很好的尝试。教育、体育、卫生等部门应围绕阳光体育运动计划，以促进青少年锻炼行为、逐步发展运动技能为理念，构建符合青少年体质健康科学健身示范校。通过科学健身示范校的建立，培育良好的体育参与氛围，进而推广建设经验，充分发挥示范校的示范和引导作用。同时，设立体质健康教育网站，搭建网络式、信息化的健身平台，为青少年体质健康研究建立包括健身指导、运动技能提高、体育设施的使用等方面的网络平台，提供信息服务，为青少年更好地参与锻炼提供智力支持，促进青少年体质的长远、健康发展。

参考文献

[1]陈培友.青少年体力活动促进模式与实证[M].南京:南京师范大学出版社,2018.

[2]邓丽群.健康中国视域下青少年体质健康促进研究[M].北京:中国原子能出版社,2018.

[3]韩会君.青少年体质健康促进的探索与实践[M].广州:暨南大学出版社,2020.

[4]韩伟.青少年体质健康监控与管理研究[M].长春:吉林科学技术出版社,2019.

[5]胡亮.青少年体质健康促进政策研究[M].杭州:浙江大学出版社,2019.

[6]黄敬之,邢育健.健康教育学[M].上海:复旦大学出版社,2011.

[7]刘满.体育强国视域下青少年体质健康的综合干预研究[M].长春:吉林大学出版社,2019.

[8]刘强德,刘京,李峰.基于我国青少年振兴计划启动下的青少年体质健康保障体系研究[M].哈尔滨:哈尔滨工程大学出版社,2019.

[9]王坤.青少年体育锻炼习惯养成的理论与实践[M].上海:上海交通大学出版社,2019.

[10]王鹏.互联网环境下的青少年体质健康促进研究[M].西安:西北大学出版社,2020.

[11]向剑锋.青少年体力活动促进理论与实践[M].杭州:浙江大学出版社,2019.

[12]尹龙.青少年体力活动行为预测与干预研究[M].上海:上海三联书店,2020.

[13]曹佃省,谢光荣.健康行为程式模型阶段非连续性在青少年锻炼行为中的检验[J].武汉体育学院学报,2011(2):41.

[14]陈连生.澳大利亚健康促进理念与实践给我们的启示[J].中国公共卫生管理,2003(5):476.

[15]董宏伟.家庭社会资本对青少年体育锻炼意识与行为的影响及反思[J].沈阳体育学院学报,2010(2):36－37.

[16]方敏,孙影.计划行为理论的概化:青少年锻炼行为的预测模式[J].天津体育学院学报,2010(3):227.

[17]方敏.青少年锻炼行为阶段变化与变化过程的关系[J].西安体育学院学报,2011(3):355.

[18]李林,邵金龙,陈琦文.俄罗斯2020年前青少年体育发展战略及其启示[J].武汉体育学院学报,2012(5):11－12.

[19]李云鹏.借鉴澳大利亚健康促进经验完善我国社区卫生服务功能[J].中国健康教育,2004(7):621.

[20]林莉,孙仕舜,董德龙.学校体育对青少年体质健康促进的思考[J].北京体育大学学报,2011(8):72—73.

[21]毛阿燕.新加坡的健康促进项目——新加坡考察报告[J].中国慢性病预防与控制,2003(2):91.

[22]卫藤隆.日本青少年的健康研究和健康促进[J].上海教育,2007(23):9.

[23]谢龙,赵东平,严进洪.青少年体育锻炼态度与行为的关系性研究[J].天津体育学院学报,2009(1):74.

[24]杨桦.深化"阳光体育运动",促进青少年体质健康[J].北京体育大学学报,2011(1):2—4.

[25]殷恒婵,陈雁飞,张磊,等.运动干预对小学生身心健康影响的实验研究[J].体育科学,2012(2):27.

[26]张宝强.20世纪50年代以来美国促进学生体质健康的举措及其启示[J].体育学刊,2010(3):52—56.

[27]张庆文.影响上海市中学生体育锻炼行为缺失的因素[J].上海体育学院学报,2009(2):88.

[28]邹志春,庄洁,陈佩杰.国外青少年体质与健康促进研究动态[J].中国运动医学杂志,2010(4):486.